新版 古代史の基礎知識

吉村武彦 編

角川選書
643

新版　古代史の基礎知識

目次

＊節見出し以外の明朝体は本文の小見出し
＊ゴシック体は事項項目（本文では〔　〕付き太字）

Ⅱ　王権と国家

Ⅲ 貴族のまつりごと

Ⅳ 人々の生活と信仰・文化

［凡例］

＊『日本書紀』は日本古典文学大系、『続日本紀』は新日本古典文学大系から引用したが、一部表記を改めた箇所がある。

＊『日本書紀』などの引用は新字・新かな、読みのルビも新かなで統一した。なお、人名および歌詞は旧かなで、人名は片かな表記した場合がある。

＊天皇の称号は、七世紀後半の天武朝の成立説が有力であるが、天智朝の可能性もある。本書では、それ以前においても便宜的に天皇の名称を使用している。

新版の刊行にあたって

今日でも、「歴史上の新発見」といわれると、私たちはわくわくして新たな感情が高ぶってくる。とりわけロマンがある古代史では、新発見の「もの」「こと」が、どのような歴史像の転換に関係してくるのか、興味津々となる。この数十年間、まちがいなく古代史像を揺り動かしてきた新しい発見があり、古代史の叙述が書き換えられてきた。

近年では、新聞紙上だけではなく、インターネットによって、最新の発掘情報を写真とともに瞬時に知ることができるようになった。また、現地説明会（現説）資料や発掘調査概報などもダウンロードが可能である。発掘調査の現説や地方自治体が開催する講演会・シンポジウムにも多くの人が集まり、講演・討論に耳を傾ける。参加者が求めているのは、新しい情報・知識だけではなく、確実な歴史的事実とその新たな評価であろう。けっして通り一遍の安易な解説ではない。

古代史への関心には、この国の成り立ちを知りたいという強い思いがある。必ずしも明らかではない行く末のことを案じながら、過去にさかのぼって未来への道筋を見通したいという想いもある。また、邪馬台国がどこにあったのかという謎解きをはじめ、卑弥呼や獲加多支鹵（雄略天皇）、藤原光明子らの人物像を知りたいという知的欲求もある。いにしえ人の遥かな歴史に想いをはせるロマンも、確かに存在する。

日本の歴史書の編纂は推古朝に始まり、六二〇年（推古二八）に「天皇記・国記」、そして七二〇年（養老四）に『日本書紀』が完成した。「天皇記・国記」は残されていないが、すでに一四〇〇年が経過している。『書紀』撰上からも一三〇〇年である。

本書の元になる旧版が刊行されたのは、二〇〇五年（平成一七）であった。すでに十数年が経ち、新たな発見や研究の発展がみられる。そのため最新の研究成果をふまえ、新版を準備することになった。考古学や歴史学のほか、日本語学や美術史学などの最新の研究成果を取り入れ、確かな基礎知識を提供することをめざして編集した。新聞紙上をにぎわしたトピックをはじめ、歴史学界で話題になっている論争なども積極的に取りあげ、わかりやすく説明することを心がけた。本書の特徴を一言でいえば、旧版と同じように、市井の話題から学界のテーマまでの「古代史の基礎知識」となる。

したがって、古代史辞典のように基本事項を網羅的に取りあげるのではなく、歴史の流れを重視し、古代史の理解に必要な重要事項を配置し、読みものとしても簡にして要を得た具体的叙述を心がけた。

本書の構成は、旧版を継承して時系列の歴史とし、Ⅰ「クニの首長」、Ⅱ「王権と国家」、Ⅲ「貴族のまつりごと」の三章を配列したが、最新の研究成果に基づいて内容を充実させている。また、旧版の歴史用語に再検討を加えて馴染みやすくし、図版も新しくした。古代の通史としては、縄文時代を起点に弥生時代から平安時代中期まで、歴史的人物としては卑弥呼から藤原道長までである。読者の皆さんにおいては、必ずしも配列にとらわれず、関心のおもむくままに読んでいただければと思う。

ところで、歴史の流れを追うだけでは、落ちてしまうテーマも出てくる。そのため、Ⅳに「人々の生活と信仰・文化」の章を設けている。この章では、日常生活のありさまから租税・交通・役所・国号などにおよぶ問題群を扱った。新版では、「地震と火山噴火の災害」などを加えて今日の課題に応えようとしたほか、国府・郡家などの官衙に対する発掘調査の成果を充実させた。一般の古代の通史にはない、歴史的ふくらみをもった話題を提供できたのではないかと自負する。

このように、本書の編集には古代史学界の最新の研究成果を取り入れ、読者の皆さんが知りたい話題を追加し、堅実な新版の『古代史の基礎知識』を編集することができたと思う。索引も刷新したので、気になることや調べたい項目を自由気ままに見ていただければ幸いである。読者の皆さんには、多いに活用していただきたい。

二〇二〇年九月

吉村武彦

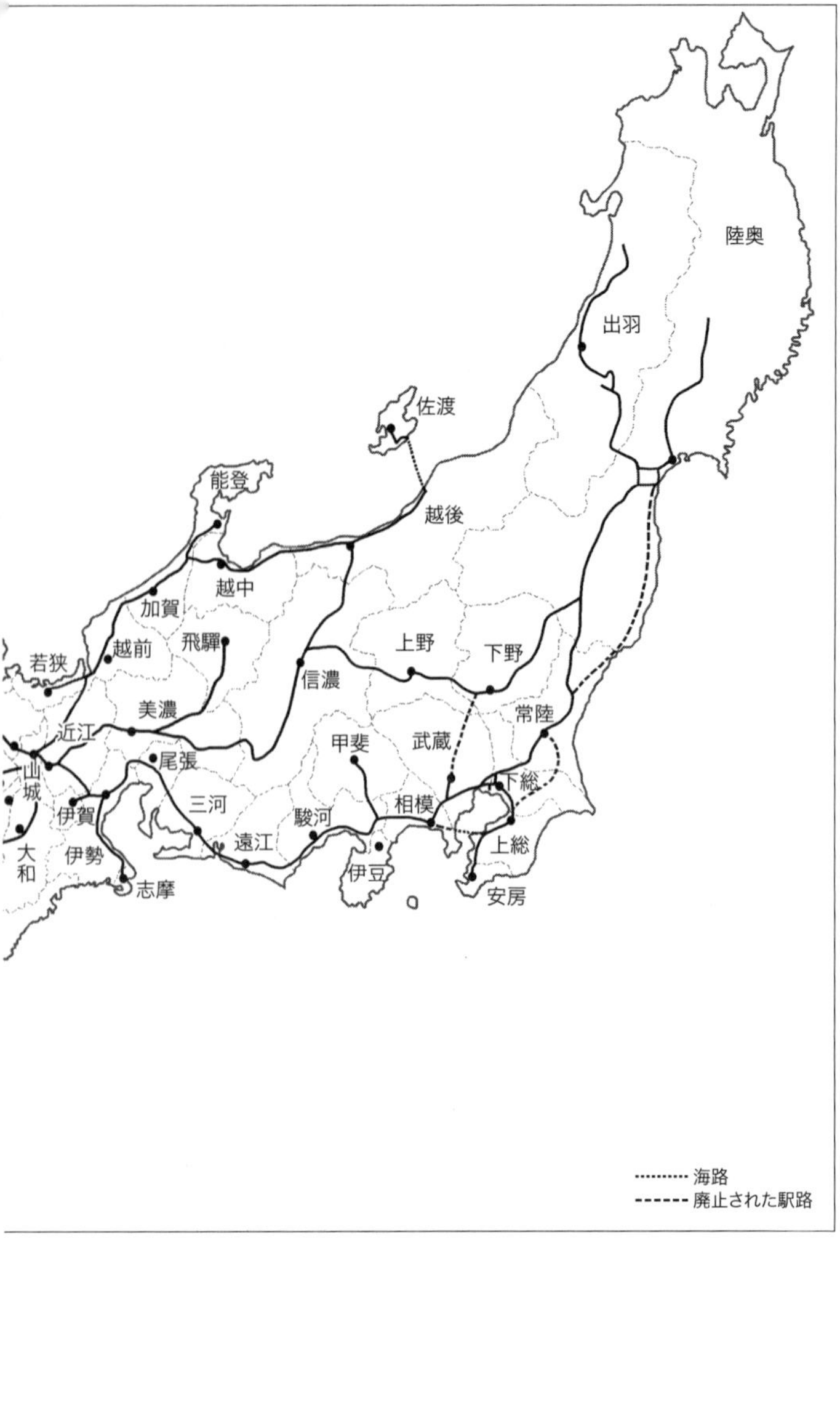
陸奥
出羽
佐渡
能登
越後
越中
加賀
越前
飛驒
若狭
上野
下野
信濃
美濃
常陸
近江
甲斐
武蔵
尾張
山城
下総
伊賀
三河
駿河
相模
遠江
大和
伊勢
上総
伊豆
志摩
安房
海路
廃止された駅路

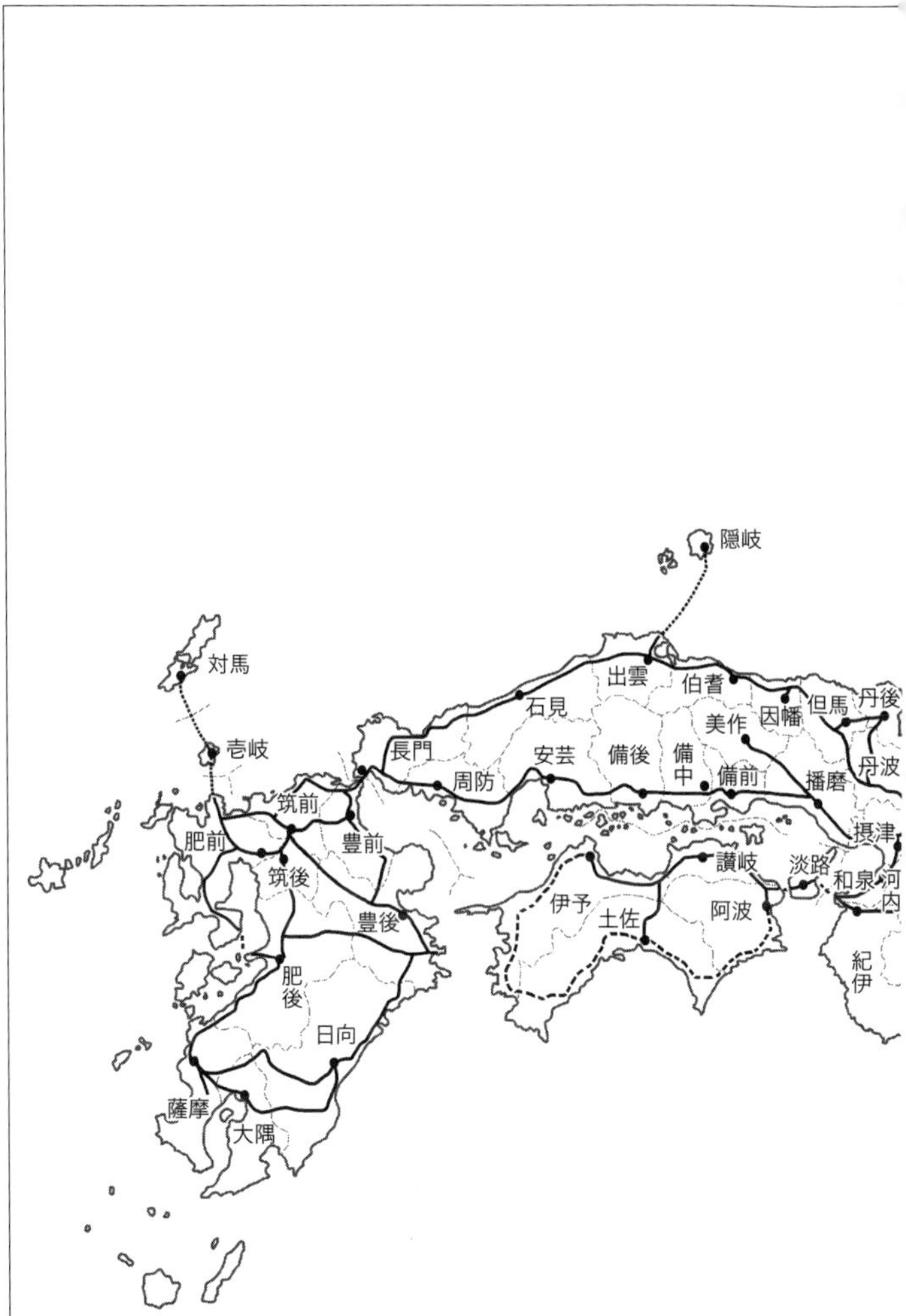

奈良・平安時代の七道駅路(『延喜式』による　近江俊秀／2014)

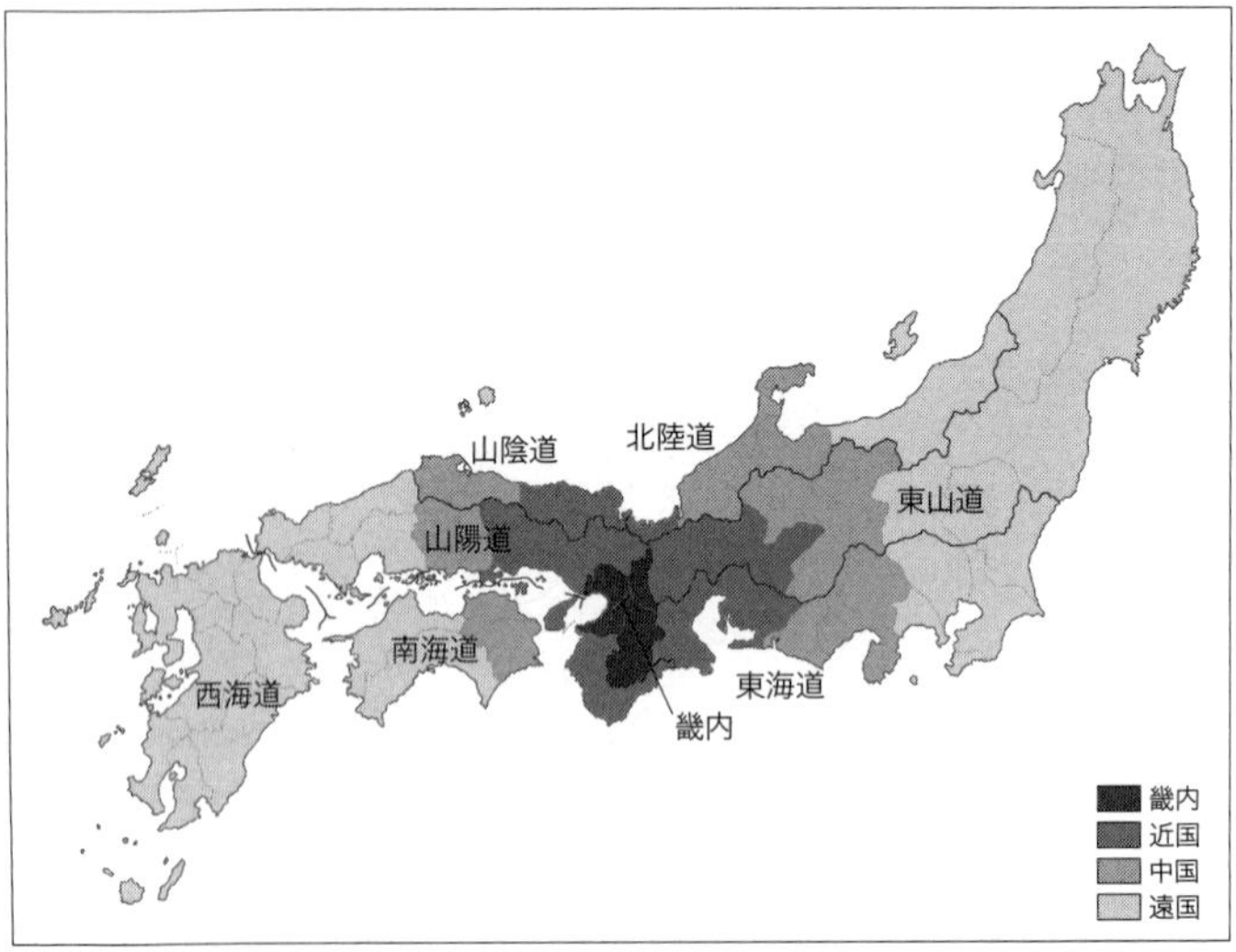

古代の行政区分　＊武蔵国は、771年に東山道から東海道に編入（近江俊秀／2014）

Ⅰ　クニの首長

Ⅰ 年表

時代・時期		年 代	事 項
旧石器時代後期		B.C. 33,000	●狩猟採集経済を営む。
縄文時代		13,000	●この頃、土器の製作、使用が始まる。狩猟採集経済続く(草創期)。
		9500	●定住生活を指向する。竪穴建物、貯蔵穴が出現する(早期)。
		3000	●三内丸山遺跡など、巨大な環状集落や貝塚が形成される(中期)。
弥生時代	前 期	600	●水稲耕作技術が大陸より九州北西部に伝わる。やや遅れて北部九州では環濠集落が出現する。
	中 期	1世紀	●日本列島は百余国に分かれる。
	後 期	A.D. 57	●倭の奴国王、後漢の光武帝に朝貢し、金印を授かる。
		147～88	●倭国大いに乱れる。卑弥呼を共立し、倭国の女王とする。
		239	●倭国女王卑弥呼が魏の明帝に使いを送る。明帝は卑弥呼を親魏倭王とし、金印紫綬を与え、また銅鏡100面なども賜う。
		248頃	●卑弥呼死す。
古墳時代	前 期	250頃	●奈良県桜井市に箸墓が築かれる。竪穴式石室を埋葬施設とする前方後円形の墳墓が首長墓として、以後西日本各地で採用される。
		350頃	●巨大前方後円墳の立地が奈良盆地南東部から、奈良盆地北部(佐紀古墳群)や西部(馬見古墳群)に移動する。
	中 期	400頃	●巨大前方後円墳の立地が大阪平野へとさらに移動する(古市・百舌鳥古墳群の出現)。
			●またこの頃、朝鮮半島より導入された技術により、須恵器生産が大阪平野ではじまる。
		450頃	●近畿地方に王権直轄と考えられる巨大倉庫群が築かれる。奈良盆地と吉備地域で古式群集墳が出現する。
	後 期	500頃	●父系制が徐々に社会に浸透しはじめる。
			●「畿内型」横穴式石室が出現し、急速に拡散する。
			●群集墳が全国に広まる。

1　定住社会の成立

縄文時代とは

日本列島最古の時代を旧石器時代、あるいは岩宿時代と呼び、それに続く時代を「縄文時代」と呼ぶ。縄文時代は今からおよそ一万五〇〇〇年前頃に始まり、西日本では二六〇〇年くらい前まで、一万年以上続いた。土器の時間的変遷に基づき、「草創期」（一万五〇〇〇〜一万一五〇〇年前）、「早期」（一万一五〇〇〜七〇〇〇年前）、「前期」（七〇〇〇〜五五〇〇年前）、「中期」（五五〇〇〜四四〇〇年前）、「後期」（四四〇〇〜三二〇〇年前）、「晩期」（東北・関東地方では三二〇〇〜二四〇〇年前）に区分される。

世界の他地域では縄文時代という呼称は使われず、「新石器時代」という用語を一般的に使用する。縄文時代と新石器時代に共通する特徴として、磨製石器や土器の使用、定住生活があげられる。新石器時代は食料生産経済によって旧石器時代から区別されるが、縄文時代では、旧石器時代後期以来の狩猟採集経済が維持されていた。狩猟採集民は狩猟対象となる動物を追って、また植物が食用になるまで成熟する時期が季節・場所によって違うため、別の場所への移動生活を送るのが通常である。定住生活を送りながらも、狩猟採集経済を営んでいたことが知られているのは、縄文人以外では北アメリカ北西海岸（現在のカナダ、ブリティッシュコロンビア州とアメリカ合衆国ワシントン州）の先住民族だけである。北西海岸の先住民社会では紀元前五〇〇〇年以降（中期パシフィック期）、社会の階層制が発達する。

図Ⅰ-1-1　土偶
（岩手県立博物館）

生活習慣の多くが共通する北西海岸先住民の事例から示唆を受けて、縄文時代はすでに首長が存在した階層社会であったという考え方も提起されている。たとえば、祭祀（さいし）に使用されたと推定される石棒、土面、土偶といった遺物や、環状列石・木柱といった大規模遺構が知られているので、祭祀を司（つかさど）ったり、あるいは大規模な「公共工事」を指揮したりするリーダーの存在は想定できるであろう。しかし、ニューギニア高地人の社会のリーダーも、社会に奉仕することでその地位が認められるのであって、その地位がリーダーの子どもに継承されるわけではない。縄文社会の有力者もその地位は一時的なものであり、その地位が次世代に継承される「首長」はまだ縄文時代には出現していなかった可能性の方が高い。

食生活と定住

一万年もの長い間、縄文人が狩猟採集経済を送りながら定住できたのは、その豊かな自然環境をフルに活用したからである。また、食料確保を計画的に行なうようになり、種類によっては大量に獲得して、貯蔵しながら長期的に利用し、食料の安定が図られた。またこの目的達成のため、穴蔵など貯蔵施設や保存加工法が工夫された。

縄文人は多様な天然資源を食料にしていた。縄文遺跡から検出される動植物や植物の種子・果実は、哺乳(ほにゅう)動物六〇種以上、貝類三五〇種以上、魚類七〇種以上、鳥類三五種以上、植物性食料五五種以上が知られている。陸上動物では、シカ、イノシシがそれぞれ四〇％近くを占め、タヌキ、ノウサギ、アナグマ、サル、ムササビ、カワウソ、テン、オオカミ、ヤマネコ、オコジョ、ネズミが続く。

植物のクリはアク抜き不要であり、特に東北・関東・北陸地方でポピュラーな堅果(けんか)類であった。たとえば、埼玉県さいたま市寿能(じゅのう)遺跡出土の炭化木の比率では、縄文時代前期で一〇％、中期で三〇％、後期で二六％がクリで占められている。これらの地域では後期になると、アク抜きのために必要な施設を低地につくって、トチも組織的に利用するようになった。西日本の縄文人はドングリ類、特にイチイガシを盛んに利用した。ちなみにクリなどの堅果類を多く食べていたからであろうか、縄文人の虫歯の発生率が八・二％と炭水化物主体の食物をとる農耕民並みに非常に高率である（外国の狩猟採集民の虫歯の発生率は二％以下）。

植物は土中で大半は腐敗してしまうので、当然食したと考えられるワラビ、ゼンマイ、タラの芽、カタクリ、ウド、キノコ類がこのリストから欠落していることから、実際は、遺跡で検出された種類以上の天然資源を食料にしていたのであろう。

たとえば貝類三五〇種といっても、そのほかのタンパク源があった蓋然(がいぜん)性はきわめて高い。

縄文貝塚が集中する千葉県の縄文人骨を分析すると、当時の食生活で水産物の栄養への寄与は、タンパク質レベルで四〇％弱、エネルギー換算で一一％にすぎない。

このように多様な食物に依存していたからこそ、食料の安定が保たれたのである。具体的には、季節の変化につれて常にそれなりの自然の恵みにあずかれる。異常気象などでたとえいくつかの資源が枯渇しても、まだほかに頼れる資源は残ったであろう。また、特定の種を絶滅させることも少なく、自然環境の生態学的な維持安定につながったと考えられる。

貯蔵の意義

多様な天然資源の活用と同時に、定住生活を可能にさせたのが貯蔵技術である。すでに一万二〇〇〇年前の草創期には、地下部をフラスコ状に膨らませて、容量を大きくした貯蔵穴が掘られていた（新潟県津南町卯ノ木南遺跡）。また三〇〇〇年前くらいの晩期には、湧水地に意図的に貯蔵穴を設け、ドングリを保存しながらその水で自然にアク抜きをするという、一石二鳥の技術も存在した（岡山県赤磐市南方前池遺跡）。アク抜きの技術は、前述のトチも含め広範囲の堅果類を食用にすることを可能にした。

秋になって捕獲されたであろう、サケ、マスは薫製か干物にしたと思われる。たとえば、東京都あきる野市前田耕地遺跡ではシロザケの顎骨が五〇〇〇片以上検出されているが、これらが一気に食べ尽くされたとは考えにくい。東京都港区伊皿子貝塚のクロダイの鱗の成長曲線の分析によれば、漁は水温が低くなる前の一〇月一杯で終わるという。また、中期以降の貝塚

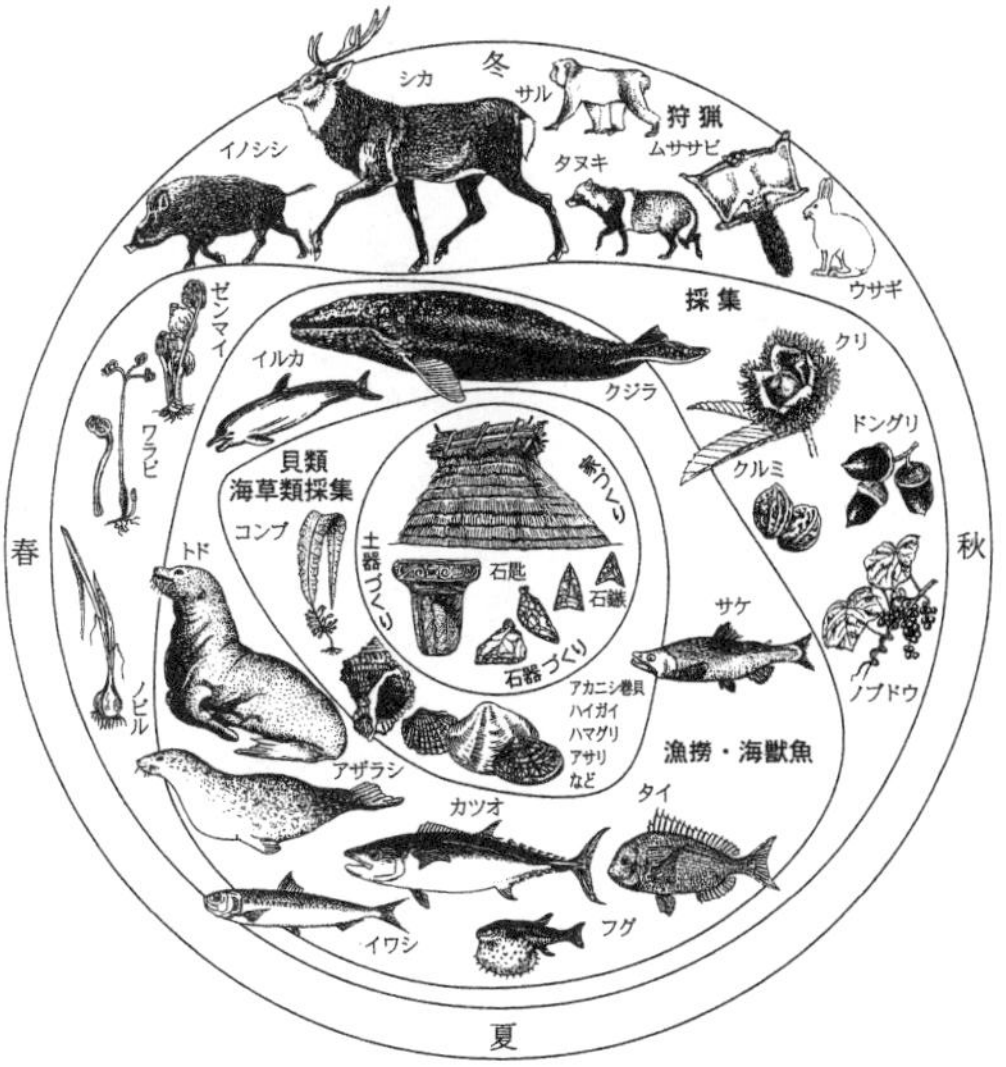

図Ⅰ-1-2　縄文カレンダー（小林達雄／1996より）

出土の貝の成長曲線の分析からは、その七〇%程度が春から初夏にかけて集中的に採られたことがわかっている。後の季節のために保存したものか、内陸との交易によるものかはわからないが、とにかく日持ちさせるなんらかの技術があったことは疑いない。

以上のような知見をもとに、小林達雄は「縄文カレンダー」を提唱し、一般書でもよく引用、再録されている。

〔縄文土器〕

縄文時代を定義づける大きな要素は、土器の出現である。現在のところ草創期の縄文土器は世界最古の土器の一つで、この土器のおかげで、縄文人は多様な天然資源を食料にできたといえる。日本列島における土器発現の契機は不明だが、メソアメリカやメソポタミアなど世界のほかの地域の土器と縄文土器の大きな違いは、ほかの地域では主として貯蔵用・運搬用の土器であるのに対して、その用途が煮炊き用である点である。縄文土器は料理用であるがゆえに、他地域の狩猟採集民が食べなかった動植物なども、煮沸して、あるいはアク抜きして、口にすることができるようになった。

草創期の土器は長崎県佐世保(させぼ)市泉福寺(せんぷくじ)洞穴(どうけつ)などで発見されている。縄文の文様をもたず、やや尖(とが)り気味の不安定な底部をもつ。しかし、鹿児島県国分(こくぶ)市上野原(うえのはら)遺跡からは、まったく様相の違った、底面四角形の草創期土器が発見されており、日本列島内でも、土器の起源が単一であったかどうかが重要な検討課題となっている。

〔貝塚〕

縄文時代の遺跡として、もっとも象徴的な遺跡は貝塚であろう。貝塚は、当時の人々が食後に廃棄した貝類や動物の骨が集積した遺構である。人が埋葬されたりするから、単なるゴミ捨て場以上の重要な意味が当時の社会ではあったと考えられる。たとえば国の特別史跡に指定されている千葉市加曽利(かそり)貝塚は、直径約一四〇メートルで環状の北貝塚と長径約一九〇メートルで馬蹄(ばてい)形の南貝塚が連接した貝塚で、貝の層が地表に今でも堤状に突出している。加曽利貝塚は縄文時代中頃の約五〇〇〇年前から、縄文時代の終わり頃にかけての約三〇〇〇年前まで使われた。縄文時代の貝塚には色々な種類が知られており、埼玉県富士見(ふじみ)市水子(みずこ)貝塚（縄文時代前期―約七〇〇〇〜五五〇〇年前）のように、集落の中で廃絶した複数の竪穴(たてあな)建物に貝類を廃棄したただけの小規模なものから、東京都北区中里貝塚（中期中頃から後期初め―約四六〇〇～三九〇〇年前）のように、最大約四・五メートルの厚さの貝層をもち、長さ約一キロメートル、幅約七〇～一〇〇メートルにわたる大規模なものまでが知られている。特に中里貝塚では、大型のカキとハマグリが大半であるため、自給自足的な範囲を越えて内陸の他の集落へ供給することを目的としたのではないかとも推定されている。

〔住居と集落〕

縄文時代草創期、早期、人々の居住は洞穴内で行なわれる。前期になって台地上に竪穴住居が営まれた。当初は三棟程度の集落であったが、中期には、同時に営まれる住居の数は一〇棟かそれ以上に増える。このほか、検出されにくいが、中期以降には平地建物、掘立柱建物（富山県小矢部市桜町遺跡では木材が発見）などが知られている。

近年は遺跡全体を発掘する機会が増え、集落の全体像が比較的わかってきている。たとえば、岩手県紫波町西田遺跡（中期）では、中央広場を囲んで二〇〇基近い墓穴群、その外側に掘立柱建物群、さらにその外側に多数の竪穴建物が検出され、貯蔵穴群が同心円状に配置されているようすがわかった。富山県朝日町不動堂遺跡のように、長径一七メートル、短径八メートル、床面の炉四基というような例外的に巨大な建物が一、二棟、集落内に建てられることも多い。とくに大きな集落はおよそ四キロメートルごとに分布していた。

縄文時代の集落は、地域や立地する自然環境により多様であるが、基本的に、通年居住する母村と特定の目的のために一時的に滞在する「キャンプ」の二種類に大きく分類できる。

母村は、一般的に広い平坦面に立地し、中央広場をともなう場合が多い。広場を囲むように一〇棟程度の竪穴建物が配置される。土器型式が三段階以上変化するほど居住期間が長いため、結果として竪穴建物の合計は数十から百の単位におよぶことがある。母村の大きな特徴は、呪術関係の遺物が出土することである。

それに対して、季節的な狩猟など、特定の目的に応じて、一時的なキャンプも適宜営まれた。こうしたキャンプは、陥し穴だけであったり、狩猟具のみが廃棄されたりしていることで区別できる。キャンプでは祭祀具は発見されない。

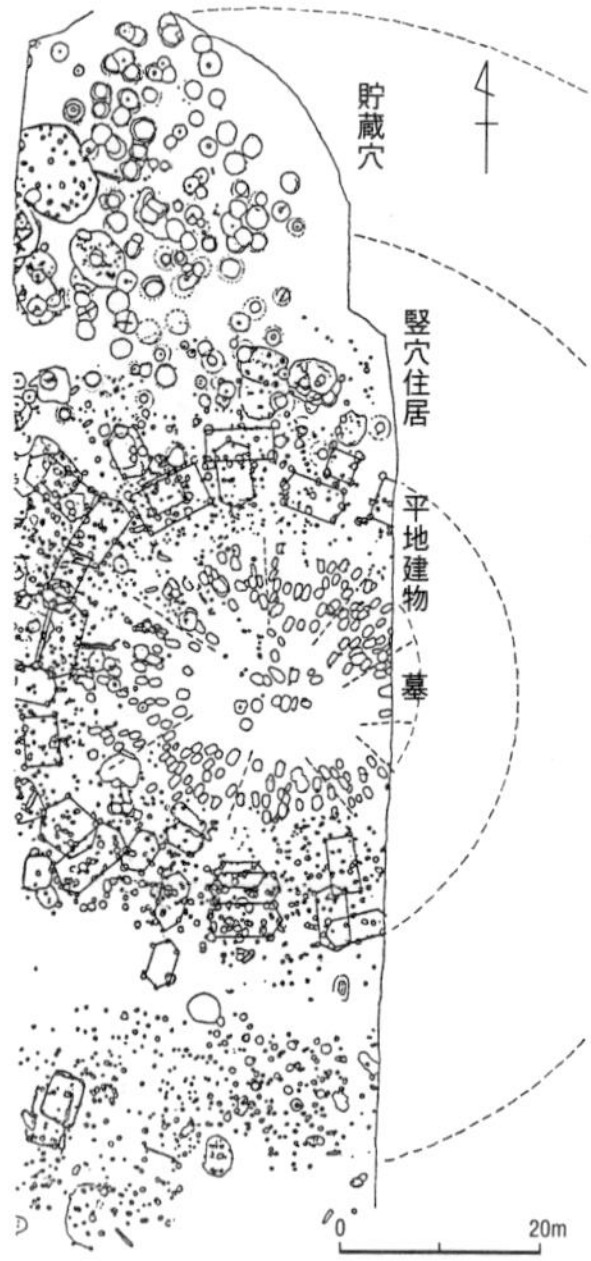

図Ⅰ-1-3　岩手県西田遺跡
典型的な縄文集落
（報告書／1980より）

〔縄文時代の「農耕」〕

縄文時代には、完全な農耕はまだ存在していなかった。狩猟採集経済が豊かな生活を縄文人に保証していたから、縄文人は人手がかかる食料生産経済に新たに移行する必要性を感じなかったのであろう。しかし、一部の動植物に対して、縄文人が意図的な働きかけを行なっていたことは確かである。たとえば、縄文人は家畜としてイヌを飼っていた。その根拠は、弥生時代以降や北海道のオホーツク文化ではイヌを食用にしていたのに対し、縄文人はイヌを食用とせず、必ずていねいに埋葬していたことがあげられる（最古例は早期の神奈川県横須賀市夏島貝塚）。後肢を骨折した老犬もていねいに埋葬されている。

イノシシは、シカと並んで重要な食料であったが、シカと違って、特別な扱いを受けたケースが知られている。シカの例はないが、イノシシは土偶として表現されているし、まれに埋葬されることがあった（後期末の宮城県気仙沼市田柄貝塚ではイノシシの子のウリボウがていねいに埋葬されている）。また伊豆大島の縄文遺跡で八〇〇〇〜九〇〇〇年前の地層から多数のイノシシが検出されている。これは、縄文人がイノシシを舟に乗せて移住したことを示しており、五〇〇〇年前までには八丈島に達している。

縄文遺跡からはヒョウタン、エゴマ、リョクトウ、ダイズなどの栽培植物種が検出されている。このことから栽培の可能性が指摘されているが、これら栽培種は自然でも生えるため、縄文人が本当に種蒔きや耕耘、除草をしていたかどうか、慎重に検討しなければならない。ただ、中期にダイズの大きさが急激に大きくなるので、縄文人が特定のダイズを選択して、人為的に土の中に深く蒔くようになった結果と考えられる。

2　弥生時代の首長

弥生時代とは

縄文時代に続くのが、本州・四国・九州では弥生時代である。この時代は、水稲耕作技術と少し遅れて青銅器・鉄器の導入で、先行する縄文時代や同時期の北海道の続縄文時代、南西諸島の貝塚時代から区別される。弥生時代の開始を紀元前九世紀までさかのぼらせる立場もあるが、この場合、鉄が中国や朝鮮半島よりも早く日本列島に出現した可能性を示唆することになり、受け入れがたい。近年の年輪年代研究の成果に基づき弥生時代各時期の暦年代をさかのぼらせる傾向が強いが、それを考慮に入れても、弥生時代の開始は紀元前七～六世紀頃であろう。

弥生時代は便宜上、早期（紀元前七世紀～五世紀前半、この時期東北・関東地方にはまだ水稲耕作技術は伝わっていなかった）、前期（紀元前五世紀後半～三世紀半ば）、中期（紀元前三世紀第３四半期～一世紀末）、後期（紀元一世紀初め～三世紀前半）に分けられる。凸帯文土器が使われた早期は縄文晩期とかつて扱われていたが、福岡市板付遺跡で、堰と水路からなる灌漑施設、耕耘や収穫のための木製・石製農具、籾貯蔵用の土器など、朝鮮半島南部ですでに完成の域に達していた諸要素がセットで凸帯文土器の地層で発掘されたことから、「弥生時代早期」として定義し直された経緯がある。

弥生時代の首長

中国の歴史書『魏志』倭人伝は、弥生時代後期、二〜三世紀頃の倭人の社会、経済生活、風俗、産物などを詳述する一級史料である。その中で、三〇程度の「クニ」の位置や戸数を記し、二世紀後半に起こったクニ同士の争乱の後、クニグニの連合体の盟主に卑弥呼という女性が「女王」に推されたと述べる。卑弥呼が居住していたのが、邪馬台国であった（五三・一二五頁）。

弥生時代は縄文時代と違って、考古資料だけに基づいて「首長」の存在は認識が可能である。たとえば、福岡県糸島市三雲遺跡群中の三雲南小路遺跡では、紀元前一世紀の二基の大型甕棺墓が発見された。一号甕棺（一八二二年発見）には三五面以上の前漢鏡、銅剣、銅矛、銅戈四本、ガラス璧八面、金銅製棺飾り（金銅製四葉座金具。璧と棺金具は前漢の皇帝から贈られたもの）が副葬されていた。一号甕棺の被葬者の妃の墓と推定される二号甕棺から二二面の前漢鏡、多数の玉、ガラス璧を加工したペンダントが副葬されていた。三雲南小路遺跡の甕棺墓の副葬品の中国との外交関係を示す質と副葬品の量は、その被葬者が当時の首長であった可能性が極めて高いことを示す（三七一頁）。

また倭人伝によれば、卑弥呼は内政面で「鬼道に事えてい」たという。つまり、卑弥呼は司祭かシャーマンのような人であったと考えられている。福岡県立岩堀田三四号甕棺墓（紀元前一世紀）からは、鉄戈と前漢鏡が副葬され、南海産の貝ゴホウラ製の腕輪を右腕に多数装着した成人人骨が発見された。貝製の腕輪（貝輪）の装着は田植え、稲刈りといった肉体労働の妨げになる。このような人物は肉体労働を行なわない、司祭者的な地位にあったとも考えられる。

さらに福岡市金隈遺跡では、貝輪が副葬された小児甕棺が発見されている。この子どもがもし成人すれば、貝輪を装着するような特別な地位に就くことが期待されていたのであろうか。つまり、特別な地位が子どもに継承された可能性を示唆するのである。

近畿地方では、首長の存在は北部九州ほど明確に認識できない。たとえば、大阪市加美遺跡（隣接する八尾市の久宝寺遺跡と一体の遺跡）では、基底部で二五×一五メートル、高さ二・五メートルの巨大墳丘墓が紀元前一世紀に築造され、成人一四人、子ども九人の二三体が埋葬された。中心の五号埋葬は構造的に、中国漢が朝鮮半島北部に設置した楽浪郡の漢墓の影響を受けたようで、木棺の外に木槨を有しており、他の二二体とは区別されていた。この墳丘規模は近畿地方の低墳丘墓では突出しており、五号埋葬の被葬者は、数多くの大規模集落が立地していた河内地域の「長」ではないかと推定されている。

近畿地方の低墳丘墓の典型例として、大阪府東大阪市瓜生堂遺跡をあげることができる。最大の一四号墳丘墓でも基底部で一六×一一メートル、高さ一・一メートルの規模で、そのほかの墳丘墓は一〇×六メートルくらいの規模である。特筆すべきは、隣接して、墳丘を伴わない土壙墓群も検出されていることで、墳丘墓に埋葬されるかどうかは、生前の社会的地位の差の反映かもしれない。

〔年輪年代法〕

文献史料から知られる邪馬台国の年代は紀元三世紀前半である。ではそれが考古学で認識さ

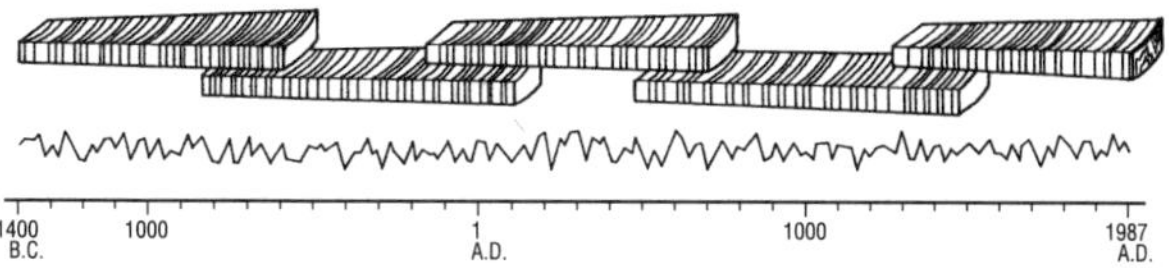

図Ⅰ-2-1　年輪年代法の原理（光谷拓実／1998より）

れているどの段階、たとえば弥生土器や古墳時代の土師器（はじき）でいうと、どの型式が使われていた時期に相当するのかについては、長い間わからなかった。

この暦年代に弥生・古墳時代の遺跡の出土資料から迫るのに、一番期待されている方法が「年輪年代法」である。この方法は一九八〇年代に奈良国立文化財研究所（当時）が一〇年を費やして開発した。丸太の断面には多数の年輪が残っているが、細かく観察すると、年輪の幅が年によって広かったり、狭かったりする。これはその木が成長した年の気候によるもので、同じ自然環境で生育した同じ樹種のほかの木も、その年に形成された年輪の幅の広狭は同じになる。

この事実に基づき、複数の木の広狭パターンを組み合わせる（重ね合わせる）ことが可能になる。つまり、樹齢一五〇〇年の原生杉を伐採し、その年輪の古い部分と、たとえば奈良時代に伐採された樹齢一〇〇〇年の杉の新しい部分（伐採される前三〇〇年間の部分）の年輪を重ね合わせることが可能となる。この原理によって、年輪の幅が広い・狭いというパターンを過去二二〇〇年もさかのぼらせることができる。遺跡から杉の木材片（理想としては木の皮が残存するもの）が発見されたとき、その木材の年輪のパターンと照合し、その木の皮が形成された年（木が伐採された年）が現在からさかのぼって、何年前（西暦何年）かを正確に導き出せるようになった。

たとえば、かつて紀元一世紀と考えられていた近畿地方の中期後半の土器が、紀元前五七年に伐採された太い木の柱と一緒に大阪府和泉市と泉大津市にまたがる池上曽根遺跡（前期後半〜中期）で発見された。また弥生時代末から古墳時代初めに位置付けられる土器が、残存する一番外側の年輪が紀元一七七年に形成された木片と一緒に奈良県桜井市纏向石塚で発見された。その木片の樹皮は削られていたが片材部（皮の付近で色の違う部分）は残存しており、一七七年形成の年輪の外側に存在したであろう年輪は二〇本程度（つまり伐採は二世紀末〜三世紀初め）と推定できた。この結果、古墳出現期がかつて紀元三世紀末〜四世紀初めと考えられていたが、三世紀前半まで遡る可能性が導き出されたのである。

3　弥生時代の「クニ」

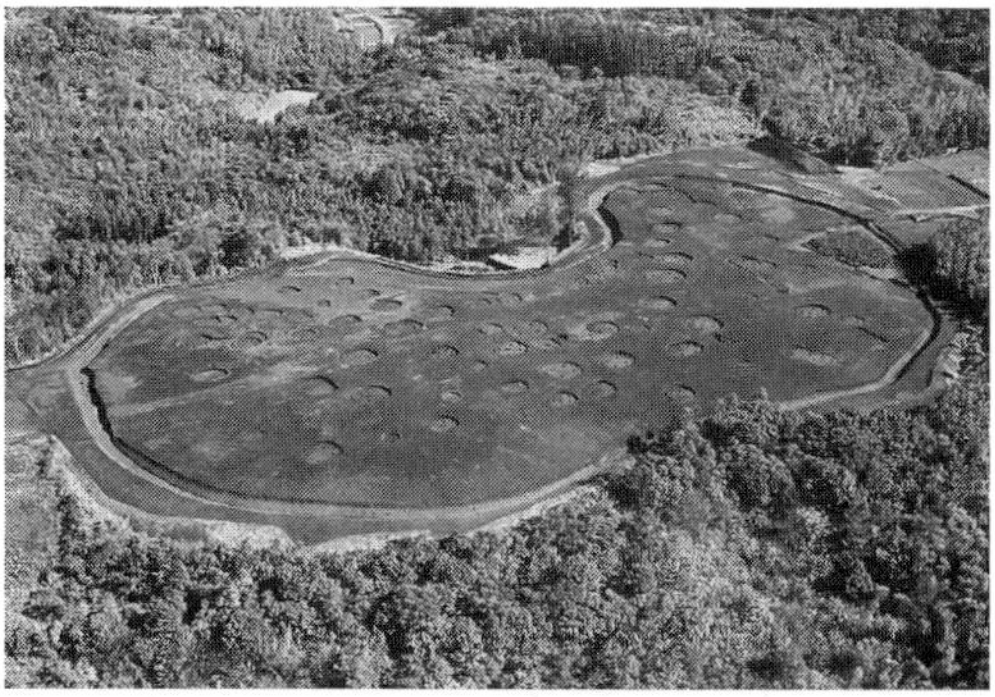
図Ⅰ-3-1　大塚遺跡
（横浜市ふるさと歴史財団埋蔵文化財センター）

弥生時代の集落関係からみた「クニ」

弥生時代の集落は多様であった。日本列島内での地域差、前期・中期・後期という時期差、そして同じ地域社会内での機能差などの反映である。集落の機能差とは、数多くの世帯が一世代以上集住する拠点集落と呼ばれる集落と、それを衛星のように取り囲んで立地し、三〜五世帯が一時的に、おそらく特定の目的のため居住する小集落との区別である。拠点集落を母村、そのまわりの小集落を子村と呼んで区別することも多い。

拠点集落の第一の特徴として、一般的に濠（ほり）によって囲まれていることがあげられる。拠点集落が環濠（かんごう）集落ともいわれるゆえんである。第二の特徴としては、面積が一ヘクタール以上と広いことがあげられる。同じ集落でも、前期から中期にかけて、さらに中期から後期にかけて拡大する例も多い。拠点集落の第三の重要な側面として、数世代にわたって居住が継続することがあげられる。たとえば奈良県田原本町唐古・鍵遺跡（最大面積四二ヘクタール）は、弥生時代前期新段階から後期まで（紀元前三世紀から紀元二世紀まで）の長きにわたって奈良盆地の拠点であり続けた。

こういった拠点集落遺跡では地元のものではない遺物が多く出土する。これは、遠隔地から搬入されたもの、あるいは遠隔地へと搬出されるものも一度拠点集落に集められ、ここを経由して、周辺の小集落にもたらされたと考えられる。このシステムを「再分配」と呼び、縄文時代には一部の地域で始まっていた可能性がきわめて高いが、弥生時代の北部九州、吉備、近畿、東海などの地域で成熟、発達する。とくに拠点集落たる母村とそれを衛星のように取り巻く子村との関係を、このモデルで説明できる。

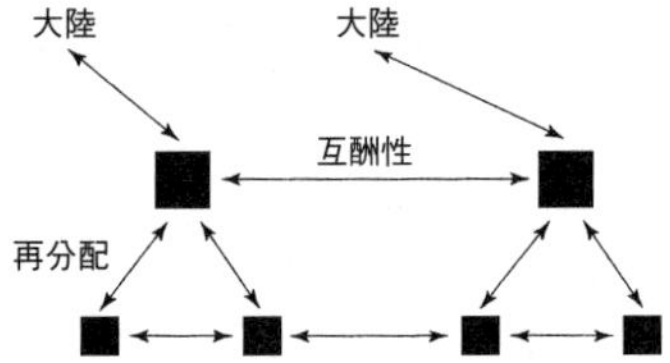

図Ⅰ-3-2　再分配モデル
（佐々木憲一／2003を一部改変）

後に河内、摂津、和泉と呼ばれる弥生中期の大阪府域の平野では、さまざまな拠点集落が経済的に相互に依存し合って、一つのネットワークを形成していた。具体的には、サヌカイト製石器、土器、青銅器などは特定の集落で製作され、他集落へ供給された可能性が高いのである。

たとえば、近畿地方のサヌカイト産地である二上山付近の、大阪府羽曳野市喜志遺跡や柏原市奥山遺跡は石材の採取と半製品への加工を集中的に行なった場所と考えられるが、ここから発見されるのは破損品と石屑ばかりであって、ここで出来上がった半製品は拠点集落に運ばれたと推測できる。

また大阪府東大阪市西の辻、鬼虎川遺跡と大阪府八尾市恩智遺跡では、特徴的な胎土を使った「生駒西麓型」と呼ばれる土器を集中的に生産しており、ここで製作された土器は、大阪府藤井寺市国府遺跡など、ほかの集落へも搬出された可能性が高い。

前述の瓜生堂遺跡や東大阪市西岩田遺跡では木製農具は製作されなかったが、池上曽根遺跡や八尾市亀井遺跡では農具、工具、容器類などの生活具、弓などの武器、祭祀具などあらゆる種類の木器が数多く作られた。ちなみに、拠点集落どうし、二者が対等な立場で同じ価値のモノとモノを交換するシステムを「互酬性」という。

ただ、青銅器鋳造の工房を備えていた集落ともなると、唐古・鍵遺跡、大阪府茨木市東奈良遺跡、瓜生堂遺跡、鬼虎川遺跡、亀井遺跡ときわめて限定される。とくに東奈良遺跡で製作された銅鐸は現在の兵庫県北部の気比や香川県善通寺市我拝師山などで発見されており、相当広範囲に流通していたことがわかる。製品は銅鐸以外もあったから、東奈良遺跡製作の青銅器は、その他の集落にも配布されたはずである。この流通センターとしてのあり方は唐古・鍵遺跡も同様であったろう。

このように近畿地方中央部では、弥生時代中期、個々の拠点集落が地域社会内で違った役割を担い、拠点集落どうしで相互に依存しあっていたようである。その拠点集落どうしのネットワークがクニとしての機能を果たしていたのかもしれない。奈良盆地では、青銅器の鋳造工房が存在した唐古・鍵集落の地位が突出して、盆地内の複数の拠点集落を統括していた可能性はある。そしてこの集合体がクニとして機能していたと考えられる。

北部九州の場合、福岡平野南部における春日市須玖遺跡群のように、平野に一か所、青銅器が集中する遺跡があって、その集落を頂点とした地域的まとまりを捉えることが可能である。遺跡群中の須玖岡本遺跡D地点（紀元前一世紀）では、多数の前漢鏡と青銅器が副葬された甕棺墓が発見された。福岡平野を『魏志』倭人伝に記される「奴国」、この墓を奴国王の墓と考える研究者は多い。さらに注目されるのは、須玖岡本遺跡周辺での青銅器、鉄器、ガラス製品の生産に関連した多数の出土遺物と工房跡の発見である。とくに青銅器鋳型の出土は一〇〇点以上にのぼり、突出した数である（三七一頁）。

須玖遺跡群を頂点としたネットワークを支えるのが平野中央部の福岡市の比恵・那珂遺跡群で、その総面積は三世紀には一〇〇ヘクタールに達した。中期末には、一般の住居とは区別される大型掘立柱建物が多数出現し、また遺跡群の比恵遺跡側では、青銅器やガラスの鋳造も行なわれたようである。須玖遺跡群、比恵・那珂遺跡群を主体とした集落のまとまりをクニと呼ぶことは可能だろう。このような大きなまとまりは、伊都国と考えられる糸島（福岡県糸島市）でも認識できる。

〔吉野ヶ里遺跡と大塚遺跡〕

佐賀県神崎市・吉野ヶ里町にまたがる吉野ヶ里遺跡（前期末〜後期、面積四〇ヘクタール以上）と横浜市都筑区、鶴見川に注ぐ早淵川流域に立地する大塚遺跡は、環濠の内側が機能的に特化した空間に分かれている集落と、環濠の内側が均質である集落の、二つの構造的に大きく異なる環濠集落の典型例といえる。

吉野ヶ里遺跡では環濠の内側にさらに内濠があり、それに囲まれた区画は「内郭（ないかく）」と呼ばれる。北内郭には祭殿と思われる大型の掘立柱建物や高床住居、物見櫓（ものみやぐら）とも解釈される掘立柱建物、さらに中央南寄りに約一二・五メートル四方の一二本の柱からなる「楼（ろう）」ともいわれる巨大高床建造物が存在する。南内郭では竪穴建物のほか、物見櫓や、後に掘立柱建物となる特別な竪穴建物など、内郭の外には存在しない建造物がみられる。南内郭のすぐ外側には、最大四・二×六・六メートルにおよぶ大きな高床倉庫が建造されていた。

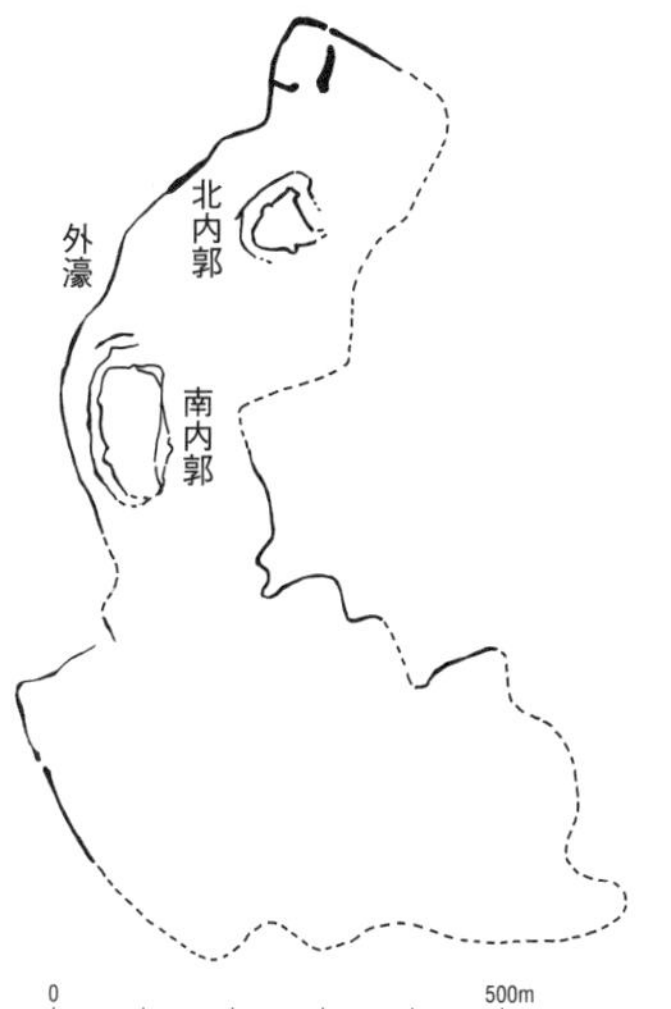

図Ⅰ-3-3　吉野ヶ里遺跡の二重環濠

吉野ヶ里遺跡では多数の甕棺墓が検出されているが、有力者の集団は墳丘墓に埋葬されたようである。北内郭のさらに北方に位置する北墳丘墓は、上部を削平（さくへい）されていたが、南北約四〇メートル、東西約二七メートルの規模であったと想定できる。この墳丘墓から見つかった甕棺は黒塗りにされ、墳丘墓以外の甕棺と区別され、なかには器高一二五センチメートル、口外径八〇

〜九〇センチメートルと、器高七〇センチメートル、口外径五〇センチメートル程度の通常サイズより特に大きいものもある。そのうち八基は、銅剣が副葬されていた。その他、吉野ヶ里遺跡では青銅器の鋳造工房も存在し、細形の銅剣、銅矛の鋳型が検出されている。

近畿地方では吉野ヶ里遺跡のように弥生時代当時の集落ほぼ全域が発掘された例はほとんどないが、面積六〇ヘクタールの池上曽根遺跡では、集落中央部のやや南西寄りに、通常の住居とは違う、神殿型式とされる独立棟持柱(むなもちばしら)を有する、東西一九・二メートル、南北六・九メートルの大規模な掘立柱建物が建造された。個々の柱の直径は六〇センチメートルほどあった。そのすぐ南側には直径二・三メートルの巨大な井戸が設けられていた。付近には五三〇枚のサヌカイト剝片(はくへん)を三か所に、四十数個のイイダコ壺(つぼ)を一か所に埋納してあり、これらの周囲には金属器工房とも考えられる、焼け土が集中する場所も存在する。また、近畿地方最大の環濠拠点集落である奈良県唐古・鍵遺跡でも、このような特殊な大規模掘立柱建造物が発見されている。

これらの複雑な構造を持つ大拠点集落に対して、二三〇×一三〇メートルの大塚遺跡では、環濠の内側にほぼ同じ大きさ、形態をもつ竪穴住居が分布しており、内部構造は均質的である。隣接して、大塚遺跡の住人が埋葬されたと推定される歳勝土(さいかちど)遺跡の方形周溝墓(ほうけいしゅうこうぼ)群も、個々の墓は均質的である。この大塚遺跡を取り囲むように複数の小集落が発掘されており、大塚遺跡を母村、そういった小集落を子村と捉えることは可能である。

同じ鶴見川流域には大塚遺跡と同時期の折本西原(おりもとにしはら)遺跡が存在する。全面調査はされていないものの、面積七〜八ヘクタールに及ぶ可能性が指摘されている。集落の中央に、歳勝土遺跡の一辺一〇メートル以下の方形周溝墓より格段に大規模な一辺二〇メートルの方形周溝墓が二基築かれている。折本西原遺跡には、大塚遺跡を含む複数の環濠集落群を代表する人物が居住し、葬られたのかもしれない。

4　弥生時代の暮らし

水稲耕作

倭人の暮らしは、『魏志』倭人伝に若干の手がかりを求めることができる。たとえば一支国（現在の長崎県壱岐であろう）では、やや田地はあるが、田を耕してもなお食に不足であるとか、末盧国（現在の佐賀県唐津市付近か）では、住民は好んで魚や鮑・蛤を捕らえるという記述がある。またイネを植えて、養蚕糸をつむいでいたようである。

このうち、弥生時代の暮らしを特徴づけるのは、イネを育てるという食料生産経済であり、農耕の開始以前から続く定住生活である。水稲耕作技術は完成されたシステムとして朝鮮半島南部から九州西北部、現在の唐津のあたりに紀元前七世紀頃に伝わり、短期間で東海地方にまで拡散した可能性が高い。それは縄文時代以来、すでに定住が行なわれていたことによるところが大きい。

この弥生時代早期の水田は佐賀県唐津市の菜畑遺跡、福岡県福岡市の板付遺跡、野多目遺跡などで発見されているほか、兵庫県尼崎市・伊丹市にわたる口酒井遺跡では凸帯文土器にともなって炭化米、籾圧痕のある土器、石庖丁が出土している。

弥生時代に一般的であった収穫具、石庖丁は稲穂を摘むための道具である。同じイネの株であっても、熟した穂だけを選択して収穫できるため、早熟の穂などを区別し、翌年の種まきにあたって、品種を別々にすることが可能になったのであろう。そのプロセスのくり返しで、イネの稔熟期をそろえたということも考えられる。

弥生時代の水稲耕作に関して特筆すべきは、前期末（紀元前三世紀頃）にはすでに水稲耕作技術が青森県に到達していたことである。弘前市砂沢遺跡では前期末の水田跡が発見され、また中期後半（紀元前一世紀）の田舎館村垂柳遺跡では、畦によって整然と区画された六五六面の水田が発見された。しかしながら、水稲耕作がこの地域にそのまま定着することがなく、縄文時代以来の狩猟採集の生活に一時戻っている。本州北端の弥生人にとっては、水稲耕作は数ある生業手段の一つにすぎず、縄文時代以来の狩猟採集生活がより生産性が高いと判断されたからではないだろうか。

狩猟と漁労

弥生時代では、縄文時代以来の狩猟も重要な食料獲得手段であった。弥生時代の遺跡でもっとも多く出土する獣骨はイノシシで、シカがそれに次ぐ。獣骨は平地に立地する農耕集落跡である唐古・鍵遺跡や池上曽根遺跡、愛知県清須市・名古屋市西区にまたがる朝日遺跡などでも検出されることから、農閑期には、狩猟による食料の補完が行なわれていたことがわかる。前期中期に比べ、後期になると、獣骨の検出量が下がるのは、狩猟の比重が小さくなったからであろう。

狩猟のあり方は地域差が大きく、たとえば中部高地の山間部では、狩猟が弥生時代の生活のなかで大きな役割を果たしていたようである。台地上の水稲耕作に適さない土地では、その傾向はとくに強かったであろう。こういった地域では、弥生時代後期になっても、狩猟の比重は高かった。たとえば長野県上田市唐沢岩陰遺跡では、ニホンザル、ノウサギ、タヌキ、ツキノワグマ、アナグマ、イノシシ、カモシカ、ニホンジカなど多様な獣骨が検出され、狩猟が集団的、専門的に行なわれた可能性を指摘する研究者もいる。イノシシが一般的な西日本の低地遺跡と中部高地は、狩猟対象の点でも区別できる。

縄文時代以来漁労も相変わらず盛んであった。たとえば、神奈川県三浦半島の洞穴遺跡での調査成果は、狩猟と、とくに漁労に依存した縄文的な生活を送っていたことを示唆する。海水域では網漁が行なわれ、オモリの土錘や石錘の出土が多い。とくに瀬戸内海の中東部に顕著で、弥生、古墳時代を通じて新しい型式の土錘が生み出されており、網や漁法が絶えず開発されていたことがうかがわれる。そのほか、地域的な特徴として、大阪湾から播磨灘にかけてイイダコ壺による漁が盛行し、リアス式海岸の発達した地域では釣針の検出が目立つ。とくに「結合式」釣針と呼ばれる、二つの部品からなる大型品が多い。一般的傾向として、漁網は砂浜地帯、釣針や刺突具は岩礁地帯に普及した。

淡水域では網漁、釣漁が発達したとは考えにくく、土錘も中小型品が、釣針も単式の中小型品が中心である。淡水域の漁具として、筌が大阪府東大阪市・八尾市にまたがる山賀遺跡で、梁が朝日遺跡で発見されている。そのほか、仮説の域を出ないが、内陸部の灌漑水路と水田にはフナやコイの稚魚が多く生息するようになり、当時の人々のタンパク源であった可能性が指

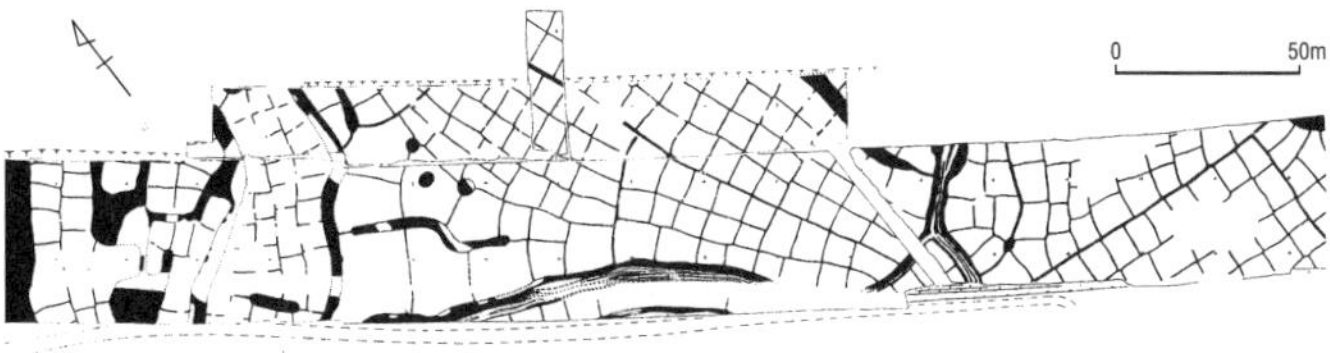

図Ⅰ-4-1　弥生時代の水田　岡山県原尾島遺跡
（報告書／1994より）

摘されている。

〔水田と田植え〕

弥生時代の水田が最初に発見されたのは静岡市登呂（とろ）遺跡であるが、一九七〇年代以来発見が相次ぎ、最近では、六〇か所以上確認されている。この時代の水田はほとんどが一区画二〇平方メートル程度の「小区画水田」である。それらは立地環境により、「微高地型」水田と「微低地型」水田の二種類に大別することができる。

微高地型水田は半湿田―半乾田タイプとも呼ばれ、自然堤防などの微高地から旧河川氾濫原（はんらんげん）や低湿地への緩斜面に営まれ、灌漑も必要である。緩斜面に水田一枚一枚を水平に設けるため、土木工事を最小限にしようとすると、いきおい水田一枚の面積を小さくせざるをえない。この典型例として、弥生時代を通じて営まれた岡山市百間川（ひゃっけんがわ）遺跡群原尾島（はらおじま）遺跡をあげることができる。これに対して、微低地型水田は湿田タイプとも呼ばれ、谷状の小規模な微低地に営まれた、排水を水利の主体とする水田である。水田区画もやや大きめにできる。典型例として岡山市津島（つしま）遺跡の弥生時代前期から中期にかけての水田をあげることができる。

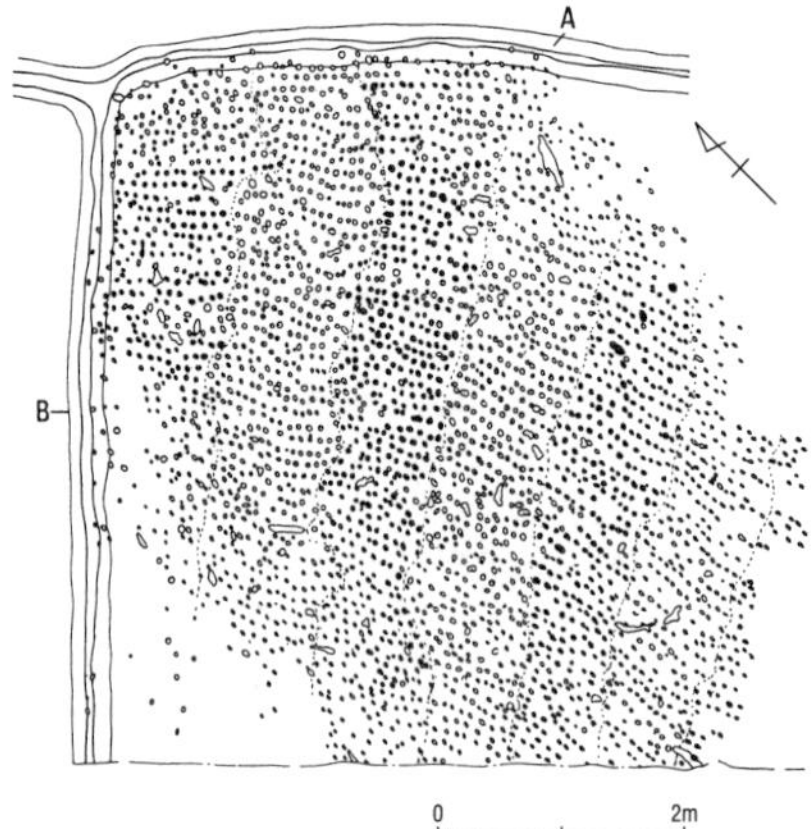

図Ⅰ-4-2　田植えの証拠となった稲株跡
岡山県原尾島遺跡
（報告書／1984より）

これらの水稲耕作では田植えは行なわれたのか、あるいは直播(じかま)きだったのであろうか。水田跡を慎重に発掘すると、田圃(たんぼ)の面にイネの株跡らしい丸い穴が点々と見つかることがある。滋賀県守山(もりやま)市服部(はっとり)遺跡の前期の水田では、この穴には一定のパターンがなく、直播きを想定したほうがよさそうである。それに対して、岡山市百間川遺跡群原尾島遺跡の後期末の水田は、丸い穴が列をなし、七つのブロックを形成しており、七人が並んで田植えをしたようすを想定できる。

田植えが行なわれたことを間接に証明する事例として、後期に普及しはじめる鉄製の根刈り鎌をあげることができる。根刈りを行なうには、イネの稔熟期がそろうという前提が必要であり、このためには、田植えを行なって、イネが雑草に負けずに優先的にかつ一律に成長する環境を整える必要があった。

〔畑作〕

台地や山間部では畑作も行なわれた。弥生時代のイネ以外の栽培植物として、アワ、ヒエ、キビ、オオムギ、エンバク、ソバ、アズキなどのマメ類、ウリなどのヒョウタンの仲間、シソなどがあげられる。またイネでも陸稲は畑作物である。そのほか、葉菜類、根菜類の栽培の可能性も否定できないが、遺跡から検出できないため、立証が困難である。

また畑の畝を検出した事例は水田ほど多くないが、関東平野の台地部では見つかっている。たとえば群馬県高崎市東下井出遺跡では幅三〇〜四〇センチメートル、深さ二〇〜三〇センチメートルの「溝」状遺構が併行して発見され、畝と解釈されている。土壌分析の結果、イネが検出され、陸稲を栽培した可能性が高い。同様の遺構は高崎市小八木遺跡、渋川市有馬条里遺跡でも発掘されている。

5　北の続縄文文化と南の貝塚文化

北海道の続縄文文化

続縄文文化は本州・四国・九州の弥生文化、後続の古墳文化に対応する北海道の先史文化である（二三四頁）。続縄文文化では縄文時代以来の狩猟採集漁労の生活が継続し、紀元九世紀に擦文文化に移行する。続縄文文化では漁労への依存度が高いという見方もあるが、本州の縄文時代でも漁労への依存度が高い地域があって、生業は本州の縄文時代とあまり変わらないといえる。ただ、土器の表面に施文される続縄文土器の縄の撚り方が、本州の縄文土器とは逆であり、北海道地域を区別する明確な地域色となっている。また石器も、靴形石器と呼ばれるナイフ状の石器が新たに出現する。

続縄文文化は北海道内での地域性が顕著な前半と、四世紀以降北海道全体で土器の地域性がなくなる後半に編年区分される。前半では土器の地域性に基づいて、渡島半島から道央の石狩低地帯にかけての地域、石狩低地帯を含む道央地帯、網走・北見地方、釧路・根室地方の四地域に区別される。しかし、続縄文文化に特徴的な張り出し部を伴う住居の形態は北海道全域であまり変わらない。

後半には、後北C-2、D式と呼ばれる同じ型式の続縄文土器が北海道全域だけではなく、東北北半にまで分布する。弥生時代前・中期の北東北は水稲耕作技術を導入したのだが、続縄文文化の狩猟採集経済に逆戻りしたかのようである。実際、四世紀以降、北東北では弥生文化の系統を受け継ぐ土器や集落遺跡がみられなくなり、また秋田県寒川(さむかわ)Ⅱ遺跡では、後北C-2式続縄文土器が副葬された土壙墓が検出された。

南西諸島の貝塚時代後期

南西諸島の貝塚時代後期は弥生・古墳・奈良・平安時代に併行する時代である。この時期、水稲耕作ではなく漁労に大きく依存し、弥生土器そのほかの物質文化が移入され、貝輪が九州へ移出され、活発な交易・交流があったことで、それ以前の貝塚時代前・中期と区別される。また七〜八世紀以降、少数ながら鉄器がもたらされる。貝塚時代前・中期は本州、九州の縄文時代と基本的に変わらない。

漁労への依存度が高まったことは、この時期の遺跡の大半が海岸砂丘に立地することからも裏付けられる。また、貝塚時代前・中期以来の竪穴建物に加えて、掘立柱建物がこの時期に出現し、以後掘立柱建物が増加する。墓制についても、在来の土壙墓に加えて、弥生文化の箱形石棺(せっかん)もこの時期伝わった。弥生土器は奄美(あまみ)諸島の三六か所、沖縄諸島の五二か所で発見されている。その大多数が九州南部で製作されたもので、弥生時代初頭から終末期の各時期の所産である。このような本土の弥生文化の移入は、ゴホウラ、イモガイといった大型巻貝を、貝輪の素材として弥生・古墳時代の九州に移出することになったことの裏返しである。

6　前方後円墳のネットワーク

前方後円墳の出現と階層秩序

紀元三世紀半ばの二五〇年前後、現在の奈良県桜井市に巨大な前方後円墳が出現する。箸墓古墳である。この古墳は全長二八〇メートル、後円部直径一六〇メートル、後円部高さ三五メートルを誇り、それ以前の弥生時代最大の首長墓、岡山県倉敷市楯築墳丘墓の全長九二メートルを大きく上まわり、隔絶した規模を誇る。

古墳時代の首長墓は前方後円墳だけではなく、前方後方墳、円墳、方墳の四種類が、一定のルールに基づいて「築き分け」られた可能性がある。前方後円墳については、規模の格差にも同種のルールがあったようだ。奈良県桜井市、天理市に広がる、古墳時代最初に形成された古墳群である大和古墳群（八六頁）では、二三〇メートル以上の前方後円墳、一三〇メートル級の前方後円墳または前方後方墳、円墳・方墳と三階層に分かれていた可能性が極めて高い。この墳形の違い・墳丘規模の格差と副葬品の多寡との間で明瞭な相関関係が見られるため、墳丘の差異は当時でも社会的な意味があったと考えられる。

たとえば、墳長二〇七メートルの前方後円墳である桜井市桜井茶臼山古墳では、大々的な盗掘を受けた竪穴式石室から八一面分の鏡の小破片が発見された。墳長一三二メートルの天理市黒塚古墳のほぼ未盗掘の竪穴式石室からは、棺内に後漢の画文帯神獣鏡一面、棺の外側に棺を取り囲むように三三面の、魏（ぎ）で製作されたと推定される三角縁神獣鏡（さんかくぶちしんじゅうきょう）が発見された。

大和（おおやまと）古墳群の外であるが、奈良県御所（ごせ）市鴨都波（かもつば）一号墳は、一辺二〇メートルに満たない小方墳で、未盗掘の棺の内外から合計四面の三角縁神獣鏡が発見された。このような明瞭な相関関係を目の当たりにして、天皇陵に指定（宮内庁では治定という）されている三〇〇メートル級の前方後円墳には何面の鏡が副葬されているか、想像してみたくなる。

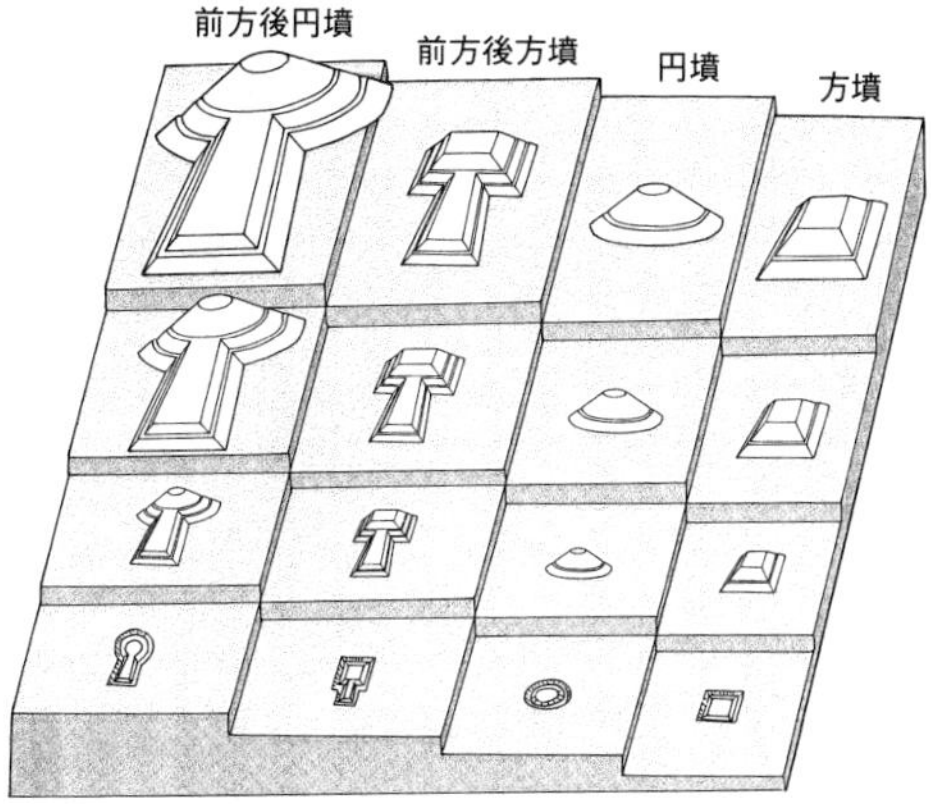

図Ⅰ-6-1　古墳の形態とランクづけ
（都出比呂志／1989より）

古墳の形態と地域間交流

この四種の墳形の起源はさまざまであった。前方後円墳については弥生時代には存在せず、弥生時代終末期になって低墳丘の前方後円形墳墓が出現するため、その出現・創出の背景に中国の影響を考える研究者が目立つ。前方後方墳は、弥生時代の方形周溝墓の溝の一部が、墓への道として掘り残され、結果としてこの平面プランになったという説が強い。そして近年の研究の成果から、東海地方がその起源である可能性がきわめて高い。

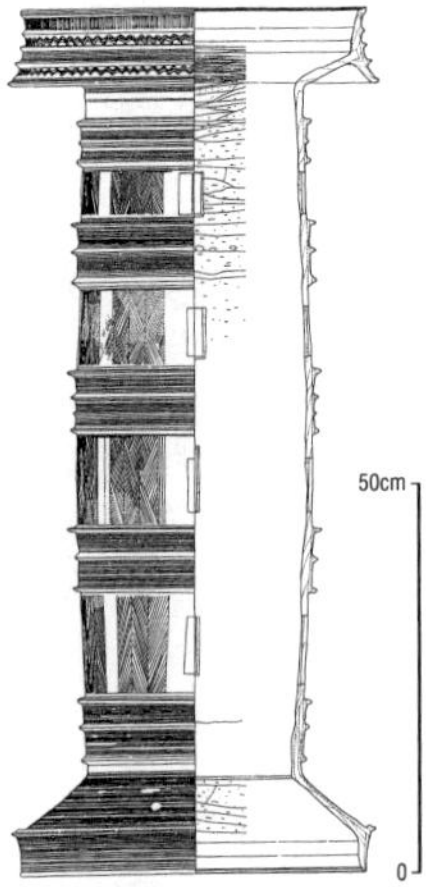

図Ⅰ-6-2　弥生時代後期吉備の特殊器台（立坂型）
（近藤義郎／1992より）

円墳、方墳は、同じプランの低墳丘の墳墓が弥生時代にすでに存在するので、その発展と考えてよいだろう。ただし、一般的に弥生時代の墳墓に比べ、古墳としての円墳、方墳は墳丘が著しく高くなっている。

この種の古墳時代前期の古墳にはさまざまな要素があって、それらは弥生時代中後期の各地の首長墓制の伝統を改変しながらも継承している。たとえば墳丘上に列をなして樹立する円筒埴輪は、吉備の首長墓の象徴たる特殊器台から発展したものである。

墳丘表面を覆う葺石は、山陰や丹後地方の墳丘墓の貼り石がその起源であるとの説が有力である。最近では、弥生時代末の讃岐地域の積石塚に似せるための葺石ではないかという説もある。また、多くの青銅鏡が副葬されるのも、北部九州で続いた習慣が入ってきた可能性が高い。ということは、前方後円墳は、これら各地の首長らが交流した結果生み出されたといえよう。

ヤマト王権と地方首長とのネットワーク

ヤマト王権はさまざまな手段で地方首長たちにその影響をおよぼそうとしたと考えられる。その手段の一つが三角縁神獣鏡と古墳築造規格の配布である。

三角縁神獣鏡は、平均的な直径が二〇センチメートルを超える大型の鏡で、その縁の断面が三角形であることからこの名称がある。これまで五〇〇面以上が発見されており、前述の黒塚古墳や京都府木津川市椿井大塚山古墳など、前期の前方後円墳に副葬される場合が多い。姿を映さない背面には、西王母などの神像と、龍などの獣像が鋳出される。三角縁神獣鏡の大きな特徴に、「同笵鏡」と呼ばれる、同じ鋳型から製作された鏡のグループが数多く存在することがある。三角縁神獣鏡の分布の中心は後に畿内と呼ばれる近畿中央部であるため、ヤマト王権が地方の首長に同笵鏡を配布したと考えることは可能である。ただ、三角縁神獣鏡の分布を、そのままヤマト王権の古墳時代前期における勢力範囲と捉えるのには無理がある。考古学的には検証不可能であるが、三角縁神獣鏡を入手した地方首長がさらにほかの地方有力者に分け与えた可能性も十分あるからである。

図Ⅰ-6-3　三角縁神獣鏡の例
（報告書／1996 より）

次に古墳築造規格については、前方後円墳や前方後方墳が相似形となるため、築造規格、つまり全長と後円部径（後方部幅）、前方部幅、クビレ部（前方部と後円部、後方部の接合部分）幅の比率を、地方の首長に教示した可能性がある。たとえば京都府向日市五塚原前方後円墳は、全長、後方部幅、後円部径、前方部幅が箸墓の三分の一で、同一規格といえる。岡山市浦間茶臼山（うらまちゃうすやま）古墳は箸墓の二分の一、岡山市備前車塚（びぜんくるまづか）は前方後方墳であるが、箸墓の六分の一である。測量すると、斜面の傾斜まで同じなので、もしかしたら前方後円墳の木製の模型が地方の首長に配布あるいは貸与されたのかもしれない。そしてこれらは、箸墓に埋葬された最高首長が、その築造規格を採用することを承認した結果ではなかろうか。

前期の前方後円墳、前方後方墳の場合、墳丘規模の格差は、古墳築造のために費やされた労働力の違いでもあるから、どれだけ多くの労働力を動員できたか、あるいはできなかったかの違いは、首長の社会的地位の格差と考えることが可能である。箸墓規格のより小規模な前方後円墳、前方後方墳に埋葬された首長は、最大の箸墓に埋葬された最高首長との間に、ある程度上下関係があったものと推定される。そして、三角縁神獣鏡の同笵鏡の配布も、この首長間の上下関係を補強する役割を果たしていたのではないだろうか。

実際、古墳時代前期前半（三世紀後半～四世紀初め）の近畿地方の外で築かれた最大の前方後円墳は前述の浦間茶臼山古墳である。また奈良盆地以外では、前方後円墳・前方後方墳と円墳・方墳という二階層にしか分かれていない。したがって、墳丘規模の面からも、階層構造の複雑さという点からも、奈良盆地は前方後円形の共有が象徴するネットワークの中心であることは疑いない。

もちろん、前方後円墳、後方墳の築造規格は、三角縁神獣鏡の同笵鏡と同様、地方首長がさらに下位の地方首長に二次的に「再配布」した可能性は高い。たとえば、京都府向日市寺戸大（てらどおお）

塚古墳は、箸墓規格が五塚原古墳の被葬者を介して伝わった可能性が指摘されているし、同様に、岡山県津山市日上天王山古墳も、箸墓規格が浦間茶臼山古墳の被葬者を介して伝わった可能性がある。これらの二次的分与は、墳丘築造規格のコピーのコピーとして、プロトタイプにどれほど忠実かという観察から、解釈が可能である。

〔邪馬台国〕

『魏志』倭人伝が記述する邪馬台国は、紀元三世紀前半に存在した。これは古墳出現前夜の時期にあたる。邪馬台国はどこに存在したのか。江戸時代以来、北部九州か大和地方かで長い議論の歴史がある。この議論のそもそもは、『魏志』倭人伝の方位と距離に従うと、邪馬台国が九州の南海上に位置することに起因している。九州説では距離を間違いとみなし、伊都国を中心にして、倭人伝に記載されている投馬国や邪馬台国への方位に従い、九州の場所に推定したものである。一九八〇年代までは古墳の出現期は四世紀とされており、邪馬台国の時代と古墳時代との間に大きな時間差を認めていた。したがって、九州の弥生時代後期前半までの大量の青銅器が象徴する「富」は、邪馬台国と関連づけて考えることも妥当であった。

　これに対して大和説では、倭人伝に記載の方位の南を東に置き換え、距離に関する記述を正しいと解釈したものである。古墳時代前期の古墳から出土する三角縁神獣鏡の一部には、卑弥呼が魏の皇帝に使者を派遣した年である「景初三年」の銘文を有するものがあって、三角縁神獣鏡が奈良盆地とその周辺で多数発見されることは大和説の根拠になっていた。

ところが年輪年代法の成果により、古墳出現期を三世紀半ばと考えられるようになり、『魏志』倭人伝からわかる卑弥呼の死んだ時期が古墳時代開始期に重なる可能性が出てきた。初現期の古墳の分布をみると、最大の箸墓古墳は奈良県桜井市にあり、巨大前方後円墳が大和に集中、瀬戸内海沿岸にはそれよりも小さな前方後円墳や前方後方墳が築造された。また前述する古墳築造規格と三角縁神獣鏡の同笵鏡の「配布」の可能性から、古墳時代前期前半にはヤマト王権がこれら西日本地域の首長たちと一種の政治的あるいは儀礼的同盟関係を結んでいたと考えられる。こうなると、邪馬台国は三世紀前半に大和に存在し、初現期の古墳の分布は邪馬台国の同盟関係を反映したものと考えても、あまり抵抗はない。

〔纒向遺跡〕

奈良県桜井市纒向（まきむく）遺跡は、邪馬台国の時代を代表する集落で、「都市」と仮に称しても抵抗がないような、環濠集落の消滅後に出現した新しいタイプの複雑な内部構造をもつ集落である。纒向遺跡の一部と考えられる遺構は、三輪山（みわやま）の麓（ふもと）の東西二キロ、南北一・五キロの範囲に広がっており、その総面積は三平方キロに達する可能性がある。『古事記』『日本書紀』によれば、この地域には崇神（すじん）天皇の磯城瑞籬宮（しきのみずがきのみや）、垂仁（すいにん）天皇の纒向珠城宮（たまきのみや）、景行（けいこう）天皇の纒向日代宮（ひしろのみや）が営まれた（八八頁）。

纒向遺跡の代表的な遺構としては、幅五メートル、深さ一・二メートルで、矢板（やいた）を列ねて両岸を護岸している大溝（おおみぞ）があげられる。全面発掘していないので、総延長は一・三キロとも二・

六キロとも研究者は推測するが、遺跡が出現した弥生時代後期末に、集落形成と同時に掘削されたことは間違いない。

纏向遺跡を特徴づける重要な側面は、祭祀あるいは宗教に関連すると解釈できる遺構、とくに遺物が目立つことである。たとえば神社と思われる建物が集落の北部に存在するし、そのすぐ西の川辺には、穀類（食物）、調理具、土器、機織具、舟形木製品のような儀器が入れられた土坑が多数検出された。これらの土坑群も祭祀の跡としか考えようがない。さらに纏向遺跡の南限に、その集落がもっとも発達した時期に箸墓が築かれており、集落の北部には纏向石塚、勝山、矢塚といった古墳も存在する。

遺跡のもう一つの特徴は、他地域、とくに遠隔地から搬入された土器が目立つことである。ほぼ完形の土器の型式分類によれば一五％、破片も考慮に入れて、胎土の違いに基づけば二六％が非在地系という。一般の集落では、非在地系の土器が占める率は二、三％に届かないから、纏向遺跡の数値は突出している。それら搬入された土器の製作地は、多い順に、東海、山陰、北陸、河内、吉備、関東、近江、西部瀬戸内、播磨、紀伊と多岐にわたる。

纏向遺跡以外にも、他地域から土器が搬入された三世紀の遺跡が各地で確認されている。このように土器が長距離、そして違った方向へ同時に移動するというのは、弥生時代後期までにはなかった現象である。さらに遠隔地から土器が搬入されたいくつかの大規模集落では、他地域の土器が模倣製作された。このような汎西日本的な大きな動きのなかで、要の役割を担っていたのが纏向遺跡であった。なお、前述の福岡市比恵・那珂遺跡群も三世紀半ばから後半の時期に、纏向遺跡と同じような機能を担っていた。

都出比呂志は古墳時代を「初期国家」の時代と捉え、初期国家を次のように定義した。

〔「初期国家」論〕

一　階級的支配者が存在する。
二　社会的剰余が恒常的に存在し、収奪が可能である。
三　中枢的政体が存在し、公権力の要素をもつ。人民の武装とは区別される軍事編成がある。
四　地縁編成原理がより進んでいる。中間首長による間接支配が存在する。
五　流通に上下関係が生じる。共同体の内外で貢納関係が存在する。

こうした特徴は、国家形成期以前の弥生時代社会と区別できるとするのである。

箸墓のような巨大前方後円墳に関しては、単一集落の一般成員による本業の合間の労働力だけでは築造不可能で、おそらく数多くの共同体の一般成員を数か月、場合によっては二〜三年にわたって作業に参加させた可能性があり、当時の階級関係と徭役を考えるうえでも重要である。中枢的政体の存在の証拠となる古墳時代前期の宮殿跡は未確認である（八八頁）が、他地域には存在しない二五〇メートル級前方後円墳が古墳時代前期の奈良盆地に集中する事実は、他地域よりも強大な権力者が奈良盆地にいたことを示している。それは「中枢的政体」が存在したことを示唆しているのかもしれない。

また奈良盆地に限っては、二五〇メートル級前方後円墳のまわりに一三〇メートル級前方後円墳・前方後方墳、さらに円墳・方墳が古墳時代前期にはすでに存在するので、これら中小の古墳を最高首長の膝元に形成された「中間首長」として捉えることは不可能ではない。流通面では、弥生時代の北部九州や近畿地方ですでに再分配システムが成熟していたから、古墳時代の流通に上下関係が存在したのは当然であろう。

都出による古墳時代初期国家論のもう一つの大きな柱は、各地で前方後円墳が築造されたり、その築造が停止したりするのは、地域内の自律的な動きではなく、各地の首長の地位に対して中央が直接影響をおよぼしていたとする、ヤマト王権（あるいは五世紀になると近畿中央部政権）の強大な力の想定である。

それに対して、古墳時代における地域社会の主体性、自律性を重視する立場も根強い。たとえば、ヤマト王権から三角縁神獣鏡や前方後円墳築造規格の配布を受けた首長も、自分の判断でさらに遠隔地の首長にそれらを再配布できた可能性がある。また纏向遺跡と類似した性格を持った福岡市比恵・那珂遺跡群は、大和由来の布留式土器を筑前の技術で模倣し、それを壱岐や朝鮮半島南部に輸出するという、再分配センターとしての機能を果たしていた。

このような知見に基づき、古墳時代、とくに前期のヤマト王権は、弥生時代後期以来の地域社会の首長たちと、彼らの主体性を尊重しながら同盟関係を結んだと考える研究者も多いのである。つまりヤマト王権の力は絶対的ではなく、その影響力を直接的、間接的に各地におよぼそうとしていたと評価するのである。

最後に、都出があげる五つの特徴または「属性」は、すべてが同時に三世紀半ばに出現したものではない。それらの特徴が一部出現し、出そろうまでの期間を国家形成期とみなし、それを古墳時代にあてるのが、都出のもともとの意図であったと考える。

古墳時代開始とともに、奈良盆地とその周辺では、国家への進化の道を歩みはじめるのは疑うべくもない。しかしながら、当時はこのような「国家的」な特徴もきわめて限られていた。五世紀になって、官僚機構の萌芽など、その種の特徴が社会の諸側面において徐々に顕在化するのである。

それでも日本列島全域の地域社会がすべて初期国家の段階に達していたとはいいがたい。その意味で、都出の初期国家論は、古墳時代中期の近畿中央部や吉備、北部九州を中心とした地域を対象に、やや限定的な意味で使うのが妥当であろう。

7　巨大古墳の時代

五世紀の首長層

巨大古墳の時代とは、文献史でいう「倭の五王」の時代に相当する。五世紀は近畿地方中央部において巨大前方後円墳の築造が最も盛んな時期でもあった。いわゆる「応神陵」（誉田御廟山古墳、大阪府羽曳野市、全長四二五メートル）と「仁徳陵」（大仙陵〈大山〉古墳、大阪府堺市、全長四八六メートル）が築造されたのも五世紀である。この時期には、備中の造山（岡山市、全長三五〇〜三六〇メートル）、作山（岡山県総社市、全長二八六メートル）両古墳や上野の太田天神山古墳（群馬県太田市、墳長約二一〇メートル）など、近畿地方以外でも巨大古墳が造営された。

五世紀になって、巨大前方後円墳の立地は奈良盆地から大阪府の河内、和泉に移動する。誉田御廟山古墳に代表される古市古墳群と大仙陵古墳に象徴される百舌鳥古墳群の出現である（九二頁）。これを単に墓域の移動とみるか（王権の本拠地は奈良盆地のままか）、あるいは河内勢力が覇権を握ったかで、考古学界では論争が続いている。

この二つの立場の折衷案として、これをヤマト王権内部での盟主権の移動と解釈し、王権の基盤はもともと大和川流域の大和と河内南部双方にあって、河内南部勢力が最高首長の地位を占めても、王権の存立基盤は奈良盆地にあり続けたとする説である。その根拠の一つとして、大和の三輪山祭祀が五世紀でも依然として続けられたことをあげることができる。また奈良盆地北部と西部では、佐紀古墳群、馬見古墳群が各々継続して営まれていた。実は、四世紀のヤマト王権自体も、奈良盆地東南部、北部、西部などに拠点をおく複数の王統系譜から構成された連合王権で、別々の系譜から選出された首長が代わるがわるにヤマト王権最高首長の地位を占めたとする仮説があり、これを「王権輪番制」と呼ぶ。

いずれにせよ、古墳時代前期から中期への変革は大きかった。まず、古墳群のあり方から推測されることとして、王権内部の構造が若干変化した。前期に大和古墳群や佐紀古墳群では「中間首長層」が形成されたと説く研究者もいる。五世紀にはこの中間首長層に加え、盟主墳（巨大前方後円墳）に直属する人物が埋葬されたであろう「陪冢」が出現する。陪冢は巨大前方後円墳のまわりに、衛星のように立地する小円墳、小方墳である。

発掘された陪冢を検討すると、ある程度の職掌分担が陪冢の被葬者のあいだにあることが認識でき、最高首長のもとで個々の配下の人物が専門的な職務を担っていた可能性を示す。これを「官僚機構」の萌芽と位置づける研究者もいる。たとえば、百舌鳥古墳群の上石津ミサンザイ古墳（伝履中天皇陵古墳）（堺市、全長三六五メートル）の陪冢である七観古墳（直径約五六メートルの円墳）では、冑七鉢、短甲六領以上、鉄刀一三〇振前後、鉄鏃一〇〇以上、金銅製帯金具（短甲の腰に巻き付けられた状態で検出）、初期の馬具が副葬されており、武人的性格が強い。

逆に、百舌鳥古墳群の百舌鳥御廟山古墳（堺市、全長二〇三メートル）の陪冢であるカトンボ山古墳（径約五〇メートルの円墳）では、滑石製刀子（刀子形石製模造品）三六〇本、滑石製勾玉七二五個、鏡二面が発見され、司祭的な性格が強い。

陪冢の出現は、古墳時代中期に官僚機構が芽生え、より制度化された、むしろ近畿中央部「政権」と呼んでよいシステムに進化、発展を遂げた可能性の重要な根拠である。それに対して古墳時代前期では、最高首長の人格的支配の傾向が強く、中央政体のあり方がヤマト「王権」としてしか形容できない性格であった。

五世紀における中央と地方

古墳時代中期における鉄製武具の配布は、前期における三角縁神獣鏡以上に政治的な意味合いを帯びていたようだ。甲冑は基本的に冑、頸甲、短甲からなり、近畿中央部政権は当時入手困難であった鉄製甲冑の異なった組み合わせを、それなりの論理に基づいて各地の首長に配布したようである。

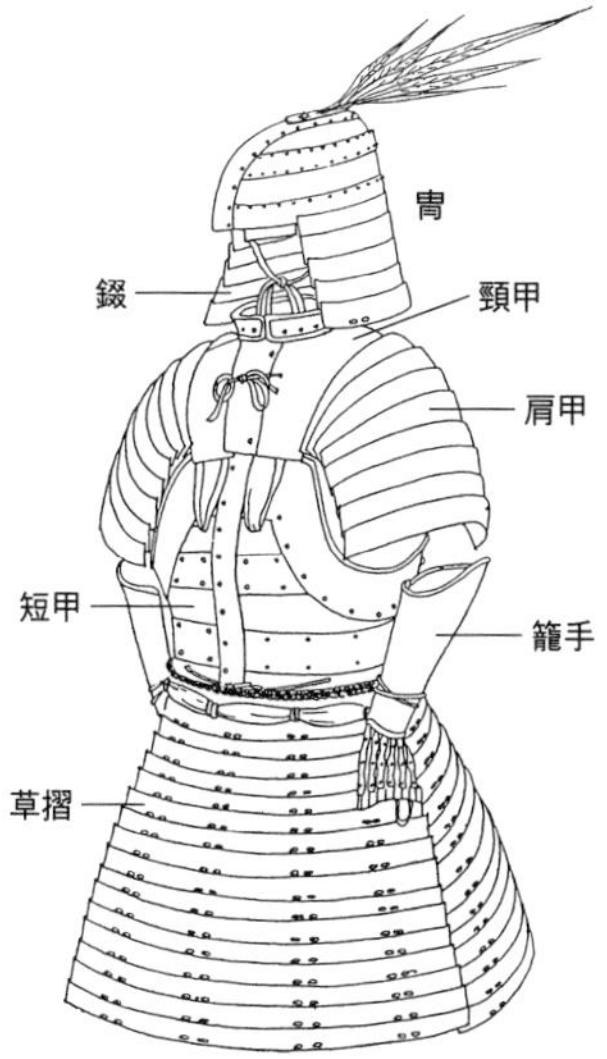

図Ⅰ-7-1
古墳時代中期甲冑のセット
（末永雅雄／1981より一部改変）

五世紀第１四半期から第２四半期にかけて、前期以来のヤマト王権に伝統的な埋葬施設を有する中小の円墳被葬者には、頸甲、短甲のみのセットが配付された。それに対し、在地色豊かな埋葬施設を採用する小規模円墳で、先行する前期古墳が周辺にない場合には、新品の冑、頸甲、短甲三点セットが配付された。一見矛盾しているが、これは近畿中央部政権の懐柔策と解釈できる。つまり、地域の最有力者ではない、第二ランクのリーダーたちに最新の甲冑セットを配布することによって、近畿中央部政権へなびかせようとしたことの表れである。

五世紀半ばともなると、近畿中央部政権は一種の砲艦外交（gunboat diplomacy）をとれるようになった。筑後（福岡県うきは市の月の岡古墳）、丹波（兵庫県丹羽篠山市雲部車塚古墳）、山城（京都府城陽市久津川車塚古墳）の、前期以来の旧来勢力にとって橋頭堡といえる位置に卓越した前方後円墳を築き、埋葬施設は最高首長と同じ型式の石棺を採用し、新旧取り混ぜた甲冑三点セットを五セット以上副葬している。藤田和尊は、在地勢力に楔を打ち込む意味での、近畿中央部政権の「在外武器庫」と評価する。

五世紀第3四半期から第4四半期になると、短甲三領、冑二鉢、頸甲一、二個体の副葬が九州、四国、中部、関東の在地色豊かな埋葬施設をともなった古墳でみられる。近畿中央部政権が各地の在地首長を信頼し、鉄製武具を託したのであろうか。また、最新甲冑三点セットは、この時期、古墳時代前期色が濃厚な竪穴式石室や粘土槨を有する、各地で盟主的地位を占める古墳に限られてくる。「杖刀人首」という役職が記された金錯銘鉄剣（一〇一・三七三頁）を出した埼玉県行田市埼玉古墳群の稲荷山古墳では、冑なしのセットが配付されている。有銘武器がきわめて少ないので、類例はまれであるが、このような場合、短甲、頸甲のセットより、肩書きをもらったことの意義のほうが大きかったのであろう。

　実はこの時期には、鉄製甲冑以外にも金銅製冠、胡簶（騎馬用の矢筒）、垂飾付耳飾なども、盟主墳からの出土のほかに、中小古墳からの出土が多い。これは古墳時代前期において三角縁神獣鏡や腕輪形石製品などが各地の盟主的な古墳を中心に出土するのと対照的である。つまり、古墳時代前期には各地の最高首長にのみ威信財、宝器を配布できたのだが、中期になると、中央の政権が在地の有力首長をとくに介することなく、中小の豪族たちに直接下賜した可能性を考えてよい。それだけ、地方に対する中央の影響力が強くなったといえる。

古墳時代中期の生産と流通

　五世紀は、中央の王権あるいは「政権」が四世紀以上に強大になり、既述の「中間首長」を近畿中央部から離れた九州などに直接配置した可能性がある。また馬の飼育・生産や須恵器生産といったまったく新しい技術や新しいタイプの鉄製農具などが朝鮮半島から伝えられたこともあり、生産・流通システムも大きく変化した。

　この近畿中央部政権を支えたのは鉄器生産であり、それを半ば独占することで、政権の優位性をより強固にできたのであろう。実際、五世紀における鉄の保有量は近畿中央部が卓越している。鉄製甲冑工房は未検出であるが、奈良県天理市布留遺跡とその背後の石上・豊田古墳群、大阪府柏原市大県、大県南遺跡と平尾山古墳群など、大規模な鍛冶関連施設とその近くの鍛治具出土古墳を含む古墳群のあり方などからみて、五世紀の政権に掌握された鍛冶専業集団が存在した可能性は大きい。

鉄と同様、政権にとって戦略的であったのは馬の生産と飼育である。馬は日本古来の動物ではないため、輸入するだけでなく、日本で育て、仔馬を産ませるための専門の馬飼集団を朝鮮半島から招聘する必要があった。初期の馬飼集団が活躍した牧の遺跡が、蔀屋北遺跡など大阪府四條畷市内で複数発見されている。この遺跡では、大量の製塩土器（草食の馬にはナトリウムを摂取させるため）や、渡来人が製作したであろう韓式（朝鮮式）系土器、カシ製の輪鐙、鉄製品、鉄滓などが出土した。鉄の修理・加工も行なわれたのであろう。また、馬が丁寧に埋葬された跡も、蔀屋北遺跡のほか、四條畷市内で複数検出されている。

須恵器は、四世紀末に朝鮮半島南部から導入された、まったく新しい技術により製作された土器である。土器焼成専用の窖窯のなかで一〇〇〇度以上の高温の還元焰で焼成されたため、青灰色を呈し、非常に堅い。須恵器生産が最初に行なわれたのは、大阪府堺市の大庭寺遺跡栂二三二号窯跡である。以降、大阪狭山市、堺市、和泉市、岸和田市にまたがる陶邑古窯址群が日本最大の生産地として継続する。

もちろん、北部九州のように独自の須恵器生産の伝統を当初から維持していた地域もある。しかし、そのような地域も五世紀末に向けての陶邑古窯址群の生産拡大に飲み込まれ、発展することなく断絶してしまう。さらに地方へと拡散するのは、陶邑古窯址群が生産上の指導性を発揮した結果である。須恵器の流通にはあまり政治色は認められないとはいうものの、それでも、須恵器生産の中心地が近畿中央部政権のお膝元に存在したことは、王権を経済的に豊かにしたばかりでなく、その指導性により、他地域の首長より有利な立場においたはずである。

また各地の生産物を中央が掌握した根拠として、五世紀に出現する巨大倉庫群をあげることができる。都出は、五世紀における租税の収奪の可能性を指摘する。大阪市法円坂遺跡では、床面積九一～九六平方メートルの倉庫が一六棟発掘された。これらの倉庫に米を蓄えたとすると、三万七〇〇〇石になる。法円坂遺跡は、弥生時代以来の要所に位置し、銅鐸が付近に埋納され、後に前期・後期難波宮が営まれ（一三四頁）、近世に大坂城が築かれた場所である。和歌山市鳴滝遺跡では、床面積五六～八二平方メートルの、やや小振りの倉庫が七棟検出され、貯蔵容量は米一万石になる。

図Ⅰ-7-2　古墳時代中期の巨大倉庫
（大阪市文化財協会）

〔古墳時代の上野地域〕

現在の群馬県高崎市・前橋市域は、一〇〇メートル級前方後円墳と、そこに埋葬されたであろう地方豪族が生前政務を司り、儀礼を執り行なった「豪族居館」、地方豪族の活動を支えた水田・畑・灌漑施設、そして地方豪族に最先端の技術を伝えた渡来人の活動痕跡がセットで発見、調査された唯一の地域である（三六五頁）。当時の水田・畑・灌漑施設は発掘調査後に埋め戻され、現代の水田が広がっているが、築造順に高崎市井出二子山古墳（一〇八メートル、五世紀第４四半期）、保渡田八幡塚（一〇二メートル、五世紀末）、保渡田薬師塚（一〇〇メートル以上、六世紀初頭）の前方後円墳三基が保渡田古墳群として残る。

また日本で豪族居館の最初の確認例となった高崎市三ツ寺Ⅰ遺跡は埋め戻されているものの、それと同規模の、そして同構造と推定される北谷遺跡は高さ二メートル近い、五世紀末の土壇を現在でも見ることができる。埋め戻された遺跡の様子は井出二子山・保渡田八幡塚古墳に隣接するかみつけの里博物館展示のジオラマで復元されている。

この地域は榛名山と浅間山の度重なる噴火による火山灰のおかげで、古墳・豪族居館・水田と畑といった遺跡はちがうが、同時代のものであることがわかるのである。この地域を見学するだけで、当時の社会が見えてくるといっても過言ではない。

〔韓国の前方後円墳〕

朝鮮半島の南西部、特に全羅南道を中心とした地域に五世紀後半から六世紀前半にかけて、前方後円墳が築かれる。墳丘測量や発掘調査の結果、確実に前方後円墳と評価できる古墳は一二基である。このうち全長七〇メートル台と六〇メートル台が各一基、五〇メートル台が二基、四〇メートル台三基、三〇メートル台が五基ある。発掘調査された五基の古墳からは横穴式石室が発見された。新徳一号墳の横穴式石室は北部九州型と同様の特徴を持ち、同系譜と認識されている。そのほかの横穴式石室は、北部九州型に似るものの、細部が異なっており、系譜は明らかではない。また、円筒埴輪（はにわ）、朝顔形埴輪、壺形埴輪が立てられたが、すべて朝鮮半島南西部の技術で作られたものである。

被葬者像については、当該地へ移住した倭人、倭と通じていた在地首長、百済（くだら）王権により当該地に派遣された倭人など様々な見解が提示されている。前方後円墳の規模も様々、また立てられた埴輪も古墳により異なるので、被葬者を特定の集団に限定することは難しいのではないだろうか。また、五世紀後半から六世紀前半にかけての近畿地方中央部の典型的な前方後円墳とは非常に異質であるため、日本の中央の王権・政権との直接的なつながりを想定するのは難しい。

8　群集墳の盛行

画期としての六世紀初め

五世紀後半から六世紀にかけて、日本列島の古墳時代社会は大きな変革を再度遂げる。まず、親族組織のあり方に大きな変化がみられる。同時に古墳そのものも大きく変化し、中心的な盟主墳の立地が移動する。たとえば近畿地方では、古墳時代中期（五世紀）から後期（六世紀）にかけて、同一の墓域で造墓活動を継続する古墳群はほとんどない。奈良盆地北部の佐紀古墳群、和泉北部の百舌鳥古墳群は五世紀末までには衰退し、奈良盆地西部の馬見古墳群、河内北部の古市古墳群も六世紀初めにはその勢いを喪失する。代わりに、奈良盆地東部、山城北部、河内南東部に、中小の前方後円墳をともなう、まったく新しい古墳群が出現する。

また五世紀後半から六世紀初めにかけて、それ以前には大型前方後円墳が築かれることのなかった摂津東部に大阪府茨木市太田茶臼山古墳（五世紀中頃、宮内庁指定の継体陵）と高槻市今城塚古墳（六世紀初め、こちらが継体天皇の墓の可能性が高い）が出現する（一〇八頁）。これらは陪冢をともなわない点でも、その立地の点でも、百舌鳥古墳群、古市古墳群に属する巨大前方後円墳とは区別される。近畿地方では、奈良県橿原市の五条野（見瀬）丸山古墳（六世紀後半、三一〇メートル）を例外として、今城塚以降は大型前方後円墳の築造はみられなくなる。それに対して関東では、墳丘全長一〇〇メートル以上の前方後円墳の数が近畿地方を凌駕するようになり、六〇メートル以上ともなると、一〇〇基近くと、中期に比べ大幅に増加する。

そればかりではない。この時期にはまったく新しい構造の埋葬施設と「群集墳」と呼ばれる新しい種類の古墳群が全国的に普及する。これら墓制の大きな変化は、おそらく社会組織の変化の反映であったろう。

新しい埋葬施設の導入と普及

四世紀末~五世紀初頭には、九州北部に新しい形態の埋葬施設が出現する。「横穴式石室」である。古墳時代前期・中期に主流であった埋葬施設は「竪穴式石室」と呼ばれ、古墳の墳頂から掘り込んだ墓壙に、長大な木棺や大きな石棺を納めるための、棺よりやや大きい石室を構築するもので、納棺後に密閉されてしまう。その古墳に別の人を埋葬しようとすると、別途埋葬施設を設けなければならない。これは同時期の粘土槨や後期まで続く箱形石棺でも同様で、一人だけが埋葬され、埋葬後は、開けられることがない。

それに対して横穴式石室は、ふだんは閉塞してある入り口（羨門）があって、羨道を通って、棺が設置された玄室にいたる。ここで重要な特徴は、最初の埋葬以後、閉塞施設を開けることにより、玄室スペースに余裕があるかぎり、数回の追葬が可能であることだ。実際、横穴式石室に安置される木棺、石棺は長さ二メートル程度かそれ以下の、文字どおり「ひとりサイズ」で、横穴式石室の玄室には相当の余裕があるのが通有であった。むしろ、追葬を前提としていたのであろう。

横穴式石室にもいくつかの種類が知られているが、主要なタイプは北部九州型と畿内型である。北部九州型は、石室平面が矩形である。壁体は、最下段のみ大型石材が使われるが、それより上部は扁平な石材を用い、内側へ持ち送る。短い羨道が玄室につく。玄室は羨道より両側に広がる場合が一般的である。玄室の隅角は丸くなることはない。羨門の閉塞には板石を使用する。

それに対して畿内型の特徴は、玄室の平面が矩形、平天井で、羨道側に前壁を有する。羨道と玄室の境界には、立柱石と呼ばれる石を建てる場合が多い。玄室幅は羨道幅より広い場合が多い。石材は全体として大型化への指向が強い。羨門の閉塞には塊石を積み上げる。

畿内型横穴式石室出現以前の五世紀は、近畿中央部も含めて本州西部、四国地方でも北部九州型の横穴式石室が採用された。これらは、若狭の二例を除き、すべて小古墳や、古墳時代前期以来の首長墓系列に属さない古墳ばかりである。この時期の盟主墳はすべて前期以来の竪穴式石室であるのに対し、まったく新しいタイプの埋葬施設は、新興の、ランクの低い首長層がまず採用した。このことは、初期の横穴式石室が上層からの指示ではなく、ややランクの低い首長層の主体的な選択の結果造営されたことを示す。

六世紀初頭、畿内型横穴式石室が近畿中央部で創出されてから、またたく間に近畿地方全域に伝播した。真の継体天皇陵と考えられる大阪府高槻市今城塚古墳では、地震で崩れた墳丘の発掘調査の結果、横穴式石室の基盤が検出された。また今城塚古墳の築造規格に基づいて築かれた奈良県高取町市尾墓山古墳には、最も古い型式の畿内型横穴式石室がある。

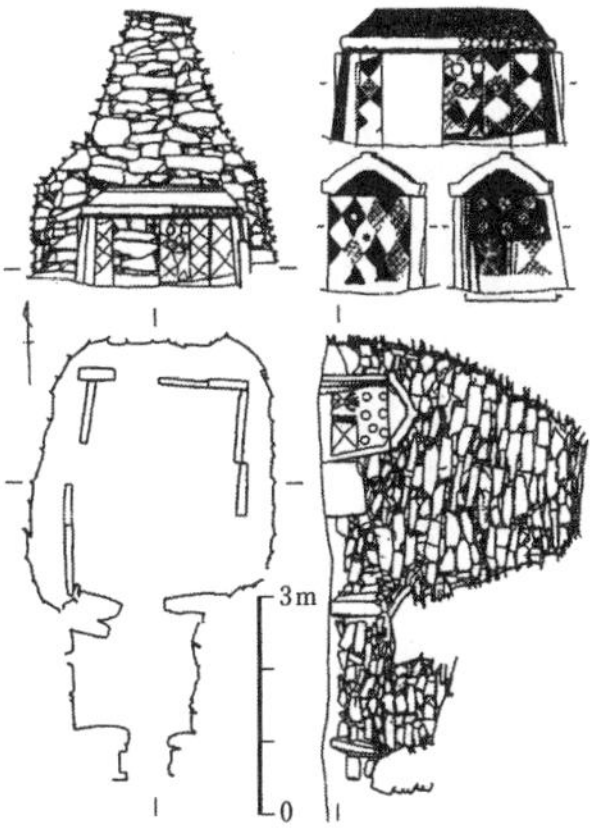

九州的横穴式石室と家形石棺（熊本県山鹿市チブサン古墳）［高木編，1984］

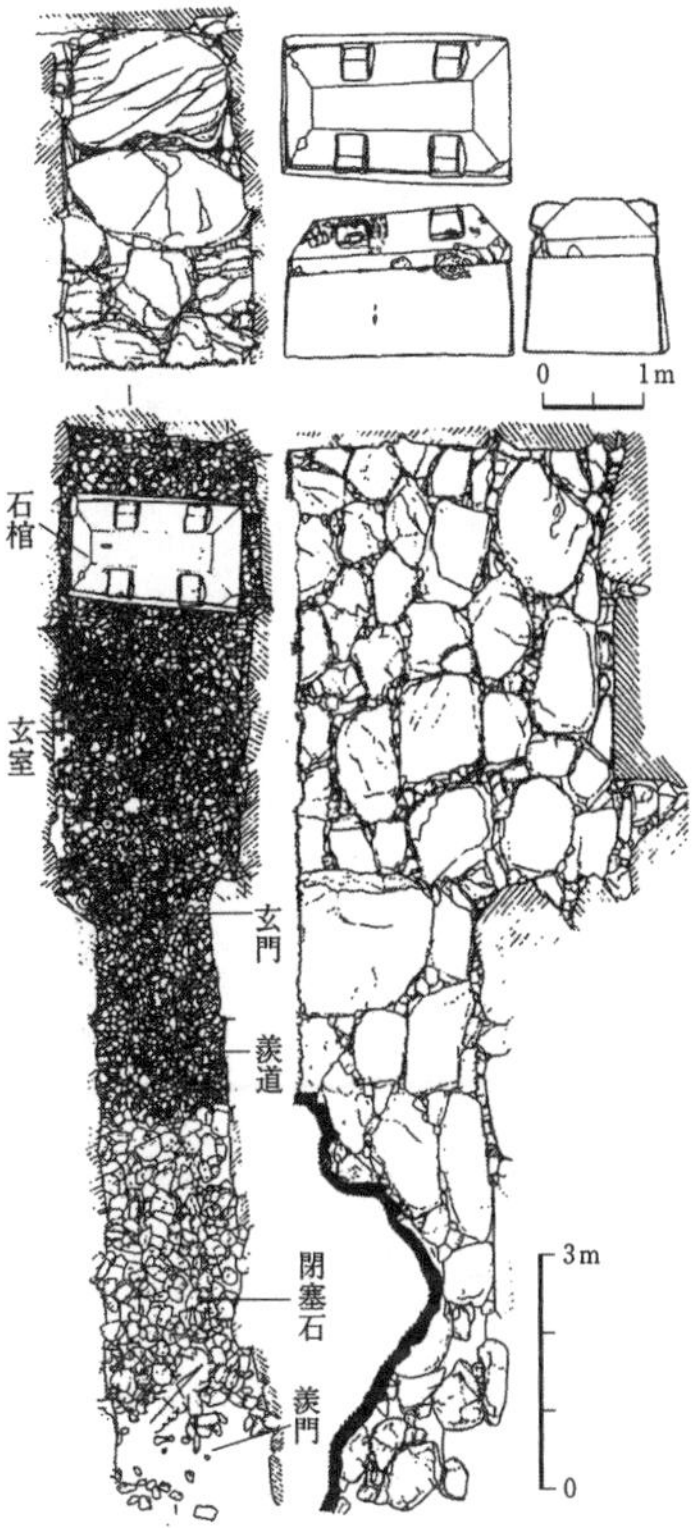

畿内的横穴式石室と家形石棺（奈良県斑鳩町藤ノ木古墳）［奈良県立橿原編，1989］

図Ⅰ-8-1
北部九州型（左）と畿内型横穴式石室（右）
（和田晴吾／2019より）

畿内型横穴式石室は、当初は前方後円墳の主たる埋葬施設として出現したが、首長墓の墓制として採用されたために各地での影響力が大きく、群集墳などのランクの低い階層の墓制としても急速に受容されていった。近畿地方以外、若狭や岡山平野では、群集墳でも畿内型が採用された。古墳時代で初めて、大王から有力家長層までが同一形式の埋葬施設を共有することになったのである。近畿地方では、横穴式石室の平面はその大小を問わず、あるいは集団差、工人差といった多少の形態差を問わず、特定の尺度を用いて設計された。

それに対して東三河（ひがしみかわ）や遠江（とおとうみ）では、首長墓などランクの高い古墳のみが畿内型を採用した。さらに六世紀半ばになると、北部九州型の本拠地である北部九州でも、畿内型横穴式石室を造営する古墳が出てくる。北部九州勢力の後退の反映だろうか。重要な点は、畿内型横穴式石室を受容した地域は、以後継続して横穴式石室を築造し続けることで、これは北部九州以外の五世紀における横穴式石室の単発的な導入のあり方とは区別される。

〔群集墳〕

群集墳とは、ほぼ均一の小規模な古墳が、一定の地域に限られた時期に、数多く集まって造られている古墳群の一種である。六世紀における群集墳の普及は、横穴式石室という新しい埋葬施設を古墳時代社会に定着させるのに大きく貢献した。戦後間もなくこの現象に注目した近（こん）藤義郎（どうよしろう）は、共同体の規制が崩れて家族単位の自律性が強くなった結果、有力家父長層が造墓を行なったものと考えた。それに対し、文献史学者の西嶋定生（にしじまさだお）は、ヤマト王権（近畿中央部政権）

の承認による身分秩序の表現としての造墓活動と主張した。現在は、両者の立場を折衷し、双方の社会的動きがからまった結果としての群集墳築造と大多数の考古学者は考えている。

五世紀後半から六世紀前半の群集墳は「古式群集墳」と呼ばれ、木棺直葬や箱形石棺、あるいは定型化以前の横穴式石室など、多様な埋葬施設によって特徴づけられる小型円墳群である。また小前方後円墳や大型円墳のように、「核」となる古墳が存在する場合が多い。

それに対して、六世紀半ば以降に普及する群集墳は、畿内型を中心とする横穴式石室を設置した、規格性の強い小型円墳群である。核となるような古墳は存在しない。これを和田晴吾は「新式群集墳」と名づけた。この時期に群集墳の分布範囲が格段に広がり、その規模には大小の差異が明確化する、大規模群集墳では多数の「築造単位」に分かれるなど、群集墳間のバラエティが顕在化する。しかし個々の群集墳に限ると、副葬品の点において均質的である。

また六世紀末から七世紀初めにかけて、「密集型群集墳」が出現する。これは、造墓地の近くに古墳築造が容易な地形があるにもかかわらず、狭小な斜面に墳丘裾を重ね合わせるように、極端に密集して築造された群集墳を指す。この時期に、前方後円墳の築造が終焉を迎える。この時期以降に築造された古墳を、終末期古墳として区別する場合がある。

〔骨からみる家族、親族〕

文字史料のない時代の家族構造、親族構造を再構築するために、人骨の中切歯から第二大臼歯までの歯冠の幅を計測し（一人につき上下顎、左右の四セットの数値が出る）、統計解析すると

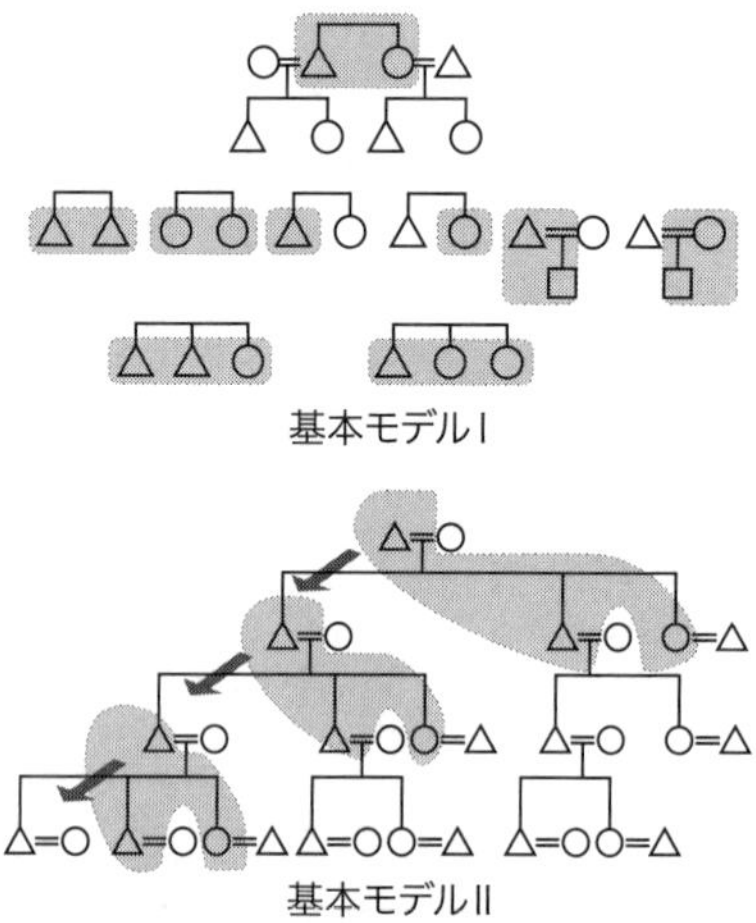

図Ⅰ-8-2　親族構造の基本モデル
（下垣仁志／2019より）

いう方法がある。その結果は近親者ほど近いデータを示し、三親等、四親等と血縁が薄くなるほど違いが大きくなる。この成果を古墳などの遺跡で発掘された人骨に応用するのである。

同じ石室や棺に埋葬された人骨の血縁関係を分析した結果、田中良之（たなかよしゆき）は次のような三つのパターンをモデル化した。基本モデルⅠは、兄弟姉妹が埋葬されるもので、それぞれの配偶者は排除される。具体的には、兄弟、姉妹、兄弟＋姉（妹）、姉妹＋兄（弟）の場合や、兄弟姉妹のいずれかの子を含む二世代、三世代で構成されるものもある。実際には、複数埋葬でもっとも多いのが男女のペアであり、現実の兄弟から男女を一人ずつ選択したことが多かったらしい。初葬者に占める男女の割合は半々で、双方的な埋葬原理である。この基本モデルⅠは、首長墳から小円墳、箱形石棺まで共通して認められ、階層差はないようである。時間的には、弥生時代終末（三世紀半ば）から古墳時代を通じて認められるが、五世紀以降、初葬者における男性の比率が増加する。

基本モデルⅡは、二世代構成が基本となる。第一世代は成人男性で、この人物の死をもって墓が築造され、後に第二世代が追葬される。追葬されたのは、男性のみ、女性のみ、男女、子どもといろいろなケースがある。第一世代の成人男性が家長であって、第二世代が家長の子のなかで、家督を継承しなかった者たちと考えられる。家督を継いだ人物には新たに古墳が築かれたと想定できるからである。第一世代の家長も含め、いずれの被葬者も配偶者をともなわない。このモデルは、五世紀後半から六世紀後半の横穴墓と箱形石棺の事例に限られる上、基本モデルⅠの実例のなかで、初葬者にキョウダイがおらず子どもが追葬されるケースがそれなりにあって、このモデルはあまり普遍的とはいえない。

基本モデルⅢは、基本モデルⅡと同様、二世代構成を基本とするが、第一世代は夫婦と推定される成人男女である点が異なる。基本モデルⅡに家長の妻が加わったかたちである。第二世代の被葬者たちの配偶者は埋葬されない。この構成は家長夫妻と、家督を継がなかったその子たちというパターンで、横穴式石室墳に事例があると田中は主張したが、二例のみに基づいており、まったく普遍的ではない。

基本モデルⅡは父系直系による家督継承の反映といえるが、六世紀も女性家長が一定程度存在するので、父系化は完全に達成されたとはいえず、父系に傾いた双方的親族構造が維持されたと考えられる。

〔黒井峯遺跡と畑〕

弥生時代、古墳時代を通じて、遺跡で畑を確認した例は必ずしも多くない。そのなかで、古

図Ⅰ-8-3　畑の畝　群馬県黒井峯遺跡
（群馬県渋川市教育委員会）

墳時代の群馬県渋川市黒井峯遺跡（六世紀前半）では、火山灰に保護された状態で当時の農村が完璧な状態で発見され（三六五頁）、作物に応じたと思われる違った種類の畑が同時に営まれていた。大きく分けると、現在、普通にみられる畑と同じ細長い溝と土を盛り上げた畝が続くもの、長方形に区切った畑、土を起こした凸凹のある畑の三種類である。とくに長方形に区切った畑は、ふるいにかけられたようなきれいな土が集められており、柔らかいことから、苗床の可能性が高い。

〔今城塚古墳〕

大阪府の北東部、淀川右岸の三島の地に三島古墳群が位置する。そのなかで奈佐原丘陵の南麓の平地に所在する前方後円墳が今城塚古墳である（高槻市郡家新町）。「今城」の名称は、中世の戦国時代に城砦として利用されたことに由来する。全長約一九〇メートルで、二重濠を含めた総長は約三五〇メートル、全幅は約三四二メートルを測る。

城砦築造のために墳丘の上部が削られたりした上に地震で崩れた墳丘からは、横穴式石室の基盤工事の跡や、石室内副葬品の可能性がある鞍・杏葉（馬の飾り）・胡籙・鉄鏃・挂甲小札の小破片と、青・緑・黄・赤のガラス小玉、三種類の家形石棺の破片が発見された。石棺は古いタイプから、阿蘇山のピンク凝灰岩製、奈良県・大阪府境の二上山産の白色凝灰岩製、播磨産と考えられる淡青色の凝灰岩（竜山石）製の三種で、最初の埋葬、つまり継体が埋葬されたのは阿蘇ピンク凝灰岩製石棺である。また、播磨型竜山石製石棺については欽明天皇の墓とも推定される五条野（見瀬）丸山古墳の二つの棺が同様にして、竜山石製である。

二〇〇一年、北側内堤の張出から埴輪祭祀の遺構が見つかった。長さ約六五メートル、幅六メートル以上の規模をもつ。この内堤の「埴輪祭祀区」は塀形埴輪で四区画に分かれている。

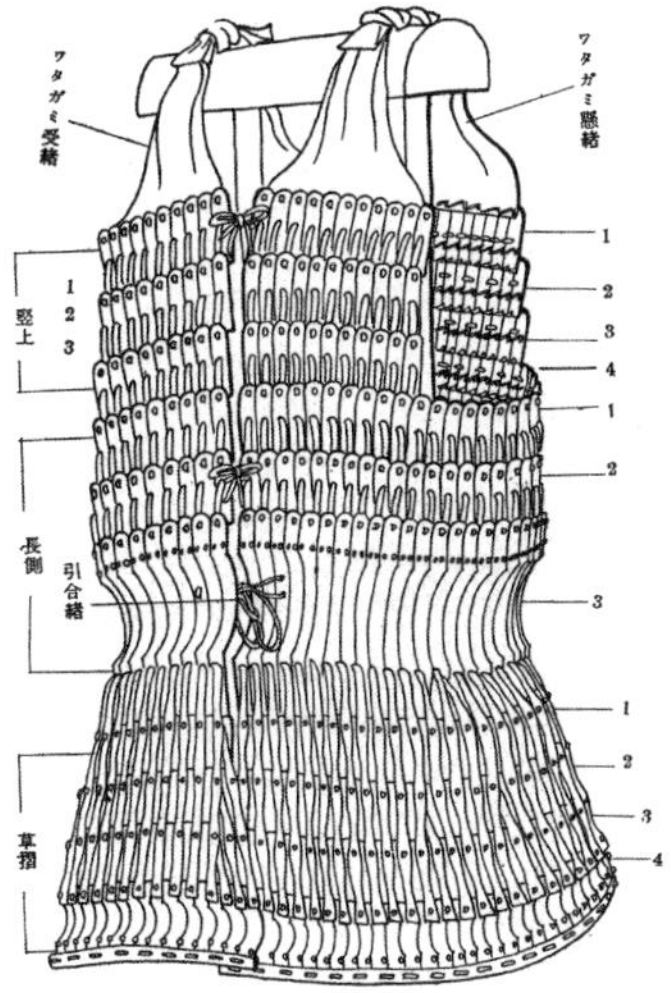

図Ｉ-8-4　挂甲
（末永雅雄／1981より）

一番奥、奥津城と考えられる第一区には家四棟（内、一棟は殯屋と推定される「片流れ式」）、器台五点、鶏一点、蓋四点が、宮門内の奥と考えられる第二区には家四棟、巫女四体、、鶏一点、甲冑二点、木製柄頭大刀八点が発見された。

宮門内の門に近い方と考えられる第三区には家九棟、獣（脚のみ）二体、蓋一点、巫女一一体、男子六体、盾二点、冠男子一体、鶏一点、鹿角製柄頭

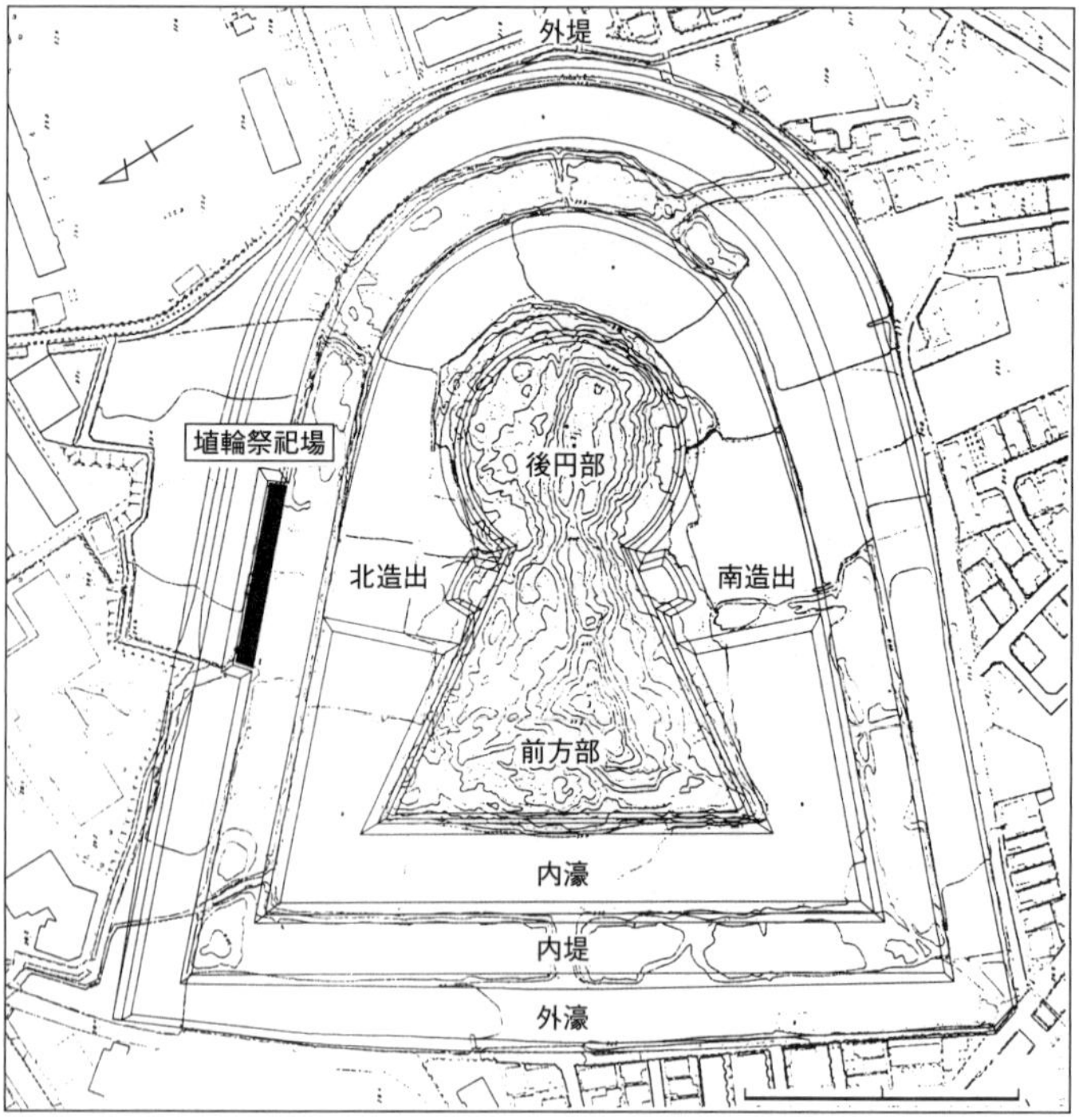

図Ⅰ-8-5　今城塚古墳
（図録／2004 より）

大刀一一点、水鳥九点が、宮門外と考えられる第四区には家一棟、盾二点、鶏一点、力士二体、武人四体、鷹匠（たかじょう）四体、飾馬一〇頭、牛二頭、裸馬二頭、水鳥一二点が検出された。これらの埴輪は、近くの新池埴輪窯でつくられ、窯跡の年代から六世紀前半の築造と考えられている。

なお、宮内庁指定の継体陵古墳（太田茶臼山古墳）は、五世紀中頃に造成された古墳であり、真の継体大王の古墳ではない。

〔高松塚古墳とキトラ古墳〕

八世紀初頭に築造された飛鳥時代の古墳。奈良盆地の南端に位置し、

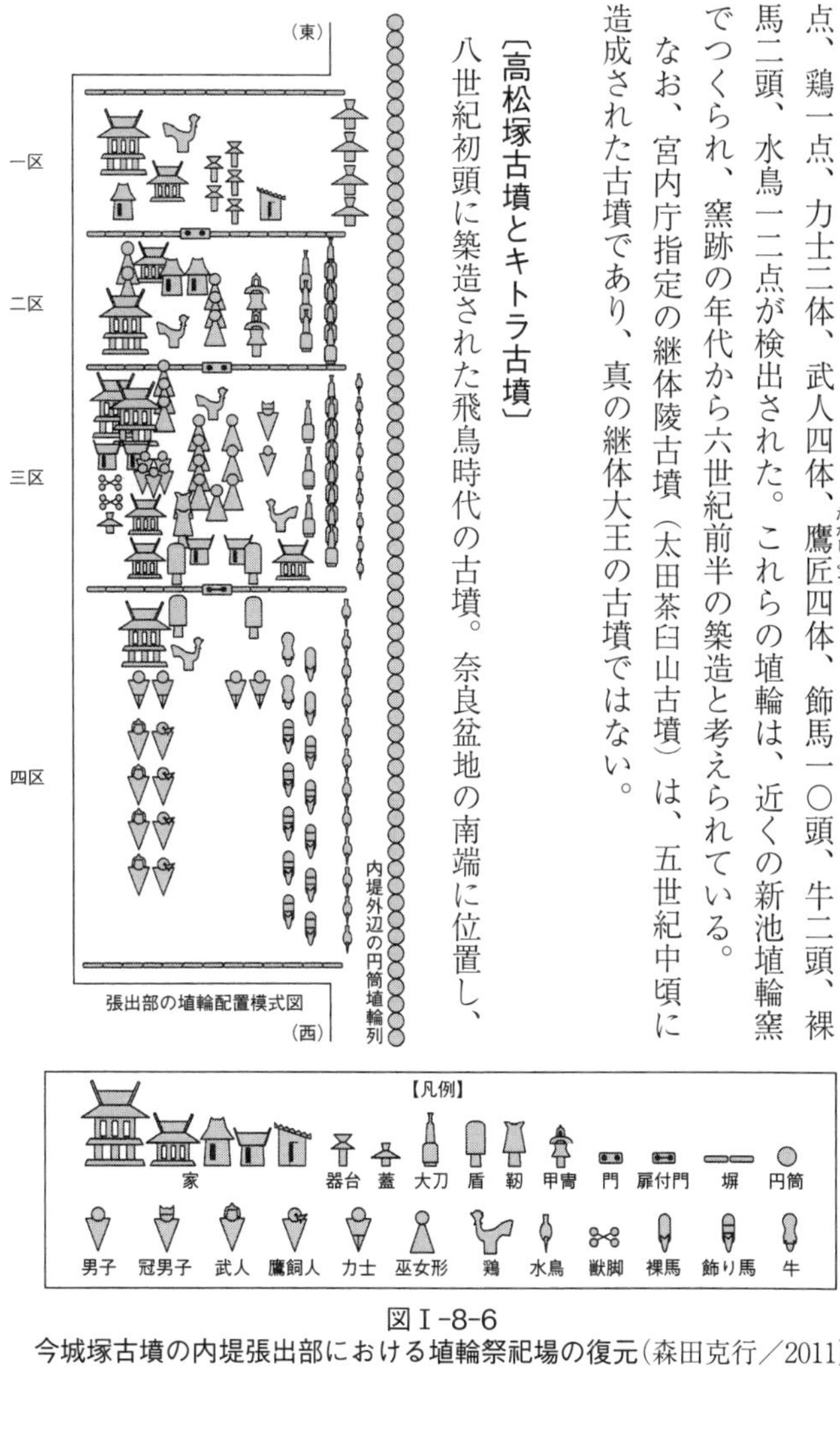

図Ｉ-8-6
今城塚古墳の内堤張出部における埴輪祭祀場の復元（森田克行／2011）

石槨（石室）には壁画が描かれている。星宿図（星辰図）・日月図・四神図が両者に共通する。

高松塚古墳は、奈良県明日香村平田に所在する円墳で、直径は約二三メートル、高さは約五メートル。横口式石槨で、中に漆塗木棺があった（一部が残る）。石槨の内壁には漆喰が塗られ、天井には二十八宿の星宿図、四壁面には四神などの彩色壁画があった。東壁は青龍・日像・儀仗人物像、西壁は白虎・月像・儀仗人物像、北壁は玄武が描かれていたが、南壁は盗掘のため朱雀像が消失していた。石槨内には、金銅製の棺飾金具・銀装大刀金具類・海獣葡萄鏡などが残っていた。

キトラ古墳は、高松塚古墳の南約一キロメートルの明日香村阿部山に所在する円墳で、直径は約一四メートル、高さは約三・三メートル。横口式石槨で、天井には二十八宿の星宿図、東壁は青龍・日像・獣面人身像（寅）、西壁は白虎・月像・獣面人身像（戌）、南壁は朱雀、北壁は玄武・獣面人身像（子・丑）が描かれていた。

両古墳の壁画は、中国唐の七世紀第4四半期に特徴的なスタイルで描かれた。第六次遣唐使が天智八年（六六九）に派遣されて以降、最新の唐文化は日本には入っていないので、これら壁画のスタイルは第七次遣唐使（一九六頁）が慶雲元年（七〇四）に帰国して初めて日本に紹介されたものとしか考えられない。古墳築造の習俗が、中央で終焉を迎えた時期を考えるうえで示唆的である。

Ⅱ　王権と国家

II 年 表(4–8世紀)

4世紀前半		このころヤマト王権が成立する。
391		倭が百済と新羅を破り、臣民にする(広開土王碑)。
421		倭王の倭讃が宋に朝貢し、安東将軍・倭国王に任命される。
471		稲荷山古墳出土の「辛亥年」「獲加多支鹵」銘の金錯銘鉄剣。
478		武が宋から安東大将軍・倭王に任命される。
507	継体1	継体天皇が樟葉宮で即位するという。
527	継体21	筑紫君磐井が筑紫で反乱する。
534	安閑1	武蔵国造の地位をめぐり争いが起こる。
552	欽明13	百済の聖明王が仏教を伝える(一説に538年)。
562	欽明23	新羅が「任那」(加耶)を滅ぼす。
587	用明2	蘇我馬子が物部守屋を滅ぼす。
588	用明1	飛鳥寺を建立。
592	崇峻5	馬子が崇峻天皇を暗殺する。推古女帝が即位する。
593	推古1	厩戸皇子が立太子する。
600	推古8	最初の遣隋使を派遣。
604	推古12	憲法十七条を制定。
630	舒明2	最初の遣唐使を派遣。
645	大化1	中大兄らが蘇我本宗家を滅ぼす(乙巳の変)。 皇極天皇が譲位し、孝徳天皇が即位する(大化の改新)。
646	大化2	改新の詔を発布。
663	天智2	白村江の戦いで、倭・百済連合軍が唐・新羅軍に大敗する。
667	天智6	近江大津宮に遷都。
672	天武1	壬申の乱に勝利した天武天皇が、飛鳥浄御原宮で即位。
689	持統3	飛鳥浄御原令を施行。
694	持統8	藤原京に遷都。
701	大宝1	大宝律令が完成する。
710	和銅3	平城京に遷都。
724	神亀1	聖武天皇が即位。
729	天平1	長屋王の変。藤原光明子が皇后になる。
743	天平15	大仏建立の詔(752年開眼)。
766	天平神護2	道鏡が法王になる。
784	延暦3	長岡京に遷都。

1　ヤマト王権

ヤマト王権の成立

日本列島において、律令制国家が成立する以前の王制の政治的権力構造で、『古事記』（和銅五年／七一二）と『日本書紀』（養老四年／七二〇。『書紀』とも略す）に支配・統治の由来と正統性を求める古代王権を、ヤマト王権という。なお、『古事記』『書紀』の両書を『記・紀』と略すことがある。

ヤマト王権は、四世紀前半には成立したと想定され、律令制国家が成立する七世紀後半までの王権である。四世紀の初期ヤマト王権の王宮は奈良盆地に立地したが、やがてその政治的版図は、近畿中央部から「大八洲国」（『記・紀』）の範囲に拡大した。地理的には本州・九州・四国の大部分からなり、東北地方北部と北海道とを除いた地域である。

『記・紀』は冒頭に神代を設けて、神話伝承を記している。そして、第一代の神武天皇からはじめ、『古事記』は推古天皇、『書紀』では持統天皇までの天皇史を配置する。『記・紀』には「天皇」の表記が使われているが、天皇号の成立は七世紀後半の天智・天武朝前後である。それ以前の国王称号は、一般には「大王」の用語が用いられているが、実際には「王」の称号と考えられる。なお、本書では便宜的に「天皇」の語を用いる。

『記・紀』に記載された天皇の名前を記すと、図Ⅱ-1-1の表のようになる。ところが、

漢風諡号	名	古事記	書紀巻数	備考記事
(神代)		上	1・2	
1 神武	カムヤマトイハレビコ	中	3	はつくにしらすすめらみこと
2 綏靖	カムヌナカハミミ		4	
3 安寧	シキツヒコタマテミ		4	
4 懿徳	オホヤマトヒコスキトモ		4	
5 孝昭	ミマツヒコカヱシネ		4	
6 孝安	オホヤマトタラシヒコクニオシヒト		4	
7 孝霊	オホヤマトネコヒコフトニ		4	
8 孝元	オホヤマトネコヒコクニクル		4	
9 開化	ワカヤマトネコヒコオホビビ		4	
10 崇神	ミマキイリヒコイニヱ		5	はつくにしらすすめらみこと
11 垂仁	イクメイリビコイサチ		6	
12 景行	オホタラシヒコオシロワケ		7	
13 成務	ワカタラシヒコ		7	
14 仲哀	タラシナカツヒコ		8	
(神功)	オキナガタラシヒメ		9	
15 応神	ホムダワケ		10	
16 仁徳	オホサザキ		11	「聖帝」
17 履中	イザホワケ		12	
18 反正	ミヅハワケ		12	
19 允恭	ヲアサツマワクゴノスクネ		13	「氏姓の正定」

図Ⅱ-1-1　天皇表

『記・紀』には「始めてこの国を統治する天皇」を意味する「はつくにしらすすめらみこと」と呼ばれる天皇が、不思議なことに二人もいる。第一代の神武天皇と、第一〇代の崇神(すじん)天皇である。『書紀』で「始馭天下之天皇(はつくにしらすすめらみこと)」といわれる神武と、「御肇国(はつくにしらすすめらみこと)天皇」とされる崇神である。神武は第一代とされるから当然であるが、『古事記』の場合は第一〇代の崇神に対してだけ「初国知らしし御真木(みまき)天皇」と表現する。「帝紀(ていき)」に王位継承の伝承が含まれることからいえば、崇神をヤマト王権の初代天皇であったとみる、

20	安康	アナホ	下	13	
21	雄略	オホハツセノワカタケル		14	金錯銘鉄剣・銀錯銘大刀
22	清寧	シラカノオホヤマトネコ		15	
23	顕宗	ヲケノイハスワケ		15	
24	仁賢	オケ		15	
25	武烈	ヲハツセノワカサザキ		16	
26	継体	ヲホド		17	応神五世孫
27	安閑	ヒロクニオシタケカナヒ		18	勾大兄
28	宣化	タケヲヒロクニオシタテ		18	
29	欽明	アメクニオシハラキヒロニハ		19	仏教伝来
30	敏達	ヌナクラフトタマシキ		20	
31	用明	タチバナノトヨヒ		21	
32	崇峻	ハツセベノワカサザキ		21	暗殺される
33	推古	トヨミケカシキヤヒメ		22	最初の女帝
34	舒明	オキナガタラシヒヒロヌカ		23	
35	皇極	アメトヨタカライカシヒタラシヒメ		24	譲位
36	孝徳	アメヨロヅトヨヒ		25	大化の改新
37	斉明	アメトヨタカライカシヒタラシヒメ		26	皇極重祚
38	天智	アメミコトヒラカスワケ		27	
39	天武	アマノヌナハラオキノマヒト		28・29	壬申の乱
40	持統	タカマノハラヒロノヒメ		30	オホヤマトネコアマノヒロノヒメ

なんらかの伝承を想定するのが妥当だろう。

なお、②綏靖～⑨開化は「闕史八代」といい、実在した可能性がほとんどない。

ヤマト王権と前方後円墳

さて、実在の可能性があるヤマト王権の最初の王は、「初代の天皇」と評された崇神天皇であろう。その直接的な成立時期を示す史料はない。王墓と確かめられる崇神陵古墳（行燈山古墳、奈良県天理市）の築造年代から推定すると、四世紀前半の成立と想定される。

初期のヤマト王権は、⑩崇

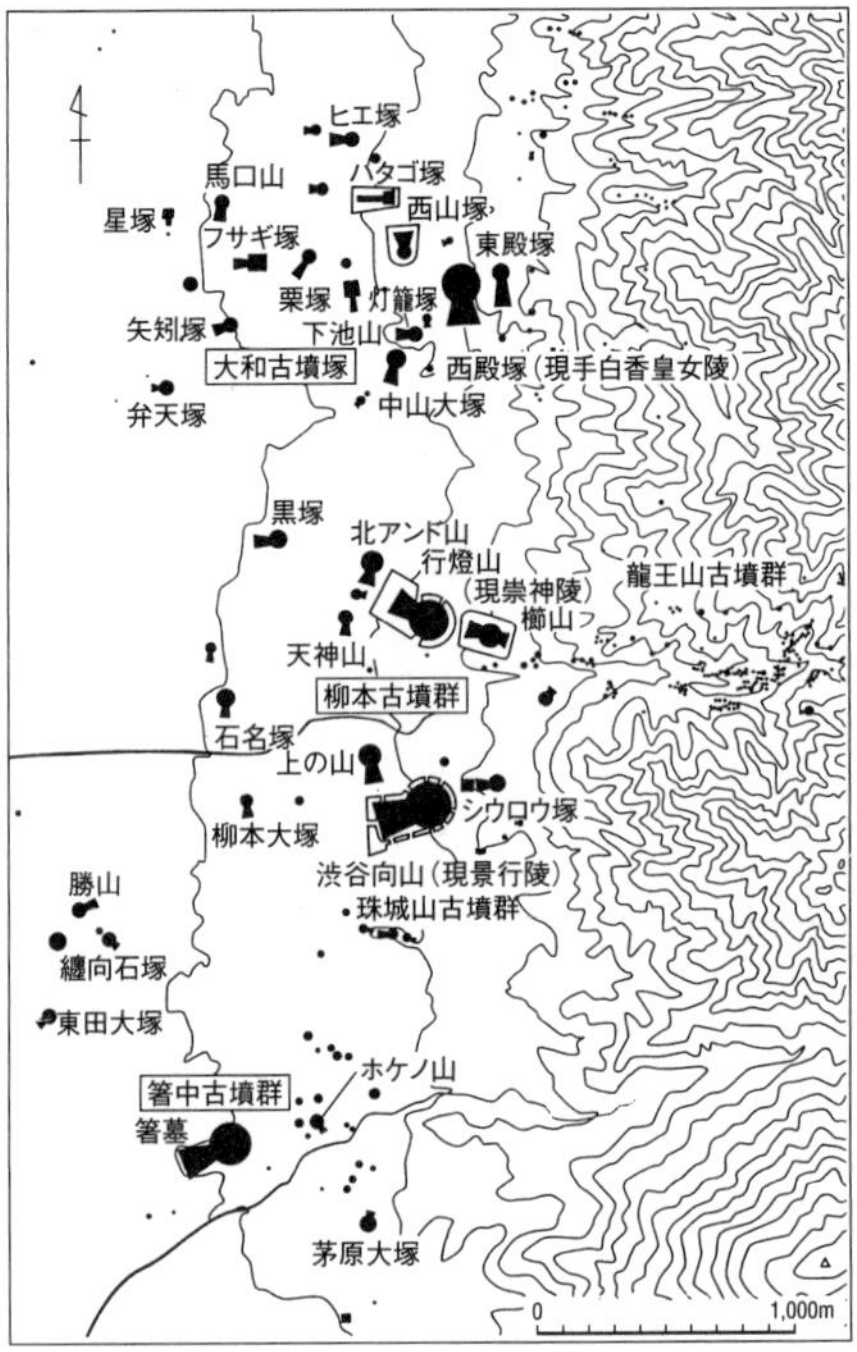

図Ⅱ-1-2　奈良盆地東南部の古墳群
（白石太一郎／2002より一部改変）

神天皇以降の⑪垂仁天皇・⑫景行天皇にいたる三代の天皇の時期にあたり、王宮は図Ⅱ－1－2にみられる磯城・纏向という、後の大和国磯城郡を中心にした奈良盆地東南部に存在した。当時の政治的センターは王宮であるから、奈良盆地東南部がその政治的基盤であったと想定される。なお、⑬成務・⑭仲哀に関しては、その後世的な和風諡号のあり方から実在性が疑われている。

ところが、この崇神天皇陵は最古級の前方後円墳ではない。奈良盆地には、箸墓古墳など最古級の前方後円墳が築造されていた。つまり、ヤマト王権の成立に先立ち、すでに前方後円墳が築造されていたことになる。この事実は、ヤマト王権の成立と前方後円墳の成立とが別の問題であることを示している。

しかし、ヤマト王権の墓制が前方後円墳の祭祀を継承していることも、また事実である。ということは、最古級の前方後円墳である箸墓古墳が築造されてから、数十年を経過して崇神陵古墳が造られたことになる。

　ヤマト王権の成立以前で、前方後円墳が営まれた時期の王権を、「プレ・ヤマト王権」と呼んでおきたい。なお、前方後円墳の構成要素には、近畿地方を起源とする要素はほとんどなく、吉備・瀬戸内・山陰・北九州や東海地方の祭祀の影響がみられるという（北條芳隆説）。つまり、ヤマト王権の葬制儀礼が、奈良盆地という特定地域の思想・宗教・文化などによって形づくられたものではなかったことを意味している。

初期ヤマト王権の王宮と王墓

　四世紀末に、ほぼ実在したと思われるのが⑮応神天皇である。その王宮・王墓は、これまでの奈良盆地から大阪平野に移動する。応神以降、王墓は五世紀代を通じ、⑳安康天皇以外は、大阪の古市古墳群と百舌鳥古墳群で営造された。しかし王宮は、⑮応神・⑯仁徳が難波（後の摂津地域）に、⑱反正が河内の地域に営まれた。つまり、これら三人に限って、大阪平野に王宮が設けられた。このように、応神天皇以降は一部の王宮が大阪平野に設置されたが、やがて奈良盆地に舞い戻ることになった。

　『古事記』の各天皇段には、「御真木入日子印恵命（崇神天皇）、師木水垣宮に坐して、天下治しき」という文章があり、王宮の師木水垣宮で政治を営んだことがわかる。王宮で政務が執行されたという原理からみれば、ヤマト王権の政治的中心は奈良盆地にあったということに

王	王　宮	王　墓
10 崇神	大和　磯城	大和　山辺
11 垂仁	大和　磯城（纒向）	大和　菅原
12 景行	大和（他）　纒向（志賀）	大和　山辺
13 成務	他　志賀	大和　佐紀
14 仲哀	他　穴門・筑紫	河内　恵賀
（神功）	大和　磐余	大和　佐紀
15 応神	大和（摂津）　軽島（難波）	河内　恵賀
16 仁徳	摂津　難波	河内　百舌鳥
17 履中	大和　磐余	河内　百舌鳥
18 反正	河内　丹比	河内　百舌鳥
19 允恭	大和　遠飛鳥	河内　恵賀
20 安康	大和　石上	大和　菅原
21 雄略	大和　長谷	河内　丹比
22 清寧	大和　磐余	河内　坂門原
23 顕宗	河内　近飛鳥	大和　片岡
24 仁賢	大和　石上	河内　埴生
25 武烈	大和　長谷	大和　片岡

※『古事記』による。数字は即位順。（　）は『日本書紀』の別記載

図Ⅱ-1-3　王宮と王墓の所在地

なる。

しかし、考古学研究者の一部には、なぜか古墳の所在地を政治的センターと考え、「河内王朝論」のような王宮から離れた古墳からみた王権論を主張する説もある。こうした見解が正しければ、王宮は政治的中心と異なる地域に造られたことになる。しかし、『古事記』に書かれているように、天皇が天下を統治したのは王宮であり、王宮は単なる飾り物の施設ではない。王墓を政治的センターとする説は、『古事記』などに基づく王宮説に対し、ほとんど批判的な検討がなされていない。政治的中枢は、あくまで王宮にあるといわなければならない。

しかし、王宮の移動や王墓の移動は、政治的な意味をもっている。王墓についていえば、応神以降の前方後円墳も、それ以前の前方後円墳の諸要素を継承しており、新たな「革命的変化」を見つけることができない。つまり応神以降の摂津・河内への立地の移動は、ヤマト王権の政治的・文化的発展に対応して行なわれたということになる。その歴史的意味は、瀬戸内海を通じ、はるか朝鮮半島と中国大陸へと関心が向かう、応神朝以降のヤマト王権の政治的課題と関係したものであろう。

〔プレ・ヤマト王権〕

考古学では、前方後円墳の成立によってヤマト王権の成立を考える研究者が少なくない。しかし、ここには二つの問題点がある。第一に、『記・紀』の「はつくにしらすすめらみこと」という伝承を無視していること。そして第二に、古墳は葬儀の施設であり、王権の政治的センターとして立論できないからである。ヤマト王権の政治的中枢は王宮にあり、古墳やその立地から王権論を説くことは方法論的に問題がある。

しかし、ヤマト王権の墓制が前方後円墳の祭祀を継承していることも、また事実である。そのため前方後円墳が成立してから、「初代の天皇」と想定される崇神天皇までの王権をプレ・ヤマト王権と呼ぶことにしたい。言葉を換えれば、最古級の前方後円墳である箸墓古墳の築造後、数十年を経過して崇神陵古墳が築造された。この立場からみれば、プレ・ヤマト王権の政治的矛盾の止揚として、ヤマト王権の成立を評価することになる。

〔帝紀と旧辞〕

『古事記』『日本書紀』編纂（へんさん）の素材が「帝紀」と「旧辞（きゅうじ）」である。「帝紀」は、「帝皇日継（ひつぎ）」や「皇祖等之騰極次第（ひつぎのついで）」（持統二年紀）ともいい、「旧辞」は「本辞」「上古諸事」とも呼ぶ。「帝紀」の内容については、かつて武田祐吉（たけだゆうきち）が提起した説が議論の前提となる。武田によれば、帝紀は、①前王との続柄、②名前、③居住した王宮と天下を治めた年数、④后妃とその子ども、および彼らの簡単な事蹟、⑤王の重要な事蹟に対する簡単な記述、⑥王の年齢とその墓、という要素から構成される。このうち④と⑤の事蹟については、津田左右吉と、津田説を批判的に継承した井上光貞が否定的な立場をとった。今日でも、津田・井上説が有力な位置を占めている。

ところが、埼玉県・稲荷山古墳から出土した金錯銘鉄剣によって、「帝紀」を具体的に考える素地ができた。鉄剣銘には「辛亥年」（四七一年）の紀年と、「獲加多支鹵」の王名と「意富比垝」の名があり、八代にわたる系譜が記されていた。ワカタケルは『記・紀』の雄略天皇、オホヒコは『日本書紀』崇神一〇年条にみえる「四道将軍」の一人「大彦」にあたり、武埴安彦の反乱伝承とも関係する。少なくとも、五世紀後半にはオホヒコの伝承が存在していたことになる。また八代の系譜から、「帝紀」の王統譜の存在が推定できるようになった。

『記・紀』における雄略の王宮は、「泊瀬（長谷）朝倉宮」である。斯鬼（磯城）の地名は、朝倉より広い範囲の地名である（『稲荷山古墳出土鉄剣金象嵌銘概報』）。銘文の「斯鬼宮」の記載から、雄略の王宮も実在する可能性が高くなった。また、『日本書紀私記』の甲本――いわゆる『弘仁私記』の安康天皇条にみえる「帝王紀」には、王位継承に関する伝承が含まれており、「帝紀」にも王位継承に関する記述が想定できるようになった（粕谷興紀説）。

一方の「旧辞」は、「帝紀」に記された以外の伝承や歌物語である。『記・紀』の歌謡の歌詞は、「奈」を「な」と読むような、漢字の音を用いて表記する「音がな」である。七世紀半ばの古層から出土する、最古級の木簡の歌詞も「音がな」で書かれており、『記・紀』の歌詞が古いかたちを継承していることが明らかになりつつある。

〔はつくにしらすすめらみこと〕

『記・紀』において「はつくにしらすすめらみこと（初代の天皇）」と呼ばれる天皇は、神武天皇と崇神天皇である。『日本書紀』では神武が「始馭天下之天皇」といわれるが、第一代の天皇であるから当然の結果である。しかし、『古事記』にはない。ところが、崇神天皇は『書紀』に「御肇国天皇」とあるほか、『古事記』に「初国知らしし御真木天皇」と記されている。『古事記』の場合、第一〇代の崇神に対してのみ「初国知らしし御真木天皇」と表現する。天皇史の順序として、一〇代目が「初代の天皇」とされることは重大な自己矛盾である。

こうした伝承が、もとの「原帝紀」か「原旧辞」に含まれていたという直接的な証左はない。しかし、その崇神紀に活躍したオホヒコの伝承が五世紀後半に存在していたことは、その可能性を示唆するものではなかろうか。こうした考え方の是非は別として、ヤマト王権の成立を示す「初代の天皇」が一〇代の崇神に求められたことを重視したい。

また、神武と崇神の「はつくにしらすすめらみこと」の漢語表記にも注意したい。両者は同じ読みであるが、神武は「始馭天下之天皇」（『書紀』）というように、「天下」の文字がある。「天下」は蕃国（ばんこく）・夷狄（いてき）支配と関連するので、「国」よりも政治的・空間的広がりをもった後世の観念である。その一方、一〇代目の崇神が「御肇国天皇」（『書紀』）と「初国知らしし御真木

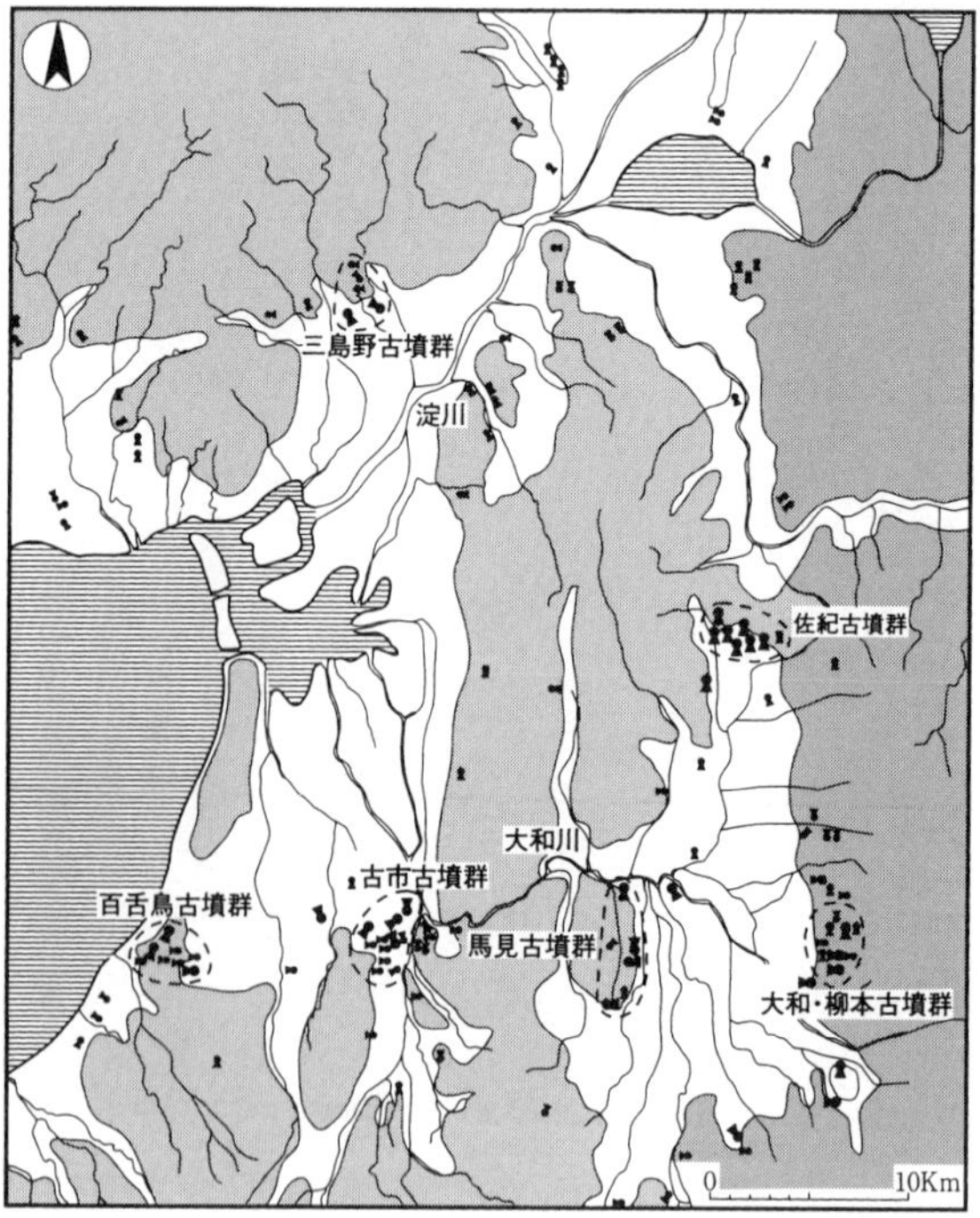

図Ⅱ-1-4　近畿中央部の大型古墳の分布（白石太一郎／1999）

天皇」（『古事記』）というように、「国」の字を含んでいる。つまり崇神は統治範囲の表記が、『記・紀』ともに「国」であり、「初代の天皇」の統治領域からみて妥当な範囲であろう。むしろ崇神よりさかのぼる、神武に対する「天下」の文字が表記として新しく、両者は逆転している。この表記の違いから、神武の虚構性と崇神の存在性を読み解くこともできるだろう。

2　倭の五王の時代

倭の五王

中国・南北朝時代の南朝宋の歴史書『宋書』倭国伝に、宋と冊封（天子の命令書である冊書を用いて、国王に封ずること）関係を結んだ、讃・珍・済・興・武という五人の倭国王の名前がみえる。これが「倭の五王」であり、五人の倭国王が活躍した五世紀を「倭の五王の時代」と呼んでいる。倭国伝には、宋と倭国との外交交渉が記述されている。最初の「倭讃」が宋に入貢した永初二年（四二一）から、最後の武が遣使した昇明二年（四七八）まで、倭国の五八年間の歴史が判明する。

倭国王は、対宋外交にあたって自らの姓と名を名乗った。倭国王は、高句麗王が国名の「高」を姓としたことにならい、倭国の国名「倭」を姓とした。その倭姓に、「讃」という個人名をつけて、「倭讃」と称したのである。三代目の済は、『宋書』文帝紀に「安東将軍倭王倭済（倭王の倭済）」とみえ、倭の五王は、五人とも倭姓を名乗っていた。倭国伝では、第一代にのみ「倭」姓を記述し、ほかの四人は省略していた。つまり、「倭の五王」は、中国から倭姓を称する父系的氏族と認識されていた。ちなみにヤマト王権以降の日本列島の王権で、国王が姓を使用したのはこの五世紀だけであり、中国との冊封関係の必要から姓を名のったのであった。六世紀前半には整っていた氏姓制度においては国王一族に姓がなく、現在の天皇一家まで続いている。

　個人名のつけ方が明らかなのは、倭の五王の最後になる「武」である。「武」は『日本書紀』の雄略天皇にあたり、その名であるオホハツセノワカタケル（長谷宮に居住するワカタケル）の「タケル」を意訳したものであろう。ワカタケルの名前は、埼玉県行田市にある稲荷山古墳出土の金錯銘鉄剣に「獲加多支鹵」、熊本県和水町の江田船山古墳出土の銀錯銘大刀に「獲□□□鹵」とみえる。ワカタケルが実際の名前であったことが、列島出土の同時代史料の銘文から明らかになった。

倭国と宋との外交関係

『宋書』倭国伝の外交記事には、倭国王が代替わりごとに宋皇帝から冊封された史実が記されている。その際、倭国王は、たとえば珍の場合、自ら「使持節都督倭・百済・新羅・任那・秦韓・慕韓六国諸軍事、安東大将軍、倭国王」と称したように、自称称号を名のって宋から除正（任命）されることを望んだ。

　ただし、「詔して安東将軍・倭国王に除す」というように、「使持節都督」以下の国名・地域名が省かれ、「安東将軍・倭国王」しか認められなかった。この自称称号から、当時の倭国側の事情に基づく外交姿勢を知ることができる。逆に、実際に宋から冊封された称号から、朝鮮半島諸国の政治情勢を配慮した宋の対倭国政策のありさまを理解することができる。

　当時、倭国は宋に対し、百済・新羅・任那、および秦韓（辰韓）・慕韓（馬韓）に対する軍事的支配を認めさせる「六国諸軍事、安東大将軍」を要請していた。しかし宋は、讃・珍の時期には、倭国の要求を承諾しなかった。ようやく済の時期になり、百済を除いた半島南部の軍事的支配権を認めるにいたった。それが「使持節都督倭・新羅・任那・加羅・秦韓・慕韓六国諸軍事、安東将軍、倭国王」の称号に表れている。

ところで、倭国王は自らの国王称号を求めていただけではない。元嘉一五年（四三八）には、倭隋ら一三人に「平西・征虜・冠軍・輔国将軍号」を要請し、承認されている。この時は、ヤマト王権を構成するメンバーが、全体として宋から任命されていた。おそらくヤマト王権の権力構造が、いまだ弱かったことを示唆しているのだろう。国王の本人が「倭国王」として冊封されれば、政権が安定するような状況ではなかった可能性がある。また、将軍の一人・倭隋は、「倭」姓の王族と思われるので、少なくとも王族の一人が平西将軍として西日本地域を支配していたことになる。

さらに元嘉二八年（四五一）には、二三人が「軍郡」に任命されている。この「軍郡」の解釈はやや難

421	永初2	倭讃が入貢し、安東将軍・倭国王を授与される。
425	元嘉2	讃が司馬の曹達を遣わし、上表して方物を献ずる。
430	7	倭国王が方物を献ずる。
438	15	珍が除正を要請し、安東将軍・倭国王に任じられる。また、倭隋ら13人が平西、征虜、冠軍、輔国将軍に任じられる。
443	20	倭国王済が奉献し、安東将軍・倭国王に任じられる。
451	28	倭王倭済が、使持節・都督倭新羅任那加羅秦韓慕韓六国諸軍事・安東将軍に、また23人が軍郡に任じられる。ついで済が、安東大将軍を進号される。
460	大明4	倭国が方物を献ずる。
462	6	倭王世子興を安東将軍・倭国王に任じる。
477	昇明1	倭国が方物を献ずる。
478	2	武が上表し、使持節・都督倭新羅任那加羅秦韓慕韓六国諸軍事・安東大将軍・倭王に任じられる。

図Ⅱ-2-1　5世紀の宋と倭国

しいが、文字どおりに理解すれば、将軍号と郡号が与えられたことになる。「郡」が楽浪郡のような「郡」を意味するとすれば、列島内にも郡による地域支配が認められていたことになる。ただし、「軍郡」は「将軍」のまちがいの可能性もある。

倭王・武の上表文と人制

武が宋の順帝に提出した上表文は、「封国は偏遠にして、藩を外に作す。昔より祖禰躬ら甲冑を擐き、山川を跋渉し、寧処に遑あらず」で始まる格調高い文章である。倭国伝に全文が記載されているのは、蕃国の上表文として立派であったことが理由であろう。同時代の史料であるだけに、きわめて貴重である。

上表文の語句は、中国古典である『春秋左氏伝』『毛詩』や『三国志』等にみえる言葉と共通している。渡来系の文人が、古典の知識に基づいて書き記したのであろう。上表文には、宋への朝貢に際して高句麗が妨害したことなど朝鮮半島との国際関係がかいま見える。そのため、当時の国際関係をリアルに知ることができる。

また、武の上表文には「窃かに自ら開府儀同三司を仮し、その余は咸な仮授して、以て忠節を勧む」とあり、武が「開府儀同三司」を自称していたことがわかる。「開府」とは、役所を意味する「府」を開いて部下を設けることで、原初的な「官職制度」を設置していたと推測できる。こうした官職制を「府官制」と評価する学説もあるが（鈴木靖民説）、その実態は金錯銘鉄剣にみえる「杖刀人」や銀錯銘大刀の「典曹人」など、「人」の名称の職掌名をともなうシステムではなかろうか。
「杖刀人首」という表記からいえば、「首」と表記された首長が存在するので、集団として杖刀人がいたことが判明する。こうした職能名をもつ杖刀人集団は、人制と呼ぶ社会体制である。おもしろいことに、人制の大半の史料は、『書紀』雄略紀に集中している。伝承として、雄略天皇の時期が一つの画期をなしたのであろう。なお、上表文にみられる「開府儀同三司」という名称は、対宋外交における倭国王の高ぶった姿勢をみせたものであろう。

五世紀の王宮と王墓

『古事記』と『日本書紀』では、図Ⅱ-1-3にあるように、王宮は四世紀末にいったん難波地域に移るが、やがて大和地域に戻ることになる。しかし、応神天皇以降、王墓は河内地域に設置されるようになる。王陵に比定される巨大な前方後円墳は、古市古墳群と百舌鳥古墳群に分布する。

古墳の所在地から、一部の研究者によって「河内王朝」論が唱えられている。この説は王墓の立地から作られた説であるが、既述したように、王墓の所在地を政治的センターと認識することは無理であろう。政治的中枢は、『古事記』各天皇段の冒頭に書かれているように、あ

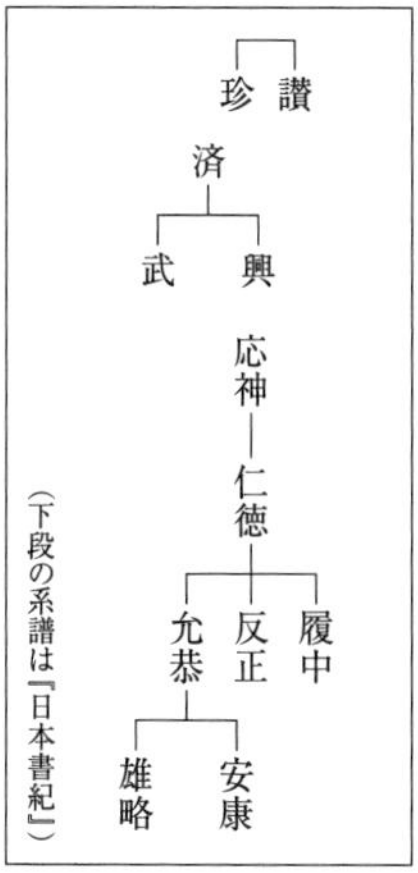

図Ⅱ-2-2　倭の五王図

くまで王宮の所在地を中心に考えるのが本筋である。

しかし、一時的にせよ王宮が難波地域に進出したことも事実であり、王墓の移動もある種の政治的な意味をもっている。この問題を理解するポイントは、王墓と想定される古墳が一貫して前方後円墳であり、外からの影響で墓制が変化しないという事実である。しかも、巨大な前方後円墳が築造される以前、河内地域には大きな古墳を造る政治勢力も存在せず、王朝や政権交代はなかったとみなければならない。

王宮や王墓の移動は、ヤマト王権の内部的事情に基づいていることを意味している。その政治的動機としては、中国大陸と朝鮮半島諸国とをにらんだ、王権の対外的政策と関係しているだろう。

なお、『宋書』倭国伝では、珍と済との間の血縁関係が記載されていない。そのため、讃・珍と済・興・武との「二つの王家」を想定する説もあるが、済も讃と同じ「倭」姓を名のっており、倭の五王はすべて「倭」の姓名を称している。五世紀の倭国王一族は、同じ姓をもつ氏族集団であり、同じ父系的氏族を考えるのが妥当であろう。「王権の断絶」はなかったと思われる。

〔広開土王碑文と集安高句麗碑〕

四世紀末の半島諸国と列島の外交関係を知らせるのが、広開土王（好太王とも）碑である。広開土王は、高句麗王として三九一年から四一二年まで在位。この碑は、かつての首都国内城、現在では中国吉林省集安市にそびえ立つ。碑は、高さが約六・三メートルもある凝灰角礫石でできており、四面に約一八〇〇字の文字が刻まれている。

碑文の内容は、①始祖伝説から広開土王までの王統と建碑の目的、②編年体で記された広開土王の戦いの記録、③守墓人制（墓を守護する体制）の規定から構成されている。①を序論とし、②と③を本論とする二区分説もある。碑文のうち②は、広開土王が高句麗領を回復・拡大する勲績であるが、そのなかに倭との関係記事が四か所あり、半島における倭の動向を知ることができる。

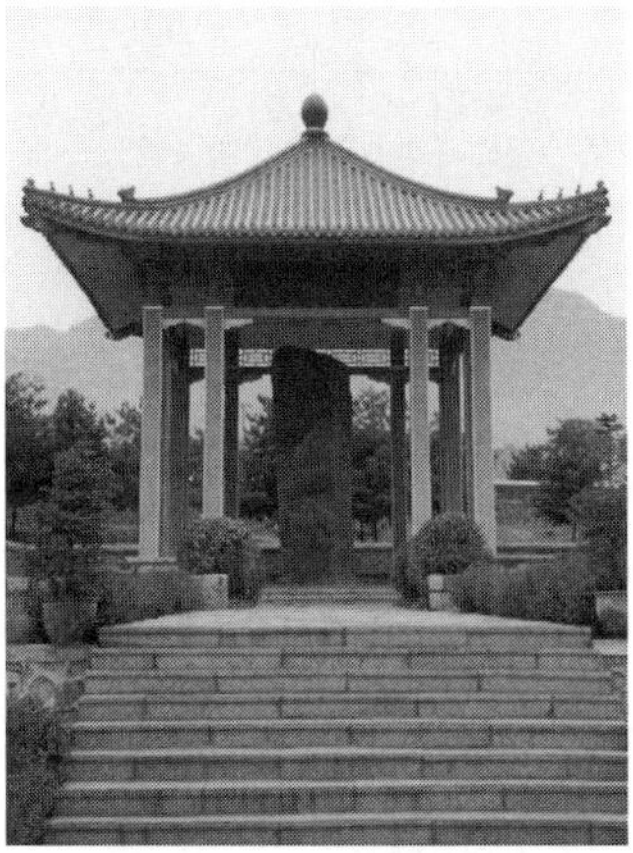
図Ⅱ-2-3　広開土王碑

三九六年に広開土王が親征した百済との戦いを説明する前置文に、それまで高句麗の「属民」であった百済・新羅を、倭が「臣民」としたことが理由付けされている。倭国が「辛卯年」（三九一）に半島に進出して、両国を臣民としたのであった。碑文は広開土王の頌徳碑であり、勲績を誇張する傾向があるが、倭国の半島南部への軍事的進出は、史実として認めていい。まだ完全な釈読文は存在しないが、今後はきれいな拓本をとるために石灰が使用される以前の、原石拓本研究の進展が望まれる。

また、二〇一二年には集安市の麻線河畔において、「集安高句麗碑」が発見された。現状の石碑

紀　年	倭に関係する記事
396（永楽6）	高句麗王が百済に親征する（前置文に倭の記述）。
399（永楽9）	百済が倭と和通。新羅は倭の侵攻を恐れ、高句麗に救援を求める。
400（永楽10）	高句麗王が新羅を救援し、倭人を討つ。
404（永楽14）	倭が帯方界に侵入したので、親征して倭を破る。

図Ⅱ-2-4　広開土王碑文の倭関係記事

は、高さが一七三センチメートルある。摩耗が激しくて文字の判読は難しいが、碑文の表面から約一六〇字の文字が釈読されている。裏面にも文字があるが、釈読はかなり困難である。広開土王に関係するのはまちがいなく、「守墓」「河伯」など共通の語句もある。今後の正確な釈読が望まれる。

〔杖刀人と典曹人〕

埼玉県にある稲荷山古墳から出土した金錯銘鉄剣は、「辛亥年」から始まる一一五文字が象嵌されていた。「辛亥年」の紀年は、西暦四七一年をさす干支。銘文には、乎獲居（ヲワケ）が「杖刀人首」として「獲加多支鹵大王」に仕える理由が記されている。

一方、熊本県の江田船山古墳から出土した銀錯銘大刀には、「治天下獲□□□鹵大王」で始まる銘文がある。かつて誤って反正天皇（タヂヒノミヅハワケ）に比定されていたが、東京国立博物館の調査の結果、雄略天皇の「獲加多支鹵」であることが明白になった。この銘文には、「典曹人」の伊太和（ないし加）のことが銘記されている。

銘文にみえる「杖刀人」は「刀を持つ人（「杖」は「持つ」意）」、「典曹人」は「曹を典さどる人」のことで、いずれも漢語表記である。この「＊＊人」は人制と称されている。「杖刀人首」は杖刀人集団の首長で、ワカ

■表
辛亥年七月中記乎獲居臣上祖名意富比垝其児多加利足尼其児名弖已加利獲居其児名多加披次獲居其児名多沙鬼獲居其児名半弖比
■裏
其児名加差披余其児名乎獲居臣世々為杖刀人首奉事来至今獲加多支鹵大王寺在斯鬼宮時吾左治天下令作此百練利刀記吾奉事根原也

図Ⅱ-2-5　金錯銘鉄剣（稲荷山鉄剣）（埼玉県立さきたま史跡の博物館、国〈文化庁〉）

タケルが斯鬼宮にいた際に、首長として仕えていた。「＊＊人」という職能名をもつ人制のシステムは、五世紀後半のヤマト王権における手工業の分業システムと捉えることができる。『書紀』によれば、「典馬（人）・養鳥人」などの人制がみえる。典馬人は馬養（馬飼）部、養鳥人は鳥養（鳥飼）部などに発展すると思われる。

なお、従来の学説では六世紀以降の部民制の変質として「人制」が考察されていた。しかし、鉄剣銘などにみえる人制は、部民制以前の史料である。歴史的にみれば、この人制が百済などの部の制度の影響を受け、列島の部民制が出現したことになる。

〔ワカタケル〈雄略〉の時代〕

『万葉集』巻一の巻頭歌は「雄略御製歌」であり、『日本霊異記』の上巻第一縁「雷を捉る縁」も雄略天皇に仕えたという小子部栖軽の話である。このように、巻頭に雄略朝の伝承や物語を設定する書籍がある。岸俊男は、雄略を古代の「代表的天皇」と捉えて巻頭にすえ、そこから物語を始めようとする意識が強かったと指摘している。

ところが、五世紀代には部民制の組織化や国造制はまだみられず、王権の社会構造は人制の段階である。国造制という地域行政機構が形成され、部民制などの専制的王権の基礎となる社会的システムがつくられるのは、六世紀に入ってからである。したがって、六世紀における専制王権化の歴史的前提として、五世紀の雄略朝の意味を評価することが正しいと思われる（井上光貞説）。

なお、金錯銘鉄剣と銀錯銘大刀には「獲加多支鹵大王」とあり、「大王」の称号がみえる。しかし、この金錯銘鉄剣・銀錯銘大刀より古い、千葉県市原市の稲荷台一号墳出土の「王賜」銘鉄剣には、「王」としかない。こうしたことから、五世紀代に王制から「大王制」へ転換されたと説く学説もある。しかし、「大王」号が正式な国王称号であったことは、これまで必ずしも証明されていない。

「上宮記逸文」などに、国王は「王」「大王」「大公王」と表記されており、「大王」号とは限らない。また、『古事記』の各天皇段の冒頭には「弟、橘豊日王、坐池辺宮、治天下三歳」（用明天皇）、「弟、長谷部若雀天皇、坐倉椅柴垣宮、治天下四歳」（崇峻天皇）と記されており、某天皇が某宮において統治したと書かれている。しかし、傍線の位置にある称号総数三二例のうち、「命」が二一例、「天皇」「王」とがともに五例、「御子」が一例であって、「大王」の称号は一つもみられない。五世紀の倭の五王は、宋から「倭王・倭国王」の称号を冊封されており、国内でも「王」を称していた可能性が高い。『古事記』において雄略は、「この倭国に、吾れを除きてまた王は無き」というように、「王」を自称している。中国から「倭国王」と冊封されていたように、「王」を名乗っていたと思われる。

さらに「大王」の語は、天皇以外にも「法大王」（厩戸皇子）「山背大王」（山背大兄）「尾張大王」（尾張皇子）などとみえ、必ずしも天皇だけに大王号が使われたわけではない。ただし、大王を称する人物は後の天皇である可能性は高い。かつて関晃が述べたように、「大王の語が単なる敬称ではなくて正式の称号であったという証明が少しもなされていない」（「推古朝政治の性格」）のである。金錯銘鉄剣等にみえる「大王」の呼び方は、国王に仕えていた人物からみた倭国王への尊称であろう。

3　継体・欽明朝と仏教の伝来

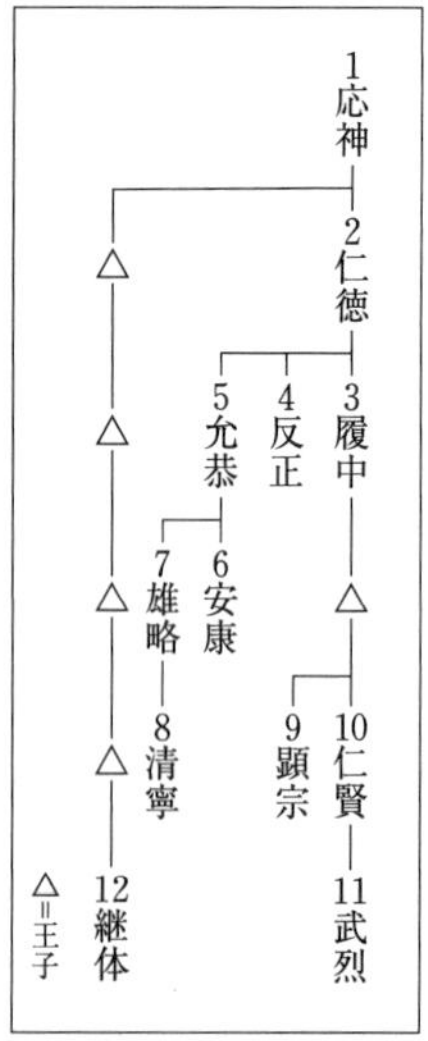

図Ⅱ-3-1　応神から継体へ

年月	『日本書紀』の記述	地域
五〇七年（継体元）　正月	河内の樟葉宮にいたる	淀川流域
二月	即位する	
五一一年（継体五）一〇月	山背の筒城に遷都する	木津川流域
五一八年（継体一二）三月	山背の弟国に遷都する	桂川流域
五二六年（継体二〇）九月	大和の磐余に遷都する（一本に五一三年という）	

図Ⅱ-3-2　継体天皇の王宮

応神五世孫の継体天皇

武烈天皇には子どもがいなかったので、「応神五世孫」である男大迹（ヲホド）が、継体元年（五〇七）に河内の樟葉宮（現大阪府枚方市楠葉）で即位した。継体天皇である。父の本拠地は近江（現滋賀県）、母は三国の坂中井（現福井県坂井市付近）といわれる。「五世孫」が事実であれば、いささか縁遠い子孫であった。ただし、『書紀』は系図一巻とともに撰上されており（『続日本紀』養老四年五月条）、系図をみれば「五世孫」の系譜は確かめられたはずである。

『書紀』によれば、即位した継体は、

継体五年に山背の筒城（綴喜、現京都府京田辺市）、一二年に弟国（旧山城国乙訓郡、現京都府向日市・長岡京市付近）に遷都している。弟国は桂川、筒城は木津川流域で、ともに淀川水系であり、瀬田川を通じて近江の琵琶湖につながっていた。近江出身の継体には、関係が深い場所といえよう。当時、継体は朝鮮半島への外交に積極的であり、外交にもふさわしい場所である。

そして継体二〇年になり、ようやく大和の磐余（旧大和国磯城郡。現奈良県桜井市付近）に玉穂宮を設けた。ところが、異伝「一本」には遷都が継体七年とあり、実際はこちらの年かと思われる。このように大和への入国が遅れた理由として、継体が大和へ入国するのに敵対する勢力があり、即位が平和裏に行なわれなかった可能性もある。

加耶・百済と倭国の外交

継体六年、大連の大伴金村が、百済からの要請で「任那四県」を割譲した。「任那」は、『書紀』に記された「加耶（加羅諸国）」の名称で、朝鮮半島の南部に位置する小国連合である。百済や新羅のように、統一国家が形成できなかった。なお、大伴金村はこの「任那四県」の割譲問題で、欽明元年（五四〇）に失脚する。

その後、「任那復興」問題が、倭国における対外政策の中心課題となる。たび重なる「任那復興」策にもかかわらず、欽明二三年（五六二）にいたり、「任那」は新羅によって滅ぼされ、消滅した。

継体朝における政治課題は、加耶問題とも関係する百済との外交問題であった。当時の加耶は、西の百済と東の新羅から軍事的な脅威を受けていた。百済は、半島の北方に位置した高句麗が南下策をとったので、南の加耶方面に進出していったのである。

当時の倭国は、百済から「救の軍を乞う」(『書紀』欽明八年条)という軍事的支援の要請に応えながら、百済から五経博士や易博士・暦博士・医博士らが交替して入国することを求めた。軍事的支援を求める百済と、列島の文明化を図る倭国との利害が一致していたのである。

こうした百済と倭国の外交関係のなかで、百済の聖明王が仏教を正式に倭国に伝えた(仏教公伝)。『書紀』欽明一三年(五五二)条には、「釈迦仏金銅像一軀・幡蓋若干・経論若干巻を献ず」と記す。一方の『上宮聖徳法王帝説』では、欽明七年(五三八)に伝来したと記す。このように仏教伝来の年次は、五五二年説と五三八年説の二つあるが、欽明朝に伝来したことはまちがいない。

百済から渡ってきた五経博士らは、「段・王・馬・潘・丁」などの中国の姓を持っており、元は中国南朝の梁に居住していた文化人である(末松保和説)。そのため南朝の文化が、百済を経由して倭国に伝わったことになる。

筑紫と東国における争い

継体朝の末年、この加耶問題とも関連して、筑紫君磐井の乱が起こった。朝廷から加耶に派遣される近江毛野に対し、筑紫国造の磐井が反乱したのである。磐井は新羅から賄賂(賄路）を受けとっており、中央政府の対外政策に反旗をひるがえした。この時期、磐井のような地方豪族が新羅と独自に政治的に結びつき、反乱することがあったのである。

磐井の反乱は、中央から派遣された物部麁鹿火によって鎮圧された。磐井の子葛子は、贖罪のため糟屋屯倉を献上した。糟屋屯倉は、福岡県の博多湾に面する旧筑前国糟屋郡（現福岡県糟屋郡の地）にあった。中央の支配強化に反抗した磐井であったが、皮肉にも糟屋屯倉がヤマト王権の政治的拠点として設けられたのである。このようにして、ヤマト王権の筑紫への政治的支配が強化されていった。

安閑元年（五三四）には、武蔵国造笠原使主が国造の地位を同族の小杵と争う事件が起こった。使主を国造に任命した朝廷は、上毛野氏に支援を求めた小杵を殺害した。その結果、使主は武蔵の横渟（旧武蔵国横見郡の地か）・橘花（旧武蔵国橘樹郡）・多氷（旧武蔵国多摩郡か）・倉樔（旧武蔵国久良郡か）の四か所の屯倉を献上することになった。屯倉の所在地は武蔵北部と南部地域であり、ヤマト王権の東国支配の拠点となっていった。

『書紀』安閑紀には、屯倉が東国から九州の地域に設置された記事がみえる。また、諸国に犬養部が設けられたが、犬養部はミヤケ（屯倉）の番犬と関係する部民といわれる。磐井の反乱や武蔵国造の地位をめぐる争いから推測すれば、ヤマト王権は豪族の争いをも利用しながら、列島各地にミヤケを設定していったのである。なお、宣化元年（五三六）には、博多湾沿いの港である那津（旧筑前国那珂郡中島郷）に、ヤマト王権の外交施設となる「那津官家（ミヤケ）」が設けられた。那津は、三世紀に奴国があった地域である。

継体朝と安閑・宣化朝

ところで、継体天皇の没年は図Ⅱ-3-3にあるように異伝が多く、その年次は必ずしも確定できない。『書紀』本文は、「百済本記」の記載により「辛亥」年の継体二五年（五三一）を没年とする。本文によれば、継体は「譲位」したにもかかわらず、安閑元年まで二年間は「空位」だったことになる。

また、「百済本記」は、辛亥年に「日本の天皇と太子・皇子、倶に崩薨りましぬといえり」という伝聞記事を記している。天皇と太子が没したという記述が事実であれば、なにか政変が起こった可能性がある。政変を考える研究者は、それを「辛亥の変」という。しかしながら、大兄とされた勾大兄（安閑）が即位したので、政変が起こった可能性は少ないだろう。

なお、『書紀』の没年には別伝があり、「或本」は継体二八年である。ところが、『古事記』は『書紀』の両説とも異なり、没年干支を「丁未」年にあたる継体二一年とする『書紀』編者は、丁未説を知っていたようで、本文で継体二五年二月丁未に没したと記している。つまり、年を日の問題として処理したのである。

その一方、『上宮聖徳法王帝説』や『元興寺伽藍縁起』によれば、欽明の即位は辛亥年の翌年にあたる壬子年の五三二年である。これらの史料によれば、安閑・宣化天皇の治世がなくなってしまう。そのため喜田貞吉は、欽明天皇と安閑・宣化天皇とによる「二朝並列説」を唱えた。

この喜田説を発展させた林屋辰三郎は、筑紫君磐井の反乱・武蔵国造の争いや全国的なミヤ

西暦	干支	書紀紀年	帝説・縁起	喜田貞吉説		記　事
525	乙巳	継体19		継体19		
6	丙午	20		20		紀―磐余に遷都
7	丁未	21		21		記―継体没、紀―筑紫君磐井の反乱
8	戊申	22		22		紀―磐井斬殺
9	己酉	23		23		
530	庚戌	24		24		
1	辛亥	25	(即位)	25没	(即位)	百済本記―天皇・太子・皇子没
2	壬子		欽明元		欽明元	
3	癸丑		2		2	
4	甲寅	安閑元	3	安閑元	3	紀或本―継体没、武蔵国造の争い
535	乙卯	2	4	2没	4	記―安閑没、紀―屯倉の設置
6	丙辰	宣化元	5	宣化元	5	
7	丁巳	2	6	2	6	
8	戊午	3	7	3	7	帝説・縁起―仏教公伝
9	己未	4	8	4没	8	
540	庚申	欽明元	9		9	紀―大伴金村失脚
1	辛酉	2	10		10	紀―「任那復興」協議
2	壬戌	3	11		11	
3	癸亥	4	12		12	
4	甲子	5	13		13	紀―「任那復興」協議
545	乙丑	6	14		14	
6	丙寅	7	15		15	
7	丁卯	8	16		16	
8	戊辰	9	17		17	
9	己巳	10	18		18	
550	庚午	11	19		19	
1	辛未	12	20		20	
2	壬申	13	21		21	紀―仏経公伝

記=古事記　紀=日本書紀　帝説=上宮聖徳法王帝説　縁起=元興寺伽藍縁起

図Ⅱ-3-3　継体・欽明朝年表

ケ設置、そして「辛亥の変」の記事を利用しながら、六世紀前半の政治史を捉えなおした。林屋は「二朝並列説」を発展させ、「内乱説」を提起した。もしこうした説が正しければ、欽明によるクーデターによって継体が没したことになる。

ところが真の継体陵である大阪府高槻市の今城塚古墳と新池埴輪製作遺跡の発掘調査の成果によれば、興味深い事実が明らかになった。継体没後、今城塚古墳において埴輪を利用した祭祀が行なわれた（七八頁）。埴輪祭祀において、殯宮儀礼を再現したのか、王位継承の儀礼を表したのか意見が分かれているが、儀礼は厳粛に行なわれたようだ。けっして「内乱」状態を想定できるような事態ではなかった。

欽明朝における専制王権化

さて、宣化四年（五三九）に即位したという欽明天皇は、宣化朝に続いて蘇我稲目を大臣に登用した。欽明朝には、この蘇我氏が台頭してくる。当時の政権では、大臣・大連制がしかれていた。大臣は「臣」を名のる臣系氏族の最高執政官であり、大連は「連」系の最高執政官となる。臣・連などのカバネ（姓）は、おそらく六世紀前半には整備されていた制度であろう。臣系氏族は、蘇我・巨勢・平群などのように地名をウヂ（氏）名としているが、連系は大伴・物部・中臣・忌部などの部民を管轄する伴造の氏である。

欽明朝には部民制の組織化や、ミヤケ制の展開など専制王権化が進展する。ここでは吉備の白猪屯倉をめぐる蘇我氏の動向を取り上げてみたい。『書紀』欽明紀には、大臣稲目自らが吉備に出向いて白猪屯倉と児島屯倉を設置し、名簿方式を利用して田部（ミヤケの農業従事者）を田戸（戸籍のような制度）に編成して管理し、屯倉経営を行なった記述がみえる。敏達三年（五七四）条には、稲目の子にあたる馬子が大臣として白猪屯倉に行って田地と田部を増加させた記事もある。

なお、稲目や馬子が現地に赴いた白猪屯倉は農業経営の拠点であるが、児島には津などの港湾施設も造られた。蘇我氏は、中小の渡来系氏族を従えた開明派氏族として活躍したのである。このようにミヤケを設置して、ヤマト王権の財政基盤の拡大・強化に努めた。さらに吉備と筑紫は瀬戸内海から朝鮮半島への海上交通の重要ルートであり、また政治的拠点の意味も併せもったのである。

仏教の伝来

仏教は欽明朝に正式に列島に伝来した（仏教公伝）。『書紀』によれば、欽明天皇は「西蕃の献れる仏の相貌端厳し。全ら未だ曾て有ず。礼うべきやいなや」と、群臣を呼んで諮問したという。仏像は「蕃神」とされたが、これは在来の「国神」と同じように「神」の扱いである。しかも、人の形をした金銅ないし極彩色の仏像は、文字どおり「端厳し」と意識されたと思われる。

新興豪族である開明派の大臣・蘇我稲目が「西蕃の諸国、もはらに皆礼う。豊秋日本、豈独り背かんや」と賛同したが、大連の物部尾輿や中臣鎌子らの守旧派の群臣は反対した。蘇我氏は東アジアに共通する仏教信仰を支持したので、欽明は稲目に仏像を与えることにした。稲目は向原家（後、明日香村の豊浦）を寺にしたが、「疫病」が流行したことを理由に仏像は難波堀江に棄てられ、寺は焼亡の憂き目にあったという。仏教受容は、新旧豪族の政治的争点にされたのである。

欽明以降は、仏教への対応が問題になっている。次に即位した敏達天皇は、「仏法を信けたまわずして、文史を愛みたまう」（即位前紀）とみえ、仏教受容には否定的であった。ついで即位した用明天皇は、「朕、三宝に帰らんと思う。卿等議れ」（用明二年条）と群臣に問い、崇仏派の馬子と廃仏派の大連・物部守屋と中臣勝海との対立が公然化したという。そして用明二年（五八七）には、物部本宗家は滅ぼされた。

〔勾大兄（安閑天皇）〕

継体天皇と最初の妃・目子媛の長子を勾大兄という。勾の名称は、大和の地名（今の橿原市曲川町か）である。大化前代（大化の改新以前の時期）の古代の王位継承は、①兄弟による継承、②大兄による継承で行なわれた（井上光貞説）。大兄というのは、後の天皇ないし天皇たりうべき人の長子のことである。この大兄制の初代が勾大兄であり、近江の地から即位した継体天皇がつくった王位継承法である。継体七年（五一三）条に、勾大兄が春日山田皇女（仁賢天皇の皇女）と結婚して、立太子する記事がある。この時期に結婚できたのは、継体が大和入りしていたからであろう。そうであれば、大和には「継体七年」に入ったと思われる。

〔部民制〕

五世紀における杖刀人（稲荷山古墳出土の金錯銘鉄剣）などの人制が、朝鮮諸国の百済の部制（馬部・穀部などの官司の部と行政区画の五方五部）などの影響を受けて、五世紀末から六世紀前半に成立したのが列島の部民である。こうした政治的かつ経済的な社会分業の制度を部民制と呼んでいる。大化の改新で基本的に廃止され、食封などの俸禄制に変わることになる。ベ（部）に設定された地域の集団から、主にトモ（伴）を中央に派遣するとともに、トモの生活物資を供出させる部や、主に地域の特産物（モノ）を貢納させる部まで各種の部がある。

トモについては、「天皇（清寧天皇）、子無きことを恨みたまいて、乃ち大伴室屋大連を諸国に遣して、白髪部舎人・白髪部膳夫・白髪部靫負を置く」（『書紀』清寧二年条）とあるように、舎人・膳夫・靫負からなる。舎人は、王宮や皇子宮などにおいて雑務に従事するとともに、貴人を護衛する。食事の準備を行なうのが膳夫であり、靫（背中に弓矢を入れる武具）を負って武力で警備するのが靫負である。中央にいる伴造が、在地首長でもある地域の伴造を介して各種の部を管轄していた。

部を分類すれば、①王や王族に仕えまつる名代・子代（白髪部・穴穂部・小長谷部等）、②ヤマト王権を維持するための社会的職能を担当する「職業部」（山部・海部・忌部等）、③豪族が所有する部曲（蘇我部・中臣部・巨勢部等）の三種類になる。

〔ミヤケ〕

ミヤケの表記は、建物がある一区画を示す「ヤケ」に特別な尊称を意味する接頭語の「ミ」をつけた言葉である。ヤマト王権が支配する特別な施設であるが、「屯倉」「屯宅」「屯家」「三宅」など「倉」「宅」の文字が象徴する施設のほか、「官家」のように「官」と表記されるミヤケもある。

「官家」の表記は、ヤマト王権の政治的・軍事的拠点である東国の官家、そして外交施設の筑紫の那津官家、またヤマト王権の支配を意味する朝鮮半島の官家などがあるが、基本的には同じミヤケで、ヤマト王権の支配拠点を意味する（舘野和己説）。

『日本書紀』にみえる屯倉の多くは農業経営の拠点であり、屋・倉などの建造物と田地からなる。大化二年（六四六）の改新の詔では「昔在の天皇等の立てたまえる子代の民・処処の屯倉」とある「屯倉」が、「臣・連・伴造・国造・村首の所有る部曲の民・処処の田荘」の「田荘」とともに廃止の対象となった。「屯倉」と「田荘」は、農業経営の拠点となる施設として共通する。

『書紀』では安閑紀に数多くの屯倉設置記事がみえるのは、磐井の反乱や武蔵国造の地位をめぐる争いなどのように、反乱や争いの結果、ヤマト王権に償うために屯倉が献上されたのが原因であろう。このように豪族の田地を割き取って設定された屯倉のほか、ヤマト王権が自ら田地を開発して設けた、倭（大和）・山背（山城）・河内三国の屯倉（推古一五年紀）が存在した。

要するに、ミヤケは、ヤマト王権が設定している特別な「ミ（御）ヤケ（宅）」を意味したのである。

〔蘇我氏〕

蘇我氏のなかで最初に活躍する人物は、稲目であろう。初見は『書紀』宣化元年（五三六）条で、大臣に任命された記事である。欽明朝にも大臣に再任されており、実際に活動したのは欽明朝からと思われる。蘇我氏は開明的な崇仏派の氏族であるが、稲目は排仏派の物部尾輿や中臣鎌子らと争った。

大臣に任命された本宗家の系譜は、

稲目――馬子――蝦夷（えみし）――入鹿（いるか）

である。馬子が指示して崇峻天皇を暗殺した後、成立した推古朝から、蘇我氏は全盛期を迎えた。大化改新の起点となった乙巳（いっし）の変において、入鹿が中大兄（なかのおおえ）に殺害され、蝦夷も自尽した。しかし、大化改新で蘇我氏が滅んだわけではない。

傍流の蘇我氏には、改新政権の右大臣である蘇我倉山田石川麻呂（そがのくらやまだいしかわまろ）や、近江朝に左大臣をつとめた蘇我赤兄（あかえ）がおり、天武（てんむ）一三年（六八四）に「八色の姓（やくさかばね）」が制定されてからは、石川朝臣（あそん）と改姓して律令官僚として活躍した。

蘇我氏は『古事記』孝元（こうげん）天皇段によれば、建内宿禰（たけうちのすくね）（成務朝から仲哀・応神・仁徳朝まで大臣をつとめたという伝説的人物）を祖とし、本拠地は大和国高市（たけち）郡曾我（そが）（現橿原市曾我町）で、河内国石川郡に別荘があった。新興の氏族であり、東漢（やまとのあや）氏や秦（はた）氏などの渡来系氏族と関係が深く、仏教の摂取に積極的であった。また、白猪屯倉などの経営に文字を使用するなど、実務にも秀でていた。

4　推古女帝の誕生

物部大連家の滅亡と崇峻天皇暗殺

欽明天皇が没すると、欽明と宣化天皇の女石姫との間に生まれた敏達天皇が即位した。大連には物部守屋が再任され、大臣には新しく蘇我馬子が任命された。このように敏達は非蘇我系であるが、この時期には物部氏のほうが有力であった。

敏達没後に即位した用明天皇は、欽明と蘇我稲目の女堅塩媛との間に生まれた長子で、はじめて蘇我腹の天皇が生まれた。蘇我氏の力がようやく物部氏を上まわってきたのである。この敏達・用明朝では、仏教の受け入れをめぐって蘇我氏と物部・中臣氏との対立が続いた。争いは単なる仏教受容問題ではなく、氏族間の政治的対立であった。

ところが、発病した用明が仏教への帰依を群臣に申し入れたことで、政局が大きく動くことになった。用明の態度に物部守屋と中臣勝海が反対したが、蘇我馬子は支援した。こうしたさなか蘇我系の群臣の策謀を察知した守屋は、河内の別邸がある阿都（今の大阪府八尾市跡部）に退いて人を集めた。勝海も、軍衆を集めて大連につき、太子押坂彦人大兄と竹田皇子（敏達と額田部皇女〈後の推古天皇〉との子）とを呪詛した。

二人は有力な王位継承者であったが、ことがうまく運ばなかったので変心し、次に押坂彦人大兄につくことにしたが、その舎人に殺されてしまった。守屋が馬子に「群臣の策謀を聞きおよんで、別邸に引き込んだ」と伝えたので、両者は武装して対峙するようになった。

用明の没後に、物部の軍衆が動いた。馬子は、額田部皇女を奉じて、守屋が即位を企図した穴穂部皇子（欽明と稲目の女小姉君の子）と宅部皇子（宣化の子）を誅殺した。そして、諸皇子と相談して、守屋を滅ぼした。新しく即位したのは用明の弟である崇峻天皇で、馬子を大臣に再任したが、大連は立てなかった。ここに大臣・大連制がなくなり、大臣一本になった。

崇峻朝には目立った国内の政治はない。加耶復興のため、二万人の軍が筑紫に派遣されている。ところが、崇峻が馬子を疎んじる発言があったという。伝え聞いた馬子が、「東国の調」を献上すると詐って崇峻を儀礼の場に呼び寄せ、東漢駒に命じて崇峻を暗殺させた。儀式の場における天皇暗殺事件である。

女性天皇の即位

『古事記』『書紀』には、天皇殺害事件がもう一つある。子どものころに父親を殺されたという眉輪王が、安康天皇を殺すという記事である。同じ天皇殺害でも、その規模と性格で政治的影響がまったく異なる重大事件であり、一つの政治的危機であった。

従来のヤマト王権の王位継承は、群臣の推挙という手続きを経て、①兄弟継承、②「天皇」の長子たる大兄による継承、という二つの原理によって行なわれていた。群臣が推挙するのであるから、群臣のまとまりが必要であった。

当時の候補者は、欽明の孫の世代が考えられる。敏達と額田部皇女の子竹田皇子、用明の子である厩戸皇子、そして用明朝の太子押坂彦人大兄（すでに死亡していた可能性が高い）の三人がいる。三人は、用明朝に押坂彦人大兄が太子になっているので、次の王位になる世代として意識されていたであろう。

ところが、三人とも二〇歳前後の年齢であり、若かったのである。当時、天皇に即位できる年齢は三五歳以上と思われ、欽明の孫の世代には適任者はいなかった。

【継体から持統天皇までの即位年齢】
三〇歳代　欽明（31）、敏達（35）、推古（39）、舒明（37）
四〇歳代　用明（46）、崇峻（45）、皇極（49）、天智（43）、天武（44）、持統（46）
五〇歳代　継体（58）、孝徳（50）
六〇歳代　安閑（66）、宣化（69）、斉明（重祚62）
＊傍線が女帝

このような政治情勢のなかで、蘇我氏の主導のもとで群臣の推挙によって、敏達の皇后であった額田部皇女が即位した。ヤマト王権が始まって以来、最初の女性天皇となる推古天皇である。

推古の幼名は額田部皇女で、欽明三二年（五七一）に敏達天皇の妃となり、敏達五年（五七六）に皇后広姫（ひろひめ）の没後、新たに皇后となった。ただし、「皇后」の語は飛鳥浄御原令（あすかきよみはらりょう）（六八九

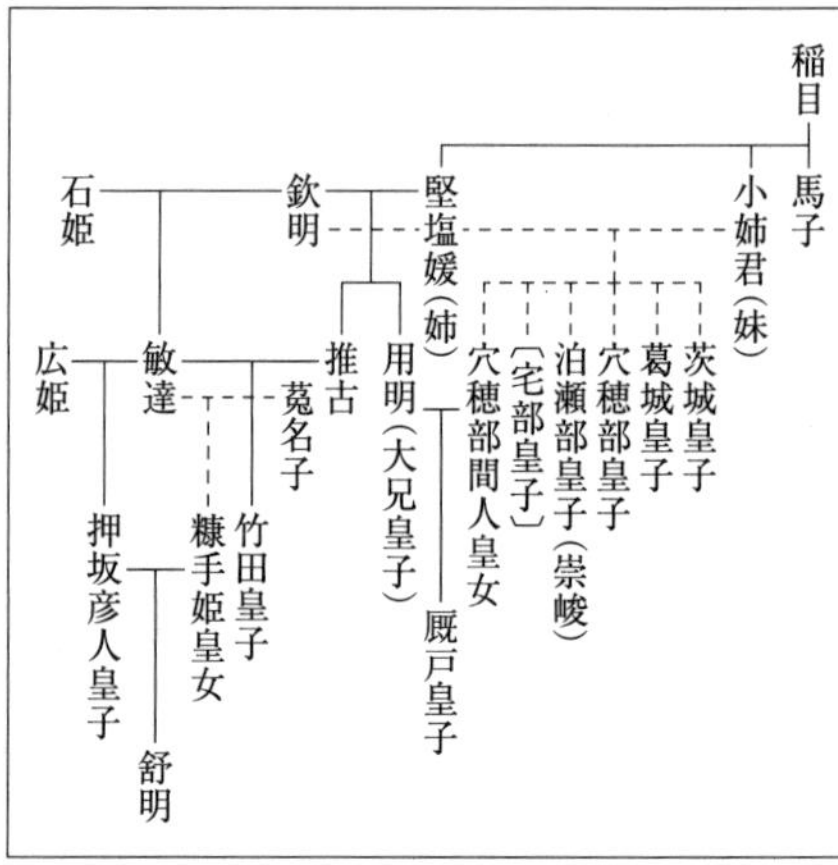

図Ⅱ-4-1　王室系図

年）からなのでまだ存在せず、尊称として大后と呼ばれた。この時期の皇后は、夫の天皇とともに一定の政治的権限を行使していた。こうした政治的実績が評価されたことはいうまでもなかろう。

厩戸皇子と政治

推古即位の翌年、推古元年（五九三）に厩戸皇子（聖徳太子）が立太子した。『日本書紀』には「厩戸豊聡耳皇子を立てて、皇太子とす。仍りて録摂政らしむ。万機を以て悉くに委ぬ」と記されている。「皇太子」の語も飛鳥浄御原令からであり、この文章は後の知識によって潤色されている。『隋書』には「太子を名づけて利（和か）歌弥多弗利となす」とある。この時期には、「太子」は「和歌弥多弗利」と読まれていたのであろう。

ところで、「摂政」は平安時代の摂関政治の「摂政」とは異なっている。また、職務内容が「万機を以て悉くに委ぬ」かどうかは、独自の検討が必要である。厩戸皇子の伝記である『上宮聖徳法王帝説』には、「少治田宮御宇天皇の世に、上宮厩戸豊聡耳命、島大臣と共に天下の政を輔けて、三宝を興し隆にす。元興と四天皇との等き寺を起つ。爵十二級を制る」とある。実際には、推古女帝のもとで蘇我馬子とともに共同で政治を執っていたということではなかろうか。「天皇暗殺」後の政治情勢で、蘇我氏の権勢を軽視できないからである。

「爵十二級」とは、「徳・仁・礼・信・義・智」の六項目に、大・小をつけ加えた冠位十二階制のこと。『隋書』にも「内官に十二等あり」とみえる。ただし、蘇我氏は授与されるほうではなく、授ける側の立場であった。それまでは所属している氏集団の性格によって決まっていた政治的地位を、個人の業績をも評価しようとした制度である。推古朝における官司制の発展と関係している。推古紀には「馬官」（推古元年条）、「寺司」（推古四年条）、また釈迦三尊像の台座銘に「尻官」などがみえ、官司制の萌芽期にあたると思われるが、推古朝の官制は必ずしもよくわからない。

さて、太子撰とされるのが、憲法十七条である。『書紀』に「皇太子、親ら肇めて憲法十七条作りたまう」とあり、十七条の条文が記載されている。主に官人が守るべき社会的・道徳的規範を説いたものであるが、推古朝にふさわしいかどうかが問題である。第一二条に「国司」の語がみえるが、これは大宝令（七〇一年完成）の用語である。つまり、条文の一部には、後の知識で潤色されていたことがわかるが、大要は認めてさしつかえないだろう。

遣隋使の派遣

推古朝には、加耶復興をめぐり、新羅との外交関係が緊張した。推古八年（六〇〇）には、新羅征討を決意し、将軍を新羅に派遣した。推古一〇年には、厩戸皇子の弟来目皇子を撃新羅将軍に任命し、二万五千人の軍衆とともに筑紫に派遣した。しかし、来目皇子が筑紫で病死し、任が果たせなかった。推古一一年には、異母弟の当摩皇子を征新羅将軍に任じたが、妻の舎人姫王が赤石（旧播磨国明石郡）で没し、征討は中止された。

ところで、中国では、五八九年（崇峻二）に隋が中国を統一した。推古八年に第一回の遣隋使が派遣されたことが、『隋書』倭国伝に記載されている。推古一五年の遣隋使小野妹子が持参した国書には、「日出ずる処の天子、書を日没する処の天子に致す」と書き記されていた。隋の煬帝は、「蛮夷の書、無礼なる者あり、復た以て聞することなかれ」と怒り、不快感をあらわにした。東夷の国が、隋皇帝と同等の「天子」を名乗ることは許されなかったのである。倭国の視点に立てば、五世紀における中国との冊封関係から離脱し、対等な関係で対隋外交を結ぼうとしたのである。煬帝は、その怒りにもかかわらず、裴世清を倭国に派遣した。

なお、中国では煬帝による高句麗遠征が失敗し、六一八年（推古二六）に唐が建国した。倭国には、高句麗使によって「隋の煬帝、三十万の衆を興して我を攻む。返りて我が為に破られぬ」と伝えられた。推古三一年、唐から帰国した恵日らは、「大唐国は、法式備り定れる珍の国なり。常に達うべし」と奏上している。その唐は六二八年、全土を統一した。

飛鳥寺と斑鳩寺

『日本書紀』によれば、蘇我氏は物部氏との戦いに勝利すれば寺塔を建てると誓って臨んだ。

物部戦争の勝利後、崇峻元年（五八八）から飛鳥寺（法号は法興寺）の建立が始まった。国内では、最初の本格的な寺院建設である。崇峻五年に仏堂と回廊、推古元年（五九三）には仏舎利を心礎に納めて塔の心柱を建て、四年にその塔が完成した。塔のまわりに三金堂（東金堂・中金堂・西金堂）を建て（一塔三金堂形式）、回廊で囲む伽藍配置であった。高句麗の清岩里廃寺（現平壌市）などに類例がある。現在の飛鳥寺（安居院）は中金堂の位置にあるが、創建時の石座上に仮設の台座が設けられ、飛鳥大仏が安置されている。頭部の頭頂部や頭髪部などの一部が、当時の大仏の姿である（藤岡穣 説）。

さて、厩戸皇子が斑鳩宮に移住したのは、推古一三年。その前後に斑鳩寺建立が開始された。現在の法隆寺（西院伽藍）ではなく、その南東に位置する若草伽藍である（現在は心礎が残る）。金堂と塔が縦列になる四天王寺式の伽藍配置で、斑鳩宮と一体の計画で建設された。ただし、斑鳩寺の建立のほうが四天王寺より古いので、本来ならば「斑鳩寺式」といわねばならない。斑鳩寺は、天智九年（六七〇）に火災に見舞われた。現法隆寺は再建された建物であるが、創建時の伽藍配置ではなく、金堂と塔が東西の横に並ぶ法隆寺式という新タイプである。

なお、対物部戦争で戦勝を祈願したのは馬子だけではなく、厩戸皇子も四天王像に祈って勝利し、四天王寺を建立した。四天王寺の発掘調査や出土瓦の研究によれば、四天王寺の瓦は飛鳥寺や斑鳩寺より一時期新しく、金堂は斑鳩寺金堂の造営が一段落したあとに造られた可能性が高い。また、塔は大化四年（六四八）頃、講堂と回廊はさらに遅れて七世紀後半に完成したといわれる。

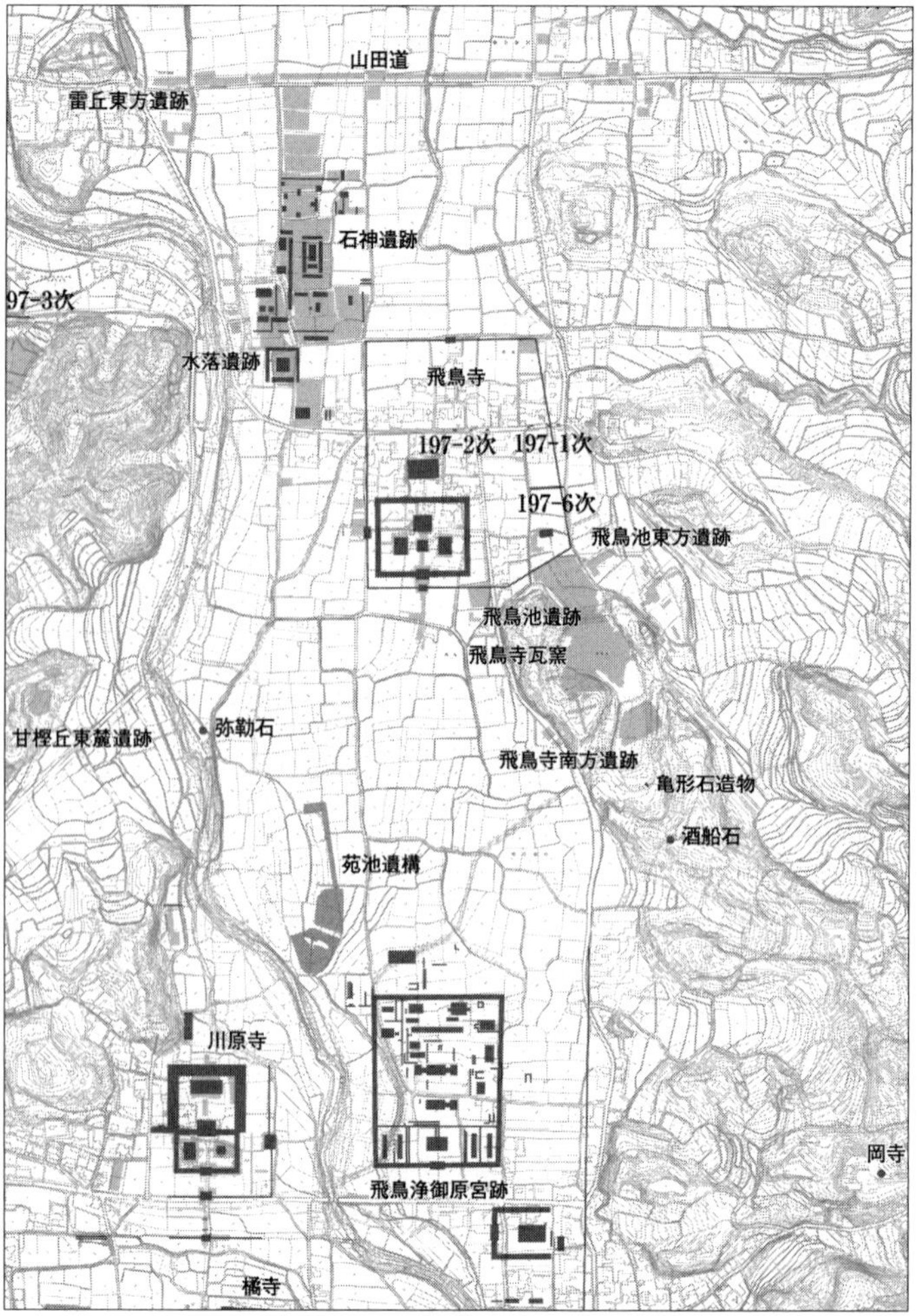

図Ⅱ-4-2　飛鳥遺構図(奈良文化財研究所／2019)

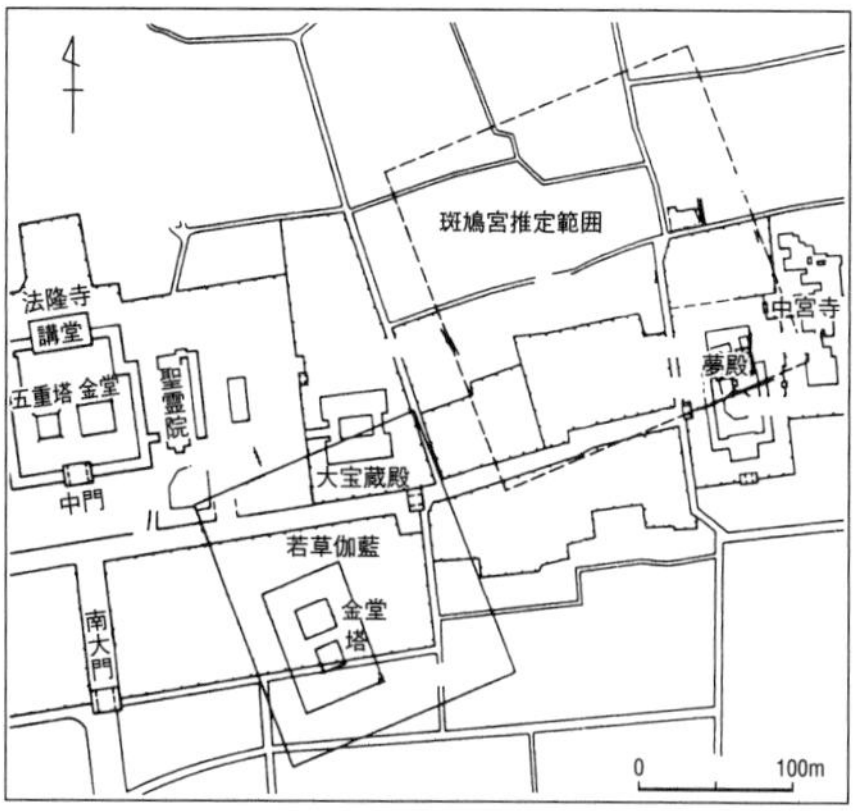

図Ⅱ-4-3　斑鳩遺構図（花谷 浩／1997より）

このように、三寺の建立は飛鳥寺がもっとも古く、次に斑鳩寺、やや遅れて四天王寺という順になる。三寺の軒丸瓦は同じ木型の瓦笵で造られており、造営順も百済から渡来した技術者の工程によるところが大きい。蘇我氏と厩戸皇子とが、寺院建立においても密接な協力関係をもっていたことがわかる。

〔女性天皇の歴史〕

日本列島における女性の王は、『魏志』倭人伝にみえる倭国の女王卑弥呼が最初で、卑弥呼亡き後、壱与（台与とも）が続いた。二人とも男王が即位すると、国中が治まらないという政治状況であった。しかし、卑弥呼が居住していた邪馬台国は、ヤマト王権と直接つながらない。しかも、二人の前後は男王であった。

『書紀』と『古事記』では、皇后の身分で列島を統治した神功皇后が、実質上の国王であった。『書紀』においては仲哀天皇の皇后にもかかわらず、天皇紀と同じように一巻があてがわれ、治世は「六九年間」に及ぶ。ただし、神功皇后が実在した可能性は低い。また、伝承上の人物としては飯豊皇女がいる。清寧天皇の没後、顕宗天皇が即位するまで「臨朝秉政（政を執る）」

		女帝（女王）	皇后の経験	次の天皇	備　考
第1期	A	①卑弥呼			
		②壱与			卑弥呼の宗女
	B	③神功皇后	有	子の応神	
	C	④飯豊皇女			
		⑤春日山田皇女	有		即位を要請される
第2期	D	⑥推古天皇	有	舒明	
		⑦皇極天皇	有	弟の孝徳	
		⑧斉明天皇（皇極重祚）	有	子の天智	
		⑨倭姫	有		即位を要請される
		⑩持統天皇	有	孫の文武	
		⑪元明天皇		娘の元正	太子草壁皇子の妃
		⑫元正天皇		甥の聖武	
		⑬孝謙天皇		淳仁	
		⑭称徳天皇（孝謙重祚）		光仁	

＊要請された女性と実質上の女王･女帝を含む。

図Ⅱ-4-4　古代の女王と女帝

したという。なお、平安時代の歴史書『扶桑略記』は、第二四代「飯豊天皇」としている。

六世紀代には宣化没後、即位を要請された欽明が、幼少という理由で断り、「安閑皇后」の春日山田皇女の即位を要請している。欽明の年齢は三〇歳と思われるが、三五歳の適齢期説でいえば、説明がつく。実際には、欽明が即位している。なお、推古の即位にあたっては、春日山田皇女の例が参照されたかもしれない。

〔厩戸皇子（聖徳太子）〕

厩戸皇子には、多くの名前がある。人口に膾炙されている「聖徳太子」という名称の初見は、天平勝宝三年（七五一）に成立した現存最古の漢詩集『懐風藻』である。そのほか「厩戸豊聡耳皇子」「豊聡耳法大王」「法主王」「豊聡耳聖徳」などの名前がある。「豊聡耳」は聡明さを強調するものであるが、「生れましながら能く言う」というようなことは事実としてありえない。また、「聖徳」は贈り名の「諡号」の可能性が高い。生前中の名前である厩戸皇子といい、当時の権勢者の蘇我馬子といい、「馬」の言葉が共通していることが注目される。

父は用明天皇、母は用明の異母妹穴穂部間人皇女で、敏達三年（五七四）に誕生したという。幼児期は、父の王宮である磐余池辺双槻宮の南の上殿に居住したので、「上宮太子」とも呼ぶ。後に、矢田丘陵の南端部の斑鳩に斑鳩宮を造って、移り住んだ。飛鳥から筋違道（太子道）と呼ばれる斜行道路が走る斑鳩は、富雄川をはさんで反対側に額田部氏の本拠地額田部丘陵がある。額田部皇女（推古）は、この額田部氏との関係が強い。つまり、斑鳩は推古との関係が想定される交通の要衝地であった。

仏教の学修では、高句麗僧の慧慈に師事した。慧慈は飛鳥寺に居住した。仏教の面でも蘇我氏との関係が強い。厩戸皇子は、法華経・勝鬘経・維摩経の三経義疏を撰述したといわれるが、維摩経義疏は別人の著作であろう。なお、これらの経典の教義は、出家せずに在俗生活のまま仏教の理想を実現しようとする。厩戸皇子は、こうした経典に強い関心を抱いていたのである。

〔憲法十七条〕

「和なるを以て貴しとし、忤うること無きを宗とせよ」（第一条）から始まる憲法は、どのような性格をもっているのであろうか。「篤く三宝を敬え。三宝とは仏・法・僧なり」（第二条）というように仏教への帰依を説くが、推古朝の仏教興隆策からみて当然のことであろう。しかし、礼を強調する儒教的精神も強く、法家的な国家観も述べられている。

憲法には、君（王）・臣（群卿百寮／官人）・民（百姓）の三階層が取り上げられている。この三者間における人間関係や道徳・社会規範が、憲法の主な内容である。その特質は、「国に二の君非ず。民に両の主無し」（第一二条）とあるように王の絶対性を主張することである。したがって、第一条の「和の精神」も王の専制的支配を前提とした訓戒ということになる。

そして憲法には、これまでの氏族制的な秩序を越える君—臣—民の政治的関係が強調され、「諸の官に任せる者、同じく職掌を知れ」（第一三条）とあるように、新たな「官司」制の原理を導入している。「群卿百寮、早く朝りて晏く退でよ。公事盬なし。終日に尽し難し」（第八条）という具体的指示もある。小治田宮における政治を意識したものであろうか。

ただし、「国司」の語にみられるように、憲法には後の知識による潤色があり、『書紀』の本文そのものを当時の文章として扱うことはできない。全体としてみれば、六〇〇年の遣隋使が、隋の皇帝から倭国王の政務方法を注意され、訓導されたことを契機としている可能性がある。

〔法隆寺再建論争と新しい謎〕

かつて法隆寺（斑鳩寺）の再建・非再建論争があった。『書紀』の火災記事が事実かどうかをめぐる論争である。実は旧法隆寺（若草伽藍）の火災記事は、『書紀』に二か所みえる。天智八年（六六九）是冬条に「斑鳩寺に災けり」、天智九年四月条に「夜半の後に、法隆寺に災けり。一屋も余ること無し」とある。

火災の記事は、若草伽藍の発掘調査で焼土が見つかったことで明らかになった。しかし、天智九年四月条によれば、全焼したことになる。全焼となれば、仏像が持ち出せたかどうかなど、いくつかの問題が派生する。また、確度が高い部材の年輪年代法での調査では、金堂の部材の一部は六六八～六六九年の伐採であるという。金堂は、火災以前に建てられていた可能性もでてきた。

ところが、現法隆寺の心柱は、年輪年代法（三二頁）によって外側の年輪が五九四年であることが判明している。五九五年に伐採されたのであろう。『書紀』によれば、再建された法隆寺は、早くとも六六九年以降であるから、七十数年の隔たりがある。現法隆寺の心柱が旧法隆寺（斑鳩寺）の心柱を使ったとは限らないが、その前後の時期に造営された寺院の建築材を再利用した可能性が出てきた。

また、近年新たに「尻官」「書屋」「辛巳年」（推古二九年／六二一）などの墨書が見つかった釈迦三尊像台座の問題もある。この銘がある木材は、建物の扉口の転用材という。釈迦三尊像は推古朝製作と想定されているが、台座の木材はなぜ転用材が用いられたのであろうか。

とどのつまり、『書紀』に書かれたように斑鳩寺がほんとうに全焼したのかどうか、改めて『書紀』の記述の史料批判が必要になってきた。新しい謎の誕生である。

5　大化の改新

乙巳の変

六四二年から六四三年にかけて、朝鮮半島に激震が襲った。六四二年九月ないし一〇月に、高句麗において大臣の泉蓋蘇文が国王の栄留王を殺害し、その弟の子宝蔵王を即位させ、実権を掌握するというクーデターが起こった。一方、百済では六四三年正月に、国王の母が没し、国王の弟や子どもが追放されるという事件があった。このように貴族が実権を握る高句麗型の政変と、国王が権力を集中した百済型の政変が倭国に伝えられた。

この前後の『日本書紀』の半島関係の記事には錯誤があり、皇極元年（六四二）二月条に記されている。倭国に伝わった半島の政治情勢は、倭国の政局に大きな影響を与えることになった。こうした東アジアの政治情勢は、巨視的にみれば強大化した唐帝国の発展によって、周辺諸国が権力集中を余儀なくされてきた結果と評価できるだろう。

当時の列島では、皇極天皇のもとで蘇我蝦夷・入鹿父子が権勢を振るっていた。半島から政変が伝えられて国内情勢が緊張していくなか、唐から帰国した南淵請安に学んでいた中大兄（後の天智天皇）と中臣鎌足とが図って、入鹿の暗殺を計画した。

決行の日として、「三韓の調」が献上される日が設定された。朝鮮半島から「調」が貢納される儀式には、時の天皇の皇極と入鹿が参列するからである。仕組まれた儀式であったが、百済・新羅・高句麗使が参列する条件は存在した。儀式のさなか、入鹿は殺された。翌日には蝦夷も自尽し、ここに蘇我本宗家は滅んだ。クーデターは乙巳年（六四五年）に起こったので、「乙巳の変」と呼んでいる。

譲位と大化の改新

皇極が譲位し、同母弟の孝徳天皇が即位した。これまでの天皇位は終身位であったが、はじめて生存中に譲位が行なわれた。王権の歴史にとって、生前譲位は画期的な出来事であった。『書紀』によれば、中大兄を「皇太子」、阿倍内麻呂を左大臣、蘇我倉山田石川麻呂を右大臣とした新政権は、飛鳥寺の大槻（ケヤキの大木）のもとで誓約を行なって政権の結束を固め、「大化」と改元した。改新政権は「東国国司の詔」を出し、「鐘櫃の制」や「男女の法」を定めた。そして、大化元年（六四五）九月には古人大兄の「謀反」を鎮圧し、その後、難波に遷都した。

大化二年正月に、新政権は改新の詔を発布した。「子代の民・屯倉」と「部曲の民・田荘」を廃止して「食封」を支給する第一項から、地域の行政組織や駅制を設定する第二項、公民支配と田制の第三項と、税制改革を示す第四項が詔の内容である。中・高校の教科書では、これを「私地私民制」から「公地公民制」への転換と説明することが多い。部民制の廃止による改革が、統一的な公民制支配への転換を意味したことは事実である。しかし、田地の領有が「私地」から「公地」へと変換したというような歴史的評価は難しい。ここでは、改新の詔によって部民制から公民制へ転換したと捉えておきたい。

改新の詔は、後の大宝令（七〇一年完成）の用語によって、「評」の字を「郡」とするように潤色されている。『書紀』に記された詔が、元のままの「原詔」とはならない。かつて改新の詔を全否定する説もあったが、原詔は存在していた可能性が高い。しかし、原詔の復元は、いまだ今後の研究課題である。

孝徳朝の改革

孝徳朝における重要な政治改革は、評制の実施である。大化前代の国造制が廃止され、新たに「評」という地方行政組織がつくられた。改新の詔の第二項に「初修京師、置畿内国司・郡司・関塞・斥候・防人・駅馬・伝馬、及造鈴契、定山河」とあるように、改新の詔では「畿内国司」と「郡司」（「郡」の字は、実際は「評」）が定められた。評の文字は、大宝令施行以降は「郡」と表記されるが、「郡司」の用語は大宝令によって潤色されていた。当時の官職名では、「評督」などの名称であったと思われる。「常陸国風土記」によれば、評制の実施は大化五年（六四九）になるが、孝徳朝には全国的に評が立てられた（立評という）。

畿内の範囲については、改新の詔は律令制とは異なっている。つまり大和・河内・摂津・山背の令制国を集めた四畿内ではなく、東・西・南・北の四至によって範囲が定まる畿内であった。この令制国は、天智朝には施行されていた。

なお、「常陸国風土記」の記事によれば、五〇戸を単位として立評した可能性が高く、第四項に規定された税制の単位も五〇戸なので、五〇戸単位に公民を掌握する制度も孝徳朝に始ま

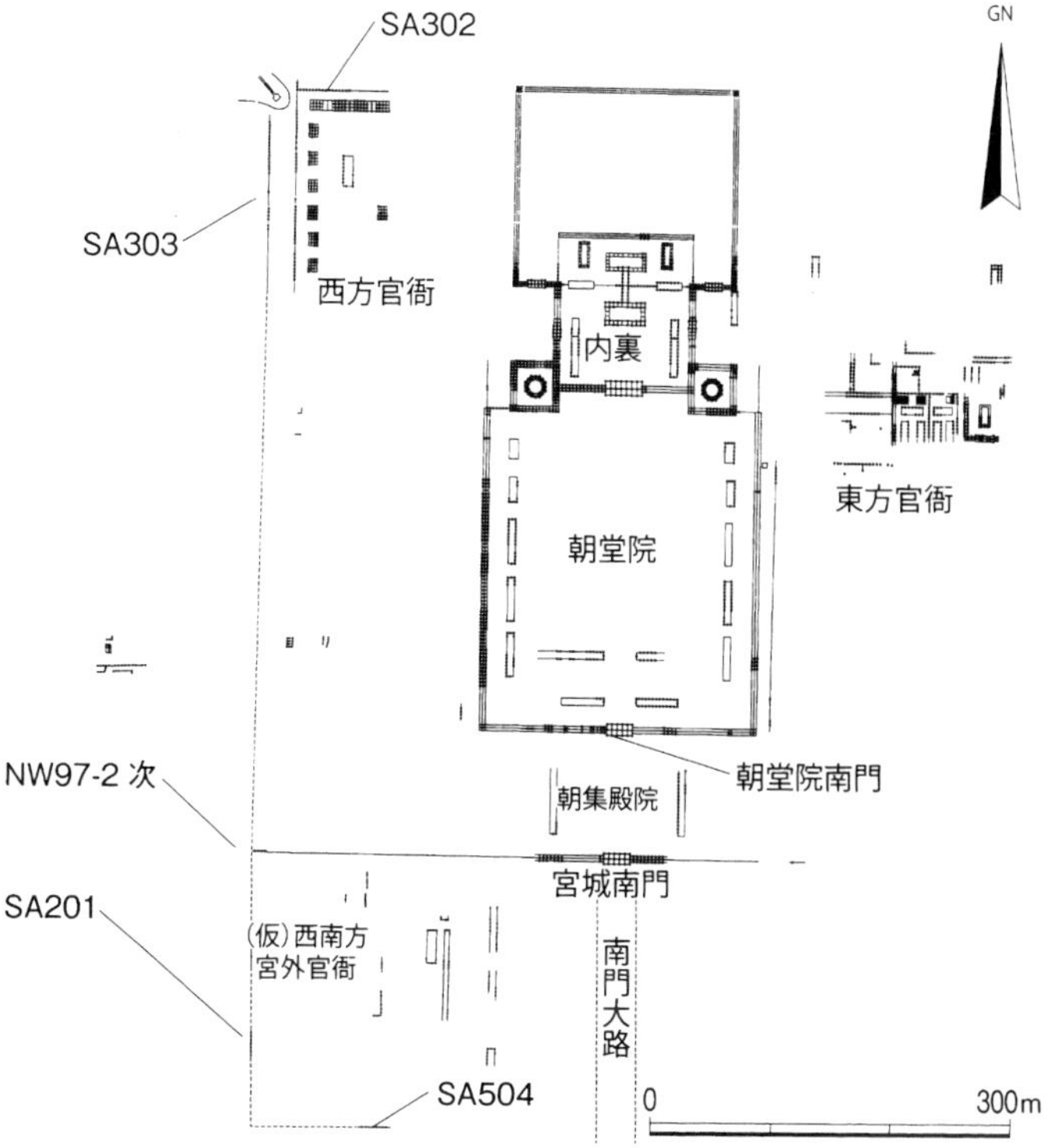

図Ⅱ-5-1　前期難波宮(市川　創／2020)

ったと考えていいだろう。この五〇戸は、後に「里」と呼ばれる単位となる。評の下部単位である五〇戸は、飛鳥浄御原令より古いことはまちがいない。紀年銘をもつ最古の木簡は「乙丑年」で、天智四年（六六五）である。前期難波宮遺跡からは、孝徳朝にさかのぼりうる「玉作五十戸」の木簡も出土している。

さて、難波に遷都した孝徳天皇は、いくつかの行宮を転々とした。やがて、白雉三年（六五二）に難波長柄豊碕宮が完成した。大阪市中央区法円坂にある前期難波宮の遺構である。東西それぞれに七堂の庁堂をもち、一四堂が所在する「朝堂院」が発見されている。藤原宮や平城宮は一二堂、また後期難波宮は八堂であるから、日本では異色の朝堂である。当時の官人の職務が、庁堂で行なわれていたので多かったのだろうか。その理由は推測するほかないが、後には宮の外に曹司（執務する庁舎）が多く設置され、実際の職務は曹司で行なわれたのであろう。

孝徳朝の改革で注目したいのは、大化二年三月の詔である。詔は、①大化薄葬令、②旧俗に対する一二条の改正、③市司（市の管理者）と交通要路の津済（河川の渡し場）の手数料の廃止、④農繁期の田地経営に「美物と酒」（魚酒）を禁ずる命令、の四条からなる。旧俗は「愚俗」とも呼ばれているが、旧来の風俗を改める革新的な試みであり、新たな礼制を導入する重要な改革であった。

斉明女帝の重祚

孝徳朝の改革は天皇首班で行なわれていたが、白雉四年（六五三）、太子の中大兄は大和へ戻ることを申し出、孝徳の皇后・間人皇女と退位した皇極天皇を引き連れて、飛鳥河辺行宮に移ってしまった。残された孝徳は、引き続き難波宮にとどまっていたが、白雉五年に病死した。斉明元年（六五五）正月に、飛鳥板葺宮において皇極が再び即位した。斉明天皇である。一度退位した天皇が即位することを重祚という。中大兄は引き続き太子として政務にかかわったが、女帝再登場の背景に、孝徳の子有間皇子の存在があっただろう。斉明にとって、有間皇子は弟孝徳の子どもである。

斉明三年、狂人を装った有間皇子は、紀伊国牟婁温湯（現和歌山県白浜町の温泉）に出かけ、病気が治癒したと称して牟婁の地を讃めた。翌年、斉明は国讃めされた牟婁温湯に行幸した。その間、留守官の蘇我赤兄が有間皇子に「斉明天皇の三失政」を語ったという。①倉庫を建てて、財物を集積したこと、②長い溝を掘って、国の食料を消費したこと、③石を船で運び、丘を造ったこと、である。ところが、これは蘇我赤兄の「挑発」であったようで、有間皇子は赤兄に捕らえられ、牟婁温湯に護送されて殺害された。

「斉明天皇の三失政」とされた事業は、実際に行なわれた公算が強い。斉明は「興事を好む」と評されたが、香具山の西から石上山（天理市の豊田山）まで渠を掘り、「狂心溝」と称された。その渠を使って、岡本宮東の山に石垣を造成したり、石の山丘を造ったりしたという。石垣や石の丘は、明日香村大字岡に所在する酒船石遺跡がふさわしい。また、狂心溝は、酒船石遺跡・飛鳥坐神社・奥山久米寺付近で人工の大溝跡が見つかっており、その遺構であろう（『飛鳥史跡事典』）。

このほか斉明朝には、苑池などの大土木工事も実施され、明日香村の石神遺跡の第一期が斉明朝の遺構である。また、斉明六年（六六〇）に中大兄が造った漏刻（水時計）は、水落遺跡にあたる。このように斉明朝から天武朝にかけて、飛鳥諸宮に付属した苑池や石敷き庭園が整備されていった。近い将来、『書紀』に書かれた記述の全貌が遺跡として明らかになるだろう。

白村江の敗戦

斉明六年、百済からの使者が、百済・倭国連合が新羅・唐連合軍に敗北したと伝えた。さらに百済遺臣の鬼室福信が、唐人の捕虜を献上し、倭国に滞在していた人質の王子余豊璋の帰還と救援軍の派遣を求めた。六七歳の斉明は福信の要請を受け入れ、余豊璋を帰国させることにした。

自ら西征した斉明は、瀬戸内海を通って、筑紫の那大津（今の福岡市の博多港か）に到着した。そして朝倉宮（今の福岡県朝倉市）に移ったが、思いがけず現地で没してしまった。その日、中大兄が称制（正式な即位儀礼なしに政務をとること）した。やがて、前将軍阿曇比邏夫と後将軍阿倍引田比邏夫らからなる二軍編成の外征軍を派遣し、余豊璋を百済国王位につけて帰国させた。百済はこれまで倭国の朝貢国であったが、今回は百済国王に冊封したのである。

ところが、百済では遷都問題をめぐり、内紛が起こる始末であった。天智二年（六六三）、前将軍上毛野稚子、中将軍巨勢神前訳語、後将軍阿倍引田比邏夫らの三軍編成からなる新羅征討軍二万七千人を遣わした。そうした最中、今度は百済国王余豊璋が鬼室福信を謀反の疑いで殺害した。そして、決戦に挑んだ白村江（はくそんこう）において、百済・倭国連合軍は、唐・新羅連合軍に大敗した。余豊璋は高句麗に逃亡したというが、倭の軍勢は倭国に戻らざるをえなかった。

〔改新の詔の構造〕

改新の詔は、四項の主文と一三の副文（凡条）からなる。主文の主眼は、「①昔在（むかし）の天皇等（たち）の立てたまえる子代の民・処処（ところどころ）の屯倉、及び、別には臣・連・伴造・国造・村首の所有（たもて）る部曲の民・処処の田荘を罷（や）めよ。②初めて京師を修（おさ）め、畿内国（うちつくに）の司・郡司・関塞（せきそこ）・斥候（うかみ）・防人（さきもり）・駅馬・伝馬を置き、鈴契（すずしるし）を造り、山河を定めよ。③初めて戸籍・計帳・班田収授之法を造れ。④旧の賦役を罷（や）めて、田の調を行え」である。②の主文に副文が五条、③に二条、④に六条がつく。

このうち、②の主文と副文にある「郡司」と「郡」、③の副文にある「町段歩」の文字は大宝令の語句であり、改新の詔が大宝令によって潤色されていることはまちがいない。そのなかに（a）大宝令条文と同じ文章のほか、（b）大宝令条文とは原理・規模を異にする副文、（c）大宝令には対応する条文がない副文がある。（b）（c）には、元の改新の詔（原詔）に存在していた可能性が高い。

かつて改新の原詔は和文で書かれており、『書紀』が漢文化した際に大宝令を利用したとする考え方があった。しかしながら、この時期の文章は和文で表記することは不可能であり、原詔は漢文で書かれていたのである。したがって、潤色の理由は別に求めなければならない。

そこで注目されるのが、明白に大宝令で潤色された「郡」「町段歩」の文字である。当時の言葉は、「郡（コホリ）」が同じ日本語読みの「評」、「町段歩」は「代」であった可能性が高い。「評」と「代」の文字に共通する事実は、朝貢国扱いをしている朝鮮諸国の行政単位と面積単位であった。

朝貢国としている国の名称を使用することは、大国の政治意識として好ましくなく、朝鮮系の表記を避けたと思われる。なお、『書紀』にみられる「郡」「町段歩」の文字は、当時の中国の唐でも使われておらず、東夷の小帝国である倭国の面目を強調したものと思われる。つまり、潤色の理由としては、詔にみられる行政組織の「評」や面積単位の「代」など、朝貢国とした朝鮮諸国の制度に基づく行政区画名と土地単位を抹消し、中国と比肩できる律令制国家の始原として、改新の詔を提示することにあったと思われる。

なお、前述したように改新の詔の第一項を「私地私民制」から「公地公民制」への転換と捉え、律令制国家の政策基調を「公地公民制」と捉える学説がある。律令制下における、口分田は「私田」と認識されており、「私地」であった。律令法では、口分田を「公田」「公地」とする法意識は存在していなかった。当時の歴史意識と「公地公民制」の学術用語は乖離しており、この用語の使用は避けるのが望ましい。

〔前期難波宮から出土した歌木簡〕

孝徳朝の難波宮と考えられるのは、大阪市中央区法円坂に所在する前期難波宮の遺構である。

その難波宮の「朝堂院」地区西南部から、「はるくさ」木簡と呼ばれる歌木簡（歌詞が記されている木簡）が出土しており、六五〇年前後の時期といわれる。現在、列島における最古級の歌木簡である。

その歌詞は、「皮留久佐乃皮斯米之刀斯□」であるが、平かなで表記すれば「はるくさのはじめしとし□」となる。ほかの七世紀代の歌木簡と同じように、一字一音の「漢字かな」（「音がな」と「訓がな」の総称）で書かれている。「はるくさ」は春草、「はじめ」は初めのことであり、「春草の初め」として読めば、歌詞の可能性が高い。次の「之刀斯」を「音がな」で読めば「しとし」、「之」を「訓がな」の「の」と読めば、「はじめのとし」となり、意味が通じやすい。

こうした問題点はあるが、歌詞と思われる「春草の初め云々」は、五（はるくさの）七（はじめしとし□）という五七の形式をとっていた可能性が高い。「音がな」か「訓がな」かの問題は残るが、おそらく原則的には「音がな」（仮借（かしゃ））で表記されていたと思われる。

ところで、「はるくさ」木簡は、前期難波宮の遺構からしか出土していないが、七世紀後半

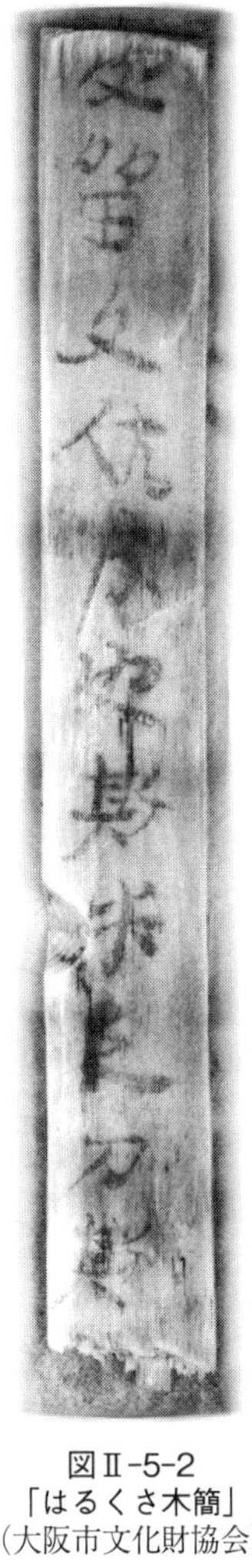

図Ⅱ-5-2
「はるくさ木簡」
（大阪市文化財協会）

に多く出土するのは、「なにはつ（難波津）」の歌木簡である。難波津を誉めあげた歌詞で、各地から出土しているが、難波地域からは現在のところ出土していない。「なにはつ」の歌詞をともなった最古級の史料は、文字瓦のヘラ書きである。ヘラ書きは、瓦の製作では焼成前に書き込まれている。奈良県斑鳩町の中宮寺跡と、奈良県桜井市にある山田寺跡から出土している。前者は「ツ尓佐久移己」で七世紀半ばから後半のもの、後者には「奈尓波」とあり七世紀代にさかのぼるという。

なお、「なにはつ」木簡の完全に近い歌詞は、「奈尓皮ツ尓佐久矢己乃皮奈布由己母利伊真皮々留部止佐久□（矢カ）□□□（皮カ）□（奈カ）」（藤原京木簡一六一三）で「なにはつにさくやこのはなふゆごもりいまははるべとさくや□□はな」である。大半は「音がな」であるが、「矢」「真」「部」「止」の字は「訓がな」である。これら「はるくさ」木簡や「なにはつ」木簡の記載漢字は、『書紀』歌謡の文字とは必ずしも一致しないので、規定された文字（テキスト）が使われていたわけではない。

〔社会風俗の改定〕

大化二年（六四六）三月に出された社会風俗に関する詔は、四項目からなる。①は大化薄葬令といわれ、王から庶民までの石室・墳丘などの墓の規模や造墓日数を定め、そして殯の施設を禁止する。ただし、薄葬令は必ずしも守られていないが、薄葬令に準拠している墳墓もあるという（大阪府高槻市の阿武山古墳）。今後の議論が必要である。

②の旧俗の改正（ないし愚俗の改廃）とは、結婚・離婚などの婚姻規制や、役民が都へ往復する途次における炊飯や病死に対する規定である。都に上る民衆と、地域共同体の社会規範との調整を試みた規定も記されている。そして③は、各地の市の管理者（市司）や交通要路の渡し場（津済）の渡し守（渡子）が手数料を取ることを禁止し、代わりに田地を与える規定である。民衆の往来を容易にする措置であろうか。

最後の④は、この時期の農作業に関係する興味深い史料である。旧暦における春三月の田打ち・苗代（なわしろ）づくりや夏五月の田植えなど農繁期の月には、家族労働では作業がまかなえず、他人の労働力が必要となる。その際、「美物（肴（さかな））と酒」（「魚酒」ともいう）を振る舞うことを禁止

	石室 長さ	石室 高さ	石室 広さ	墳丘 方	墳丘 高さ	役夫 人数	役夫 日数	葬具 帷帳	葬具
王以上	九尺	（五尺）	五尺	九尋	五尋	一〇〇〇人	七日	白布	轜車
上臣	同上	同上	同上	七尋	三尋	五〇〇人	五日	同上	担って行く
下臣	同上	同上	同上	五尋	二尋半	二五〇人	三日	同上	（なし）
大仁・小仁	九尺	四尺	四尺	封土せず	平らに	一〇〇人	一日	同上	（なし）
大礼～小智	同上	同上	同上	同上		五〇人	一日	同上	（なし）
庶民	（なし）	（なし）	（なし）	地に収埋		（なし）		麁布	（なし）

図Ⅱ-5-3　大化薄葬令（吉村武彦／2018）

する規定である。それまでは共同体首長の指揮による無償労働か、単なる食料提供であった慣習が、共同体の変質によって変化し、農繁期の農作業が家産の多寡による実態を規制したものである。このように孝徳朝の政府は、婚姻のあり方から農作業にいたるまで、細かい規制を設けたのである。

6　律令制の形成

天智朝における防御体制と官制

斉明没後、中大兄は太子の地位のまま、筑紫で政務を執った。白村江での敗戦が倭国に伝えられた後、ただちに飛鳥に戻ったと思われる。中大兄は、天智七年（六六八）に正式に即位したが、それまでは「皇太子摂政」（『藤氏家伝』上巻）のかたちをとった。

この間、唐の百済占領軍司令官劉仁願が、天智三年に部下の郭務悰ら、天智四年には劉徳高・郭務悰らを筑紫に遣わした。倭国との修好回復とともに、旧百済領の政治的安定化が派遣目的かと思われる。

政府は唐に対する警戒感から、天智三年に対馬・壱岐と筑紫に防人・烽を設け、筑紫には水城を築いた。この水城は、現在でも太宰府市内で堤状に残っており、当時のありさまを示している。また翌四年には、長門（今の山口県）と筑紫に亡命百済人を遣わし、古代山城（朝鮮式山城）を造営した。さらに六年には、対馬と讃岐（香川県）・大和（奈良県）に山城を築いた。こうした山城も各地で遺跡として残り、当時の朝廷の危機感を現代に伝えている。大宰府の遺跡の背後には大野城があり、石垣や土塁を見学することができる。

天智六年、中大兄は近江大津宮（滋賀県大津市）に遷都し、その翌年に正式に即位した。天智朝には、中央では太政官のもとに法官（後の式部省、官人の人事など）・理官（治部省、氏の継嗣など）・大蔵（大蔵省、租税の出納など）・兵政官（兵部省、兵士の管理など）・刑官（刑部省、裁判など）・民官（民部省、民政など）の六官が設置された。また別に、神官（神祇官、神祇祭祀など）と宮内官（宮内省、宮中の庶務など）が設けられた。

地域行政組織としては、律令制下の国と同じ令制国が生まれていた。ただし、その長官名は「国宰」で「くにのみこともち」と読まれた。この国の下に、孝徳朝に設けられた「評」（大宝令から「郡」の字）があり、国評制という二段階の地域行政組織が整った。天智九年には、全国的な戸籍である庚午年籍が作成された。後の律令法で永年保存の戸籍とされたが、地域で戸籍を作成できる政治的力量が備わってきたのである。

天智朝では、律令政治が構想され、直系の王位継承法と想定される「不改常典の法」が定まった。後の律令法には王位継承法は含まれておらず、天皇は律令法を超越した存在であった。

壬申の乱―大海人皇子と大友皇子

天智天皇が「不改常典の法」を定めたのは、子の大友皇子に王位を継承させるためと思われる。それまでの王位継承法では、天智亡きあとは、弟の大海人皇子が王位を継ぐことになる。『書紀』では、天智が即位した天智七年に立太子したと記されているが、大海人皇子の即位を正当化する記述の可能性がある。

大友皇子は、天智一〇年に太政大臣に就任し、大海人皇子の地位より高くなった。その一〇月、天智の病状が悪化し、大海人皇子が病床に呼ばれ、後事を託された。事前に注意を喚起されていた大海人は、皇后の倭姫の即位と大友皇子の立太子を勧め、出家した。その二日後、天智から吉野での仏道修行を許された大海人は、その日に近江大津宮から島宮（奈良県明日香村の島庄付近）に馬を走らせ、翌日には吉野宮（奈良県吉野町宮滝付近）に到着した。

近江大津宮の大友皇子は、正式に即位の儀を行なうことなく、政務を執り行なったと思われる。これを「称制」という。父の天智は六年間、太子のままで政治を行なっており、父の喪中（律令法では一年）に即位はできなかっただろう。

天武元年（六七二）五月、舎人たちから近江朝の政治動向を聞いた大海人は、吉野を脱出し東国に行くことを決意した。吉野に来て、半年後のことである。ここに壬申の乱が勃発した。戦いの経過をみると、初期の段階で大友軍が戦闘を開始すれば、勝利の可能性があったと思われる。しかし、大友皇子は正攻法の戦いに固執したようで、戦略・戦術に長けた大海人軍の勝利に終わった。

壬申の乱の「壬申」は天武元年の干支であるが、奈良時代の漢詩集『懐風藻』に、「（大友皇子は）壬申の年の乱に会いて、天命遂げず」と記されている。当時、壬申年に「世の中が乱れた」という風潮があったわけである。

天武天皇とその政治

『万葉集』には、「壬申の年の乱の平定して以後の歌」として、

大君は神にしいませば赤駒の腹這ふ田居を都と成しつ　（四―四二六〇）

大君は神にしいませば水鳥のすだく水沼を都と成しつ（四二六一）

の歌謡が残されている。大海人皇子は、壬申年の乱を「平定」し、「神」として神格化されるようになった。

天武は、すでに白村江の戦いの結果、王朝や国が滅びることを知った。そして、国内における壬申の乱を戦い抜いて、軍事的に勝利した。その結果、「凡そ政要は軍事なり」（天武一三年〈六八四〉閏四月条）という歴史認識を経験としてつかんだのであった。こうした軍国体制のもと、天武は専制君主として成長していった。

さて、即位した天武は、天智一〇年（六七一）の太政大臣・左右大臣を任命せず、天皇自ら親政を行なった。草壁皇子や大津皇子、また天智の子川島皇子らの皇族を登用し、皇親政治を実行したのである。そして、畿内貴族の官人への出身法を決め、官人の考課・選叙の規則を定めた。天武朝には、律令官人制につながる基本的政策が実施されたのである。

こうした法律による国家的支配の進展は、律令法の制定に収斂していく。天武一〇年には、「今より更律令を定め、法式を改めんと欲う」という詔が出されている。唐に遣わされた恵日らが、「大唐国は、法式備り定れる珍の国なり」（推古三一年条）と推古女帝に奏聞して以降、すでに半世紀が経過していた。

今日のところ、天皇の称号が確実な史料は、飛鳥池遺跡で出土した天武朝の「天皇」銘木簡である。天武が、天皇という君主号を使用したことはまちがいなかろう。専制君主としてふさわしい称号である。ところが、第Ⅳ章9節で述べるように、大阪府羽曳野市にある野中寺の弥勒菩薩半跏像台座銘には、「丙寅年」（六六六、天智五年）の干支と、「天皇」の名称がある。台座銘が当時のものであれば、天皇号の使用は天智朝にさかのぼる。いずれにせよ法的に制度化されたのは、持統三年（六八九）に施行された飛鳥浄御原令からである。

律令法の編纂と施行

律令法とは、中国で発達した体系的な法典である。一般的にいえば律は刑罰法であり、令は国家機構を運営する行政法・教化法となる。律令法の施行は、まず令が持統三年（六八九）に飛鳥浄御原令（二二巻）として実施され、大宝元年（七〇一）に大宝令（一一巻）と律（六巻）が完成した。大宝律令は、翌年施行された。養老二年（七一八）には養老律令の編纂がほぼ終了したが、実施に移されたのは天平宝字元年（七五七）である。

さて、天智一〇年に施行されたという「近江令」は、体系的法典としては成立していなかったと思われる。おそらく単行法令のかたちで、いくつか実施されたのであろう。具体的な内容は不明であるが、たとえ単行法であっても、その歴史的意義は正当に評価しなければならない。たとえば天智九年（六七〇）に作成された庚午年籍は、政府による統一的方針がなければ実現しなかっただろう。

令の施行には、二官八省という官僚制機構の設置が含まれており、日本における国家機構の成立・整備と不可分の関係にある。原理的にいえば、どのような律令法を施行するかということは、どのような官僚制機構をつくり、どのように支配・統治するかという問題である。

官僚制機構である太政官・神祇官をはじめとする中務省以下の各官司は、宮都に設置される。そのため、諸官司の建物の建設は都づくりと密接に結びついている。端的にいえば、律令法の施行と都づくりとは不即不離の関係にある。

新しい都づくりは、天武の時代から始まっていた。飛鳥浄御原令と藤原宮・京、大宝律令と平城宮・京の造営とは密接な関係が存在したと思われる。

〔遣唐使と唐令〕

日本の大宝律令は、唐の永徽律令（六五一年）を手本にして作成された。第二次（六五三年）から第六次（六六九年）の間の遣唐使を通じて、日本にもたらされた。ところが、律令法が編纂された、第六次から第七次遣唐使（七〇一年任命）までの間、遣唐使は遣わされていない。

第六次遣唐使が無事帰国したかどうかは、史料上は確かめられないが、大宝律令の編纂に参加した留学生土師甥と白猪骨は天武一三年（六八四）一二月、新羅を経由して帰国している。したがって、厳密にいえば天武一三年頃までの唐の状況は倭国に伝わっていた可能性がある。

この間、半島の百済・新羅・高句麗との外交は行なわれていたので、半島諸国の影響が反映された可能性はある。日本にもたらされた永徽律令は、九世紀後半に成立した『日本国見在書目録』に記載されている。

〔日本の律令法〕

日本の古代国家は、律令制国家というかたちで完成した。この律令法は、中国で発達した体系性をもった法典である。律は刑罰法で、令は行政法・教化法であるが、母国の中国と日本では律と令のもつ歴史的意味が異なっていた。日本では国家的支配を実現する令のほうが重視されており、実際にも令の施行が先行した。一方、律は中国の社会的規範を背景にしており、律を継受したものの日本社会では律の規定は必ずしも機能しなかった。

現在、残されている令は養老令文である。『令義解』（官撰の養老令注釈書、天長一〇年／八三三完成）と『令集解』（九世紀半ば成立。「義解」を含め養老令の諸注釈を集成した書。大宝令を注釈した「古記」を含む）によって、ほぼ全貌を知ることができる。したがって、大宝令は養老令をもとに復元することになる。ただし、大宝令全体の復元案は提示されていない。持統三年（六八九）に施行された飛鳥浄御原令は、一条も残存していない。

一方、日本律は部分的に残存しているにすぎない。名例律前半、衛禁律後半、職制律、賊盗律、闘訟律の一部である。日本思想大系『律令』に、日本に残存している律令の条文が掲載されている。

この大宝律令の手本となったのは、六五一年に編纂された唐の永徽律令である。

養老律	養老令
名例律 衛禁律 職制律 戸婚律 厩庫律 擅興律 賊盗律 闘訟律 詐偽律 雑律 捕亡律 断獄律	官位令 職員令 後宮職員令 東宮職員令 家令職員令 神祇令 僧尼令 戸令 田令 賦役令 学令 選叙令 継嗣令 考課令 禄令 宮衛令 軍防令 儀制令 衣服令 営繕令 公式令 倉庫令 厩牧令 医疾令 仮寧令 喪葬令 関市令 捕亡令 獄令 雑令

図Ⅱ-6-1　日本の律令

唐令は、永徽律令も後の開元年間の令もそれ自体としては残っていない。かつては日本令を参考にして復元され、仁井田陞著『唐令拾遺』『唐令拾遺補』（東京大学出版会）で示されていた。ところが、中国の浙江省寧波市の天一閣博物館で、北宋天聖令の一部が発見され、そこに北宋で不用となった開元二五年令が付載されていた。中国令研究では、画期的な発見である。二〇〇六年には、『天一閣蔵 明鈔本天聖令校証』（中華書局）として刊行された。全文ではないが、唐令の体系に基づいた研究が可能となった。

なお、中国の律令法を継受した日本律令は、いうまでもなく漢語・漢文で記載されている。当時の正式な国家文書は漢文が用いられており、漢字・漢語・漢文を通じて国家意思が表記されたのである。中国語と日本語とでは文法構造が異なっているが、政治的文書については国家間のみならず、国内政治に中国風の文書主義が採用されたのである。

7　都城の成立

宮都と歴代遷宮

古代の天皇は、飛鳥諸宮や藤原宮で王宮を営んだ。こうした王宮は、どのような性格をもつのであろうか。『続日本紀』和銅元年（七〇八）二月の平城遷都の詔に「帝皇の邑を建つ」、神亀元年（七二四）一一月条に「京師有りて、帝王居となす」とあるように、宮都の本質は天皇の居住地である。『古事記』の記述も、たとえば推古段に「豊御食炊屋比売命、小治田宮に坐して、天下治すこと三十七歳なり」とあるように、各段の冒頭に居住した宮（推古天皇は小治田宮）の名前が明記されている。

こうした王宮の遺構が、考古学的に確認できるのは推古の豊浦宮（現奈良県明日香村豊浦。向原寺の下層遺構）で、そのごく一部が発掘されているにすぎない。ところが、同じ推古朝の小治田（小墾田とも）宮の構造が、『書紀』の記述によってある程度判明する。推古一六年（六〇八）に隋使裴世清、推古一八年に新羅使らを迎える儀式が小治田宮で挙行されたからである。その儀式の様相から、建物配置のあらましがわかる。おそらく

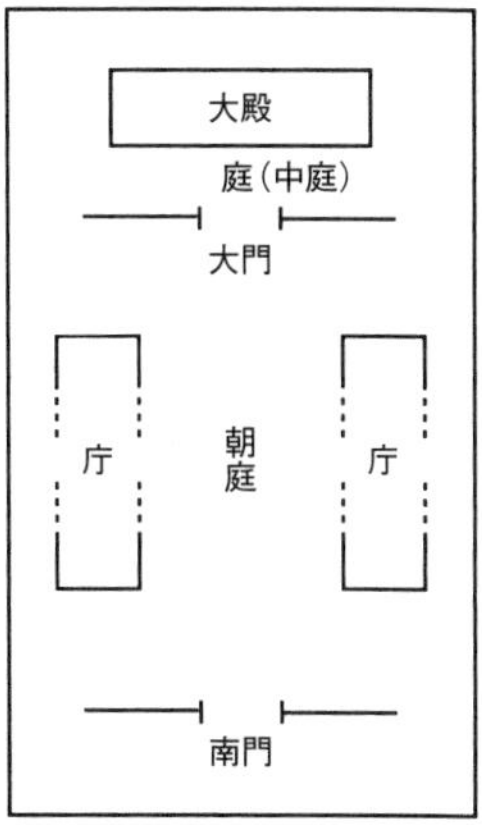

図Ⅱ-7-1　小治田宮概念図

図Ⅱ-7-1のような配置と思われるが、「庁」(後の朝堂院の建物)の数は不明である。

推古は、即位時には豊浦宮に居住していたが、推古一一年に小治田宮に移った。この小治田宮の所在地は、かつて豊浦宮北方の古宮(ふるみや)遺跡と考えられていたが、近年では飛鳥寺の北方の小治田の地が有力である。いずれ発掘調査で、その構造が明らかになる時期がくるだろう。

発掘調査と文献史料で確かめられるのは、豊浦宮と小治田宮であるが、それ以前は「歴代遷宮」と呼ばれるように、天皇一代に一宮が造られていた。最近では、遷宮の理由として、①夫婦別居に基づく父子別居の慣習により、皇子宮を新たな宮にする、②天皇の崩御(ほうぎょ)で宮室が穢(けが)れたため、③各時点における政治課題の解決のため、④地理的・経済的に、よりすぐれた地域に遷都する、⑤宮殿建築の耐用年限による、⑥新天皇の即位時に、適地を卜定(ぼくじょう)して壇場を設け、即位式を行なって宮地と定める慣行、という理由があげられているが、成立はむつかしい。天皇の代替わりごとに、朝廷に関わるすべてがリセットされて、新たな宮で新たな王臣関係が誕生するということになる(舘野和己説)。

ところで、こうした「歴代遷宮」が行なわれた前提として、ヤマト王権がすでに特定の狭い地域を政治的・経済的拠点とするような歴史的段階ではないことを指摘しておく必要がある。大化前代では、前帝の没後、有力な候補者のなかから群臣の推挙によって、新帝が決まっていた。こうした新帝即位のプロセスからみれば、群臣の意向によって新しい王宮が選定される条件も存在したであろう。七世紀代に、飛鳥に宮が集中するのは、蘇我氏の影響が強いだろう。

飛鳥諸宮と苑池

「飛鳥」の地名は、古代ではかなり限定的に使われていた。橘寺のある橘の北方で、飛鳥寺を北辺とする地域である。七世紀代において、火災などで行宮に臨時に移ることはあったが、飛鳥の地域では集中的に宮が営まれた。最初は舒明朝の飛鳥岡本宮であり、さらに飛鳥板葺宮・後飛鳥岡本宮・飛鳥浄御原宮というように、飛鳥岡の麓において四つの宮が営まれた。

飛鳥岡本宮は飛鳥岡のふもとの意（岡本）、飛鳥板葺宮は屋根の特徴による命名、後飛鳥岡本宮は岡本に立地、飛鳥浄御原宮は飛鳥岡本宮（後飛鳥岡本宮）の南に営造された「特殊な嘉号」による命名の宮である。これら四宮はほぼ同じ飛鳥に営まれたので、これらを飛鳥諸宮（正宮）と呼んでいる。

皇極の飛鳥板葺宮以降は、基本的に「飛鳥宮」として捉える説もある（小澤毅説）。つまり、従来の歴代遷宮という現象がなくなったといわれる。確かに飛鳥諸宮の建設は、飛鳥の地域で行なわれ、これまでの歴代遷宮とは異なった意識で営まれたかもしれない。古代の宮都建設は、新しい段階に達したということであろう。

飛鳥板葺宮を宮都にした皇極女帝以降、飛鳥寺（法興寺）西方の広場において種々の儀礼が挙行された。飛鳥寺の西には、神が降臨する槻の木が存在し、在来の神が憑依する広場であった。ところが、その広場に仏教的世界を現す須弥山像がつくられ、覩貨（吐火）羅・蝦夷・粛慎・多禰（褹）島人などの夷狄への饗応が行なわれた。蕃国と夷狄を支配する「天の下を治らしめる」というコスモロジーが、仏教の世界観・宇宙観で演出されたのであろう。飛鳥諸宮

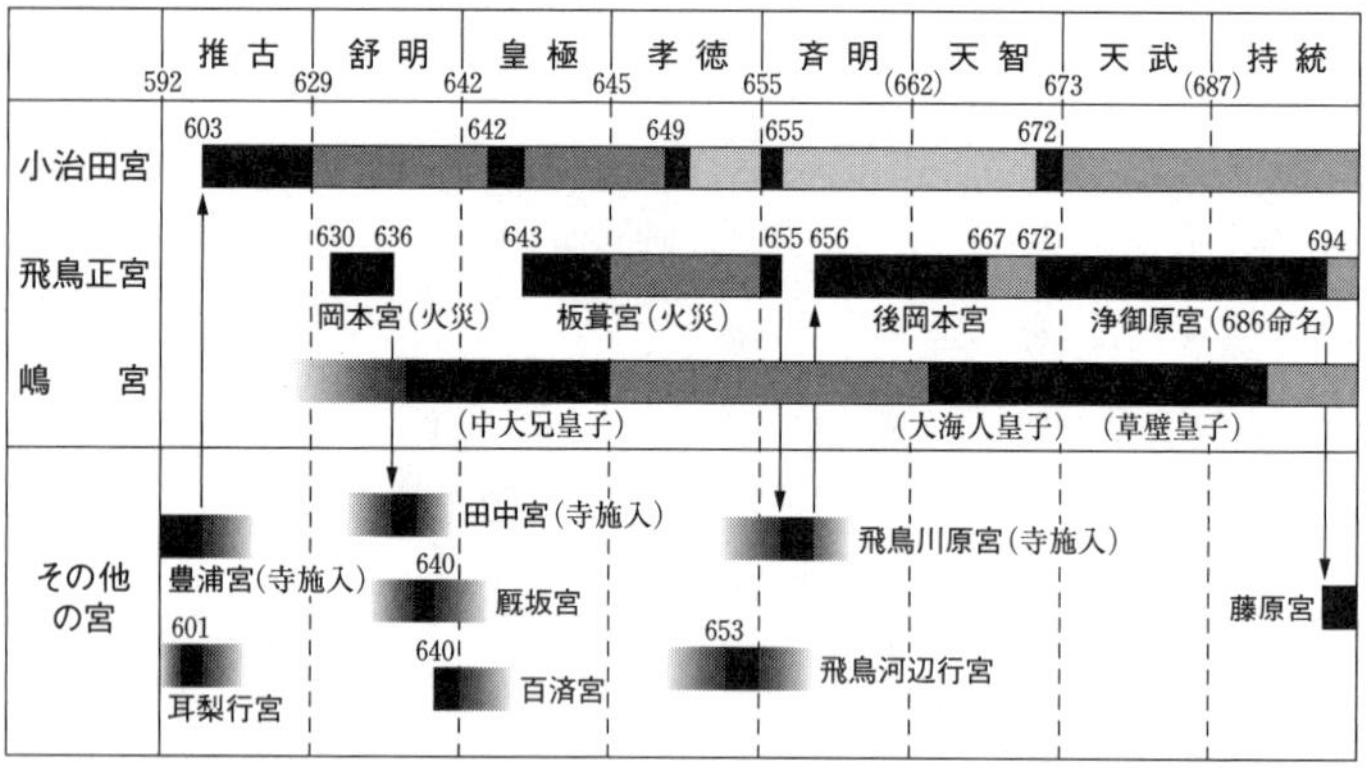

図Ⅱ-7-2　宮都の変遷（小澤 毅／2003より）

を考察する場合、こうした宗教的な儀礼空間の存在も軽視できないと思われる。

飛鳥浄御原宮（明日香村の伝飛鳥板葺宮伝承地の上層遺構）では、宮に付属する施設として、飛鳥京跡苑池遺構（明日香村岡字出水ほか）が存在した。「白錦後苑」（『書紀』天武一四年一一月条）に比定できる公算が強く、南池（島状石積み、中島などと石造物の施設）と北池が発見されている。後の大宝令では宮内省に園池司が設置され、苑池の管理を行なっていた。

宮の内外に苑池・庭園が存在したことは、後の平城宮の例が明確である。宮内には「南苑」のほか、「東薗」が存在していたが、遺跡としては西池・西南池亭・東院庭園がある。そして、平城宮に北接する後苑として「松林苑」が設置された。この松林苑は、穀物倉、菜園・薬苑、狩場の設備をもった、天皇の「禁苑」と想定される苑池空間である。

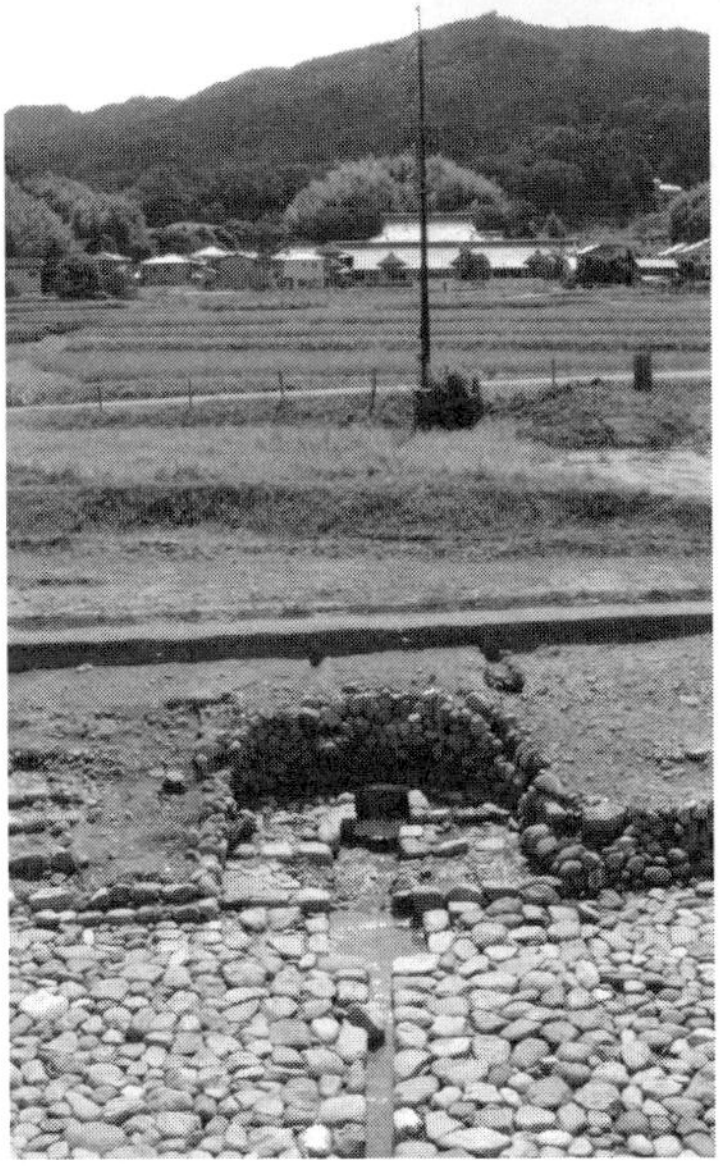

図Ⅱ-7-3　飛鳥京跡苑池遺構
（奈良県立橿原考古学研究所／2019）

藤原宮・京

藤原宮に遷都したのは持統八年(六九四)であるが、天武朝から早くも新都建設が構想されていた。天武五年(六七六)に「新城(にいき)に都つくらんとす。(中略)然(しか)れども遂に都つくらず」とあり、同一一年には「(三野(みの)王らに命じて)新城に遣して、其の地形を見しむ。よりて都つくらんとす」とみえる。そして、三月に行幸する。この「新城」は「新しい都城」の意味で、新都建設を意味している。

考古学の発掘調査によれば、藤原宮内から藤原京と同じ条坊道路(「先行条坊」と呼ぶ)が検出されており、天武朝の新都建設のありさまが明らかになっている。天武朝の末年には京の条坊が設定され、藤原宮の建設が開始されていた。

藤原京の発掘調査の結果、藤原京は南北一〇条・東西一〇坊(一〇里四方)の正方形であり、宮が京の中央に占めたことが判明している。藤原宮・京は、『周礼(しゅらい)』にみられるような中国の理想的な都城の思想に基づいて設計されていた。これを「大(だい)藤原京」と呼ぶ。つまり藤原京は、日本で最初に本格的な碁盤目の京域をもつ都城として完成したのである。

このように藤原宮の特徴は、京が設置されたこと。京の設置は、官人や百姓(ひゃくしょう)が居住する区画として重要な意味がある。それまでの飛鳥地域では、各氏族は自らの本拠地から飛鳥諸宮に通っていたと考えられる。また、京域に居住した百姓が、京戸(きょうこ)として存在したことに注意する必要がある。

天武朝には都城建設と並行して、新たな銭貨が導入された。これが「富本銭(ふほんせん)」(富本七曜銭)

であり、藤原京の住民の消費生活を支える意図があった。「富本」の意味は、「国を富ますの本は、食貨に在り」（『晋書』食貨志）という思想である。「食貨」とは食物と貨幣で、後漢時代の

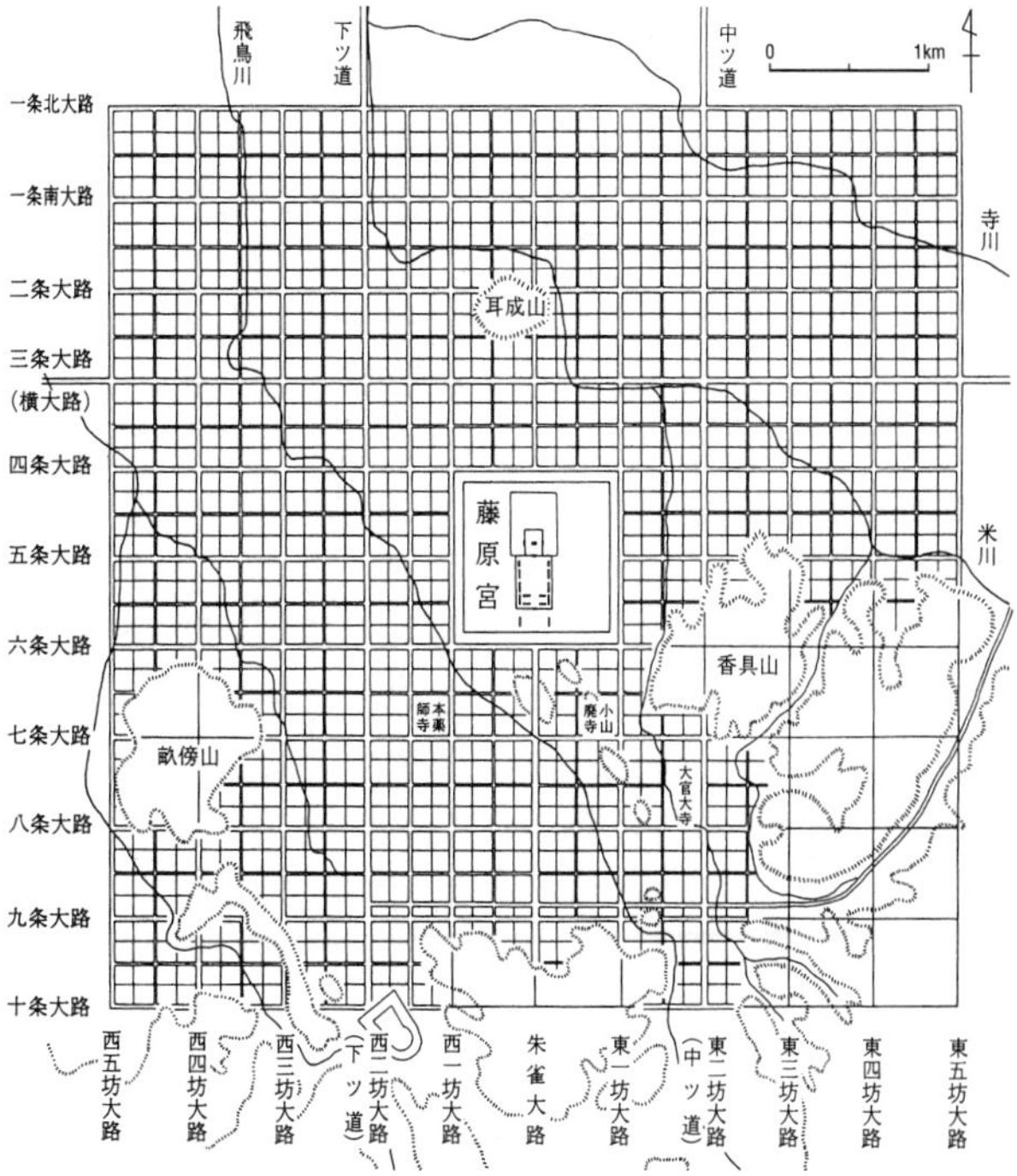

図Ⅱ-7-4　藤原京図（図録／2002より）

「富本」に関する政治思想をうけて鋳造されたようだ（松村恵司説）。こうした面にも、中国古典の理想を求める政治思想をみることができる。

このように都城建設と貨幣の鋳造は、中国を意識して、藤原宮・京は『周礼』考工記、富本銭は漢代の貨幣をモデルにした可能性が高い。『書紀』によれば、大海人皇子は漢王朝を開いた高祖に擬しており、壬申の乱を戦って勝利した（巻二

八）。即位した天武は、急速な専制国家の建設を推進していったが、中国の古典的世界への強い憧憬をもっていたと思われる。

〔王宮と都〕

宮とは、どういう施設だろうか。宮（みや）は、建造物の「や」（屋・家）に、特殊なものを意味する「み」（御）が形容されたもの。王・天皇や妃・皇子が、居住する建物の「宮」を意味する。政治の中心地であり、『古事記』各天皇段には、既述したように、推古は「豊御食炊屋比売命、小治田宮に坐して、天下治すこと三十七歳なり」と記されたとおり、小治田宮で統治したのであった。

こうした王宮の最古級史料は、埼玉県稲荷山古墳出土の金錯銘鉄剣に記された「斯鬼宮」（磯城宮）であり、辛亥年（四七一）のことである。王陵と想定される巨大な前方後円墳のような可視的なモニュメントは残されていないが、当時の王宮も特別な建造物であったと思われる。

この宮が設置された「こ＝ところ（処）」が、都（みやこ）である。「こ」は、「ここ、そこ」という場所の意味を表す「こ」である。つまり、都とは宮のある場所で、主に天皇の居住地を示す。古代では天皇が居住する場所が宮であり、『古事記』の冒頭に記されているように当時の政事を行なった場所を示している。

このように王宮が政治的中枢であるから、アジアの都市の本質として、「アジアの古代都城は、農村のなかに形成された専制君主の宿営地」ということもできる（狩野久説）。しかし、日本の王宮は、規模の点では中国の都城と比較して小さく、歴代遷宮という特徴があった。日本の場合、文献史料で明らかになることは少なく、考古学による発掘調査の進展が期待される。

〔藤原京と京職〕

日本では、藤原京から「京」という行政区画が明確に存在していた。藤原京時代の出土木簡に「左京職」「左京小治町（おはりまち）」とあるので、藤原京に左右京職（きょうしき）が存在したことがわかる。ただし、『続日本紀』においては、大宝令以前の文武（もんむ）元年（六九七）条には「京人」、同三年条に「京職」とある。ところが、大宝令が施行された大宝二年（七〇二）条には「左京大夫（だいぶ）」、慶雲（けいうん）三年条は「右京人」となるので、左右京職の名称は大宝令の施行にともなって実施されたと思われる。それ以前の藤原京は、京職であった。

藤原京において、「小治町」のほか、「林坊（はやしまち）」（『続日本紀』文武三年正月条）、「軽坊（かるまち）」（藤原宮木簡二―二〇三）などの名称が知られる。藤原京の時期は、固有の名称で呼ばれていたと評価されてきたが、「四坊刀祢□」（藤原京木簡三四六九）という木簡が出土した。何条何坊の可能性もでてきた。

さて、京には官人や、百姓の京戸が居住する区画があった。京外の一般百姓は、武蔵国多摩郡小川里のように、国―郡―里（後に郷）という地域行政組織を通じて支配されていた。ところが、中国では唐の長安（ちょうあん）城などの城内居住者は、京外の民とともに同じ県の役所で支配されていた。日本における京内の百姓は、中国の支配原理とは異なって、京職という役所によって支配されていたのである。日中の京内百姓を比較すると、日本における京支配の独自性を認めることができる。このように京戸は、天皇制支配のなかで特別の位置を占めていた。

8　平城京の時代

大宝律令と平城遷都

文武天皇が在位した藤原京時代の大宝元年（七〇一）、大宝律令が完成した。ここに日本において、律令法による支配体制がはじめて整った。この大宝令には、「日本」の国号が規定されており、飛鳥浄御原令で決まった天皇号に続き、国号も定まったのである。今日に続く日本のかたちが、法制として規定されたことになる。

大宝元年の朝賀の儀礼を記した『続日本紀』には、「その儀、正門に烏形の幢を樹つ。左は日像・青竜・朱雀の幡、右は月像・玄武・白虎の幡なり。蕃夷の使者、左右に陳列す。文物の儀、是に備れり」と書かれている。末尾の「文物の儀、是に備れり」とは、学問・芸術・法律・制度などの文物の儀が整備されたことを高らかに宣言したものである。またこの年には、天智八年（六六九）以来、三二年ぶりの遣唐使が任命されており、さっそく唐朝に使者を派遣している。このように大宝元年は、大きな変革の年であった。

和銅元年（七〇八）、前年に即位した元明天皇は、平城遷都の詔を出した。この詔には、「平城の地、四禽図に叶い、三山鎮を作し、亀筮並に従う。都邑を建つべし」とあり、思想的には四神図に従った遷都方針が出された。しかし、遷都の本質は、大宝律令に基づく新たな宮都建設を意図したものと思われる。近年では、慶雲元年に帰国した遣唐使が見聞した唐・長安城を志向して建設したことが強調されている。

平城宮と平城京

平城京の核(コア)の部分は、天皇が居住し、かつ政務を行なう平城宮であり、内裏(だいり)・朝堂院と各役所から構成されている。律令法では二官八省の官司が設置されたが、官司の建物を空間的にレイアウトしたのが曹司(ぞうし)にほかならない。したがって、内裏・朝堂院と、大宝令に規定された官司を新たに造営したのが平城宮ということになる。

平城宮は、図Ⅱ-8-1にみられるように、当初から二つの「朝堂院」を保持していた。かつては朱雀門北方の中央区の朝堂院を「第一次朝堂院」、東区朝堂院を「第二次朝堂院」と呼称していたが、発掘調査の結果、両者は当初から一体として建築されたことが判明している。中央区朝堂院は即位式や元日朝賀などの国家的儀礼の場、東区朝堂院は日常的な政務の場として考えられている。

平城宮は天子南面の思想に基づいて京の北辺中央に位置し、真ん中を朱雀大路(すざくおおじ)が走り、その左右に東西四坊が設けられた。南北は九条を数え、左・右京のほか外京が設置された。後になって、北辺坊が追加されている。なお、遷都の初期には、十条部分に条坊が存在した(奈良県大和郡山(やまとこおりやま)市、旧下三橋(しもみつはし)遺跡)。羅城門(らじょうもん)の南に位置するので、京域とみるかどうかは意見が分かれている。

ところで、平城京について従来は羅城門周辺を除き、京を囲い込む城壁(羅城)が存在しな

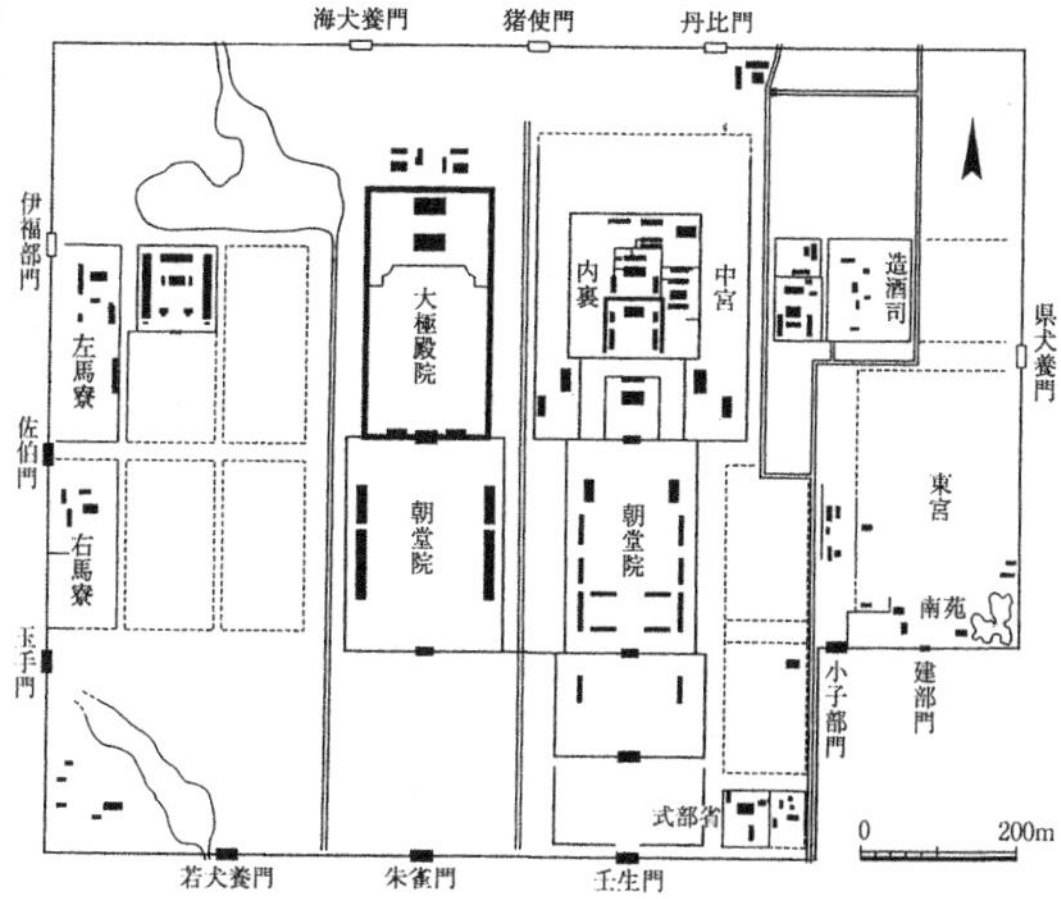

図Ⅱ-8-1(1)　奈良時代前半の平城宮図(小澤 毅／2018)

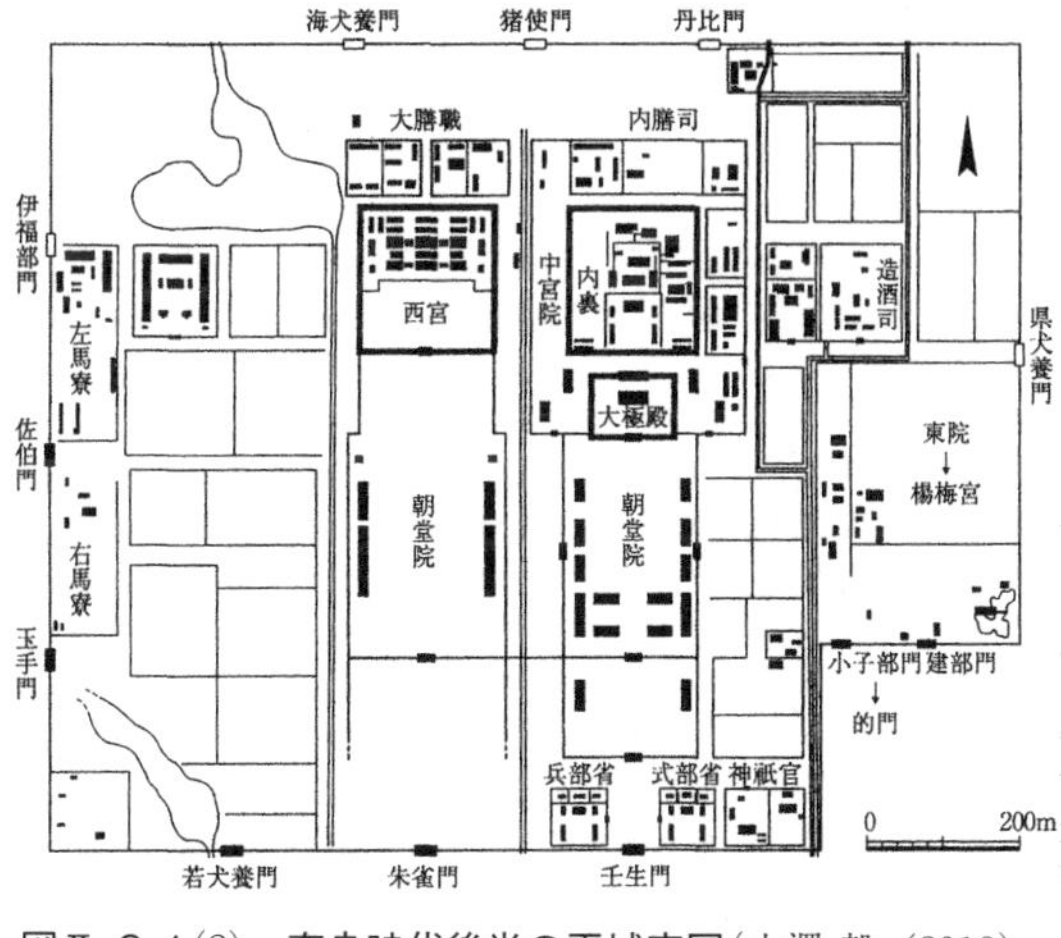

図Ⅱ-8-1(2)　奈良時代後半の平城宮図(小澤 毅／2018)

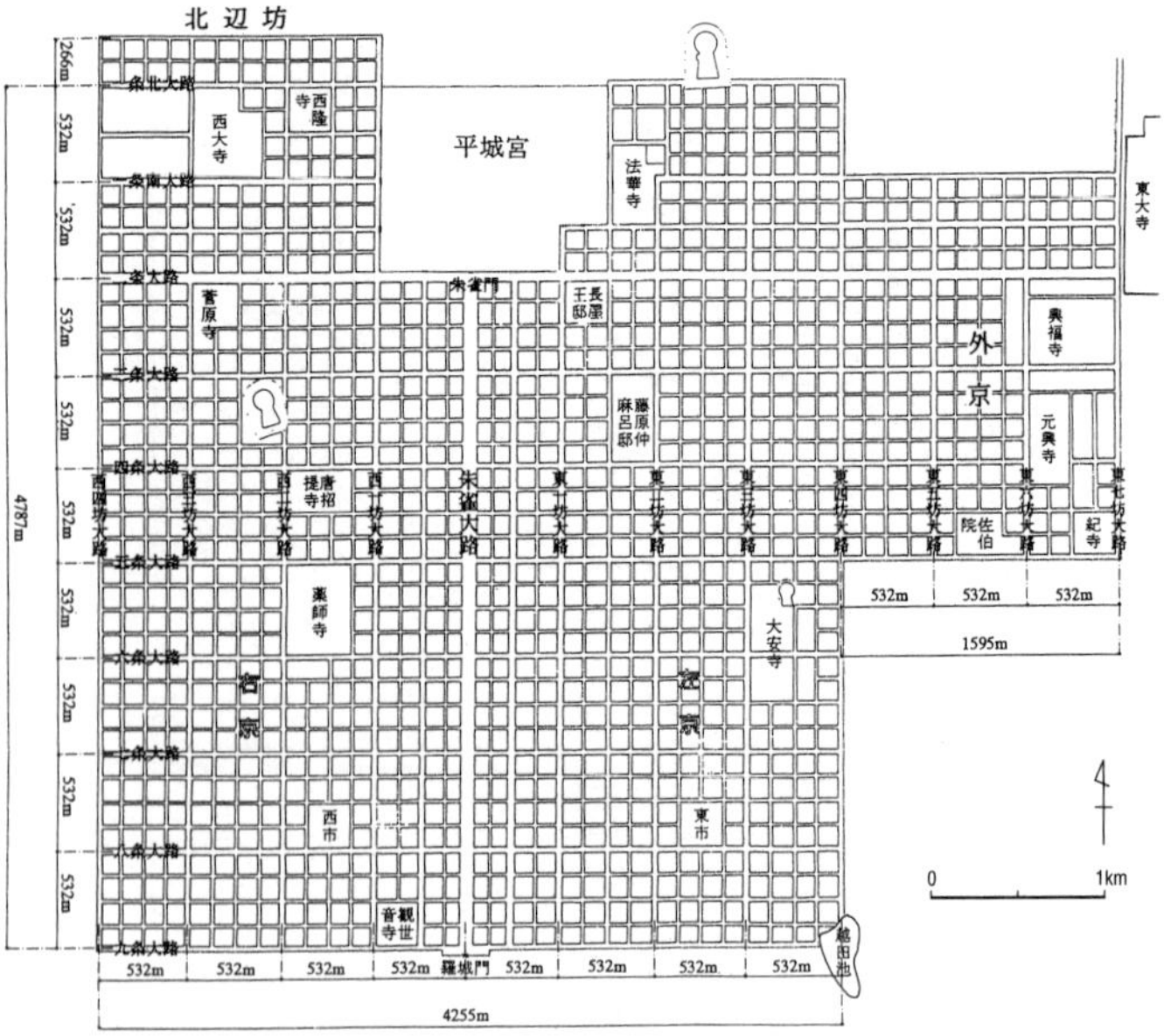

図Ⅱ-8-2　平城京図（図録／2002より）

かったといわれてきた。ところが、考古学の研究成果によれば、南辺には高さ約五メートルの築地塀がつくられており、ほかの辺の羅城についてもその存否の再検討が必要だという（井上和人説）。なお、藤原京には存在しなかった羅城門が平城京から設置されたが、これは唐の影響が強いという。

平城京には藤原京の寺院が移築されたが、宮の建設を優先させたため、現実にはかなり遅れて建立された。薬師寺・元興寺は養老二年（七一八）、大安寺は霊亀二年（七一六）、興福寺は和銅三年ないし養老四年である。ただし、塔などを含む伽藍の完成は、さらに時間を要したようで長期間におよんでいる。

　この平城京の時代を、一般的には奈良時代と呼んでいる。延暦三年（七八四）の長岡遷都まで、七四年間の都であった。なお、平城京に居住した人口についてはいくつかの研究があるが、一〇万人前後で二〇万人には及ばない範囲であろう。

第二の女帝の時代

平城京の時代は、重祚（譲位した天皇が再び即位すること）を含め、八代の天皇が統治した。そのうち、元明・元正・孝謙・称徳（孝謙の重祚）の四代が女帝であった。足掛け三二年で、およそ二分の一の期間にわたる。七世紀には、推古・皇極・斉明（皇極の重祚）の三人の女帝で四五年間統治したが、それに続く「女帝の世紀」である。

　さて、天平元年（七二九）頃、大宰府に着任した大宰少弐小野老は、「あをによし奈良の都は咲く花の薫ふがごとく今盛りなり」（『万葉集』三二八）と平城京の隆盛を歌ったといわれる。この天平時代の文化は、「天平文化」と呼ばれている。奈良の正倉院所蔵の美術品にみられるように、国際色豊かな華やかさが印象的である。これが天平時代の光の面である。

　一方、重い税の負担にあえぐ百姓が、浮浪・逃亡をくり返した。天平時代の影の部分であるが、歴史を支えた民衆の抵抗があったことを忘れてはならない。また、長屋王の変（天平元年）をはじめ、皇親（天皇の兄弟と四世王までの親族）と貴族とを巻き込んだ政争・対立がたびたび起きた。天平九年には天然痘が猛威をふるい、不比等の子どもである房前（北家）・麻呂

（京家）・武智麻呂（南家）・宇合（式家）の四兄弟が死亡した。その後、大宰府において藤原広嗣の乱（天平一二年）が起こった。

こうした争いが激化するさなか、聖武天皇は平城京を離れ、天平一三年には恭仁宮（京都府木津川市加茂）において諸国国分寺建立の詔、同一五年には紫香楽宮（滋賀県甲賀市）で大仏造立の詔を発布した。都が平城京に戻ると、橘奈良麻呂の乱（天平宝字元年／七五七）と藤原仲麻呂の乱（天平宝字八年）が相次いだ。このように、平城京時代の政争には藤原氏が深く関与していた。

なお、こうした政争について「乱」と「変」の名称がみえる。一般的にいえば、政治権力に対する武力的反抗や内乱が「乱」、政治権力者の討滅・配流や陰謀事件が「変」と呼ばれることが多い。

畿内と七道制

律令制国家の地方行政区画として、五畿七道制が設けられた（一四〜一六頁参照）。政治中枢である宮都を中心に、畿内が設置された。大宝令制では、大倭（後に大和）・摂津・河内・山背（後に山城）国の四畿内であったが、後に河内国から和泉国が分置されて五畿内となった。なお、大化の改新詔では畿内国の制度があり、東は名墾の横河（三重県名張市の名張川）、南は紀伊の兄山（和歌山県かつらぎ町の背山か）、西は赤石の櫛淵（神戸市須磨区・垂水区付近の山尾根か）、北は近江の狭狭波の合坂山（山背と近江国の境の逢坂山）が境界であった。律令制以前には、四畿内とは異なる畿内国が存在していたと思われる。

中央政府を構成する官人の任用は、この畿内諸国の出自を原則としていた。この畿内に対立するのが畿外であり、「外国」と認識されていた。畿内諸国の百姓は、税制の面でも畿外諸国より優遇されていた。以上のように、畿内は律令制国家の特別地域であった。

畿外には、東海道から、時計の逆回りに、東山・北陸・山陰・山陽・南海・西海道が設けられ、各国の国府を通過する駅路が設置された。

大宰府

古代では、半島諸国と中国に近い表玄関が西海道の筑前国であり、大宰府（福岡県太宰府市）が設けられ、「遠の朝廷」と呼ばれた。そして、筑前・筑後・豊前・豊後・肥前・肥後・日向・薩摩・大隅国（大隅国は、和銅六年〈七一三〉建国）の九国と、壱岐・対馬・多禰（種子島）の三島を管轄した。大宰府は、大宝令において設置され、主に外交と防衛の任にあたった。筑紫大宰の時期には、筑紫のほか周防・伊予・吉備などにも大宰が置かれ、数か国の国宰（大宝令で国司の名称に変わる）を統括していた。大宝令の実施にともない、筑紫以外の大宰は廃止された。

白村江の戦いに敗れた倭国は、天智三年（六六四）、対馬・壱岐・筑紫に防人と烽を置き、筑紫に水城を造った。翌年には、筑紫に大野城（現大野城市ほか）と基肄城（現佐賀県基山町ほか）、長門に古代山城（朝鮮式山城）を築いている。いずれも防御施設として機能した。

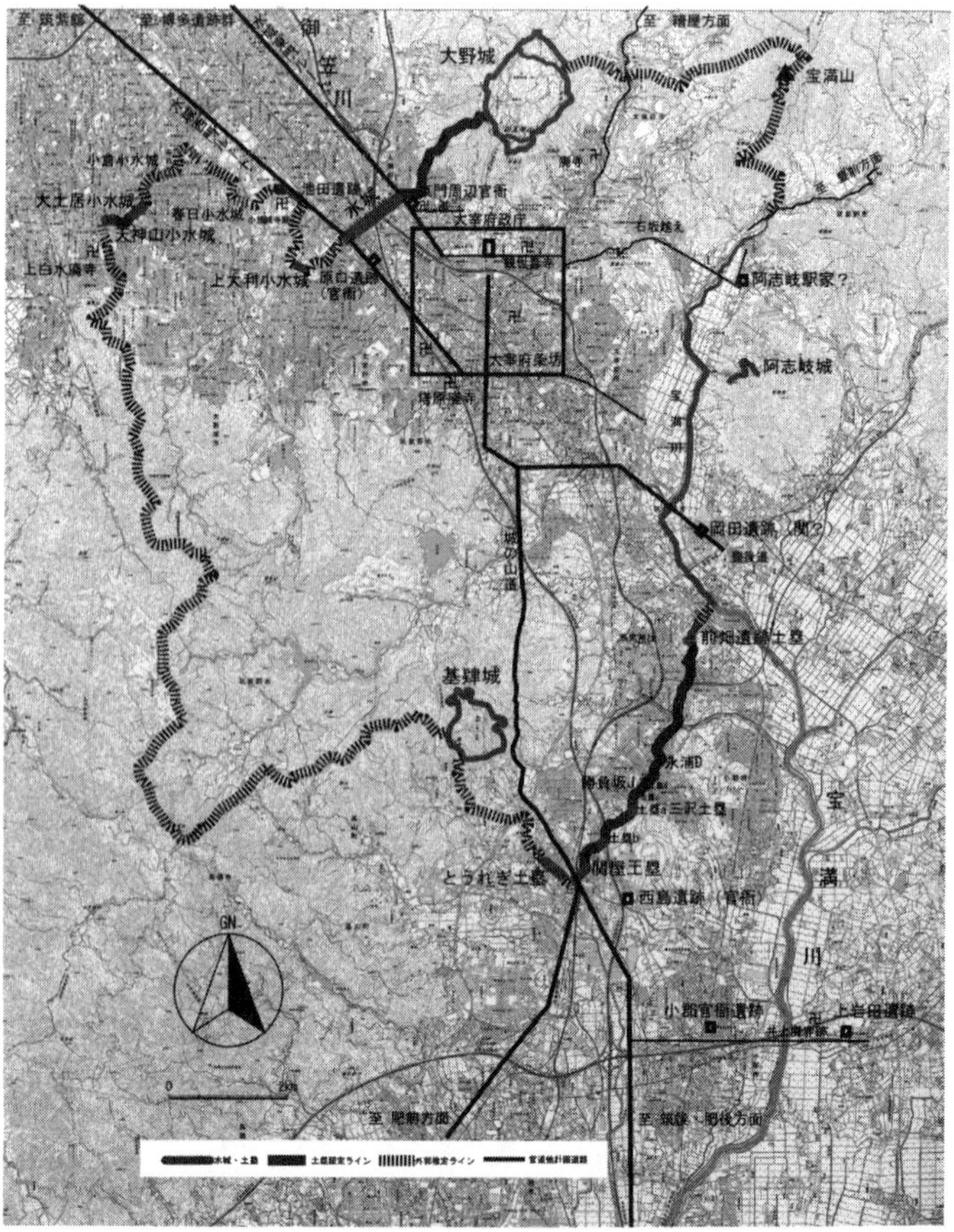

図Ⅱ-8-3　大宰府図（山村信榮／2018）

現在でも、大宰府遺跡の背後の大野城と南方の基肄城には建物の礎石群のほか、土塁・石塁・城門が残っている。水城は、太宰府市・大野城市・春日市にまたがる全長一・二キロメートルにおよぶ「大堤」として残る。

大宰府は、那津官家（福岡市の博多港付近）に起源を持ち、七世紀の筑紫大宰の後身にあたる。白村江の敗戦以降、現在の都府楼跡に移動したのだろう。博多湾岸には、鴻臚館（もと筑紫館で、平安時代に鴻臚館と改称。福岡市中央区城内）の施設がつくられており、外交使節の接待と宿泊などに使用された。

〔条坊制と条里制の表記〕

藤原京では、「小治町」「林坊」「軽坊」のような固有地名の坊名が残されており（一五九頁）、この時期は固有名の表記と考えられてきた。しかし、「四坊」の木簡が出土したので、何条何坊という数値式の条坊呼称法は、藤原京の時期においても大宝令以降には施行された可能性がでてきた。

条坊制の影響によって、何条何里という条里の呼称法が成立したとすれば（岸俊男説）、大宝令が大和国の統一条里に関係していたかもしれない。ただし、七世紀後半には、すでに各地域で条里制地割が施行されていたとする説もある（岸本直文説）。方角地割として存在していたであろうが、統一条里制との質的差違があったかもしれない。今後の研究の進展を待ちたい。

こうした条坊制の数値表記は、きわめて合理的な呼び方である。固有名には、名称の興趣があるばかりか、特定の歴史的意味や地名に基づくという特色がある。ところが、固有名の場所がわからなければ、訪問することはできない。

ところが、何条何坊という数値表記は、街並みが方格地割であるので、数値さえわかれば誰にでも当該地に行くことができる。このように居住地の表示法として、きわめて合理的な方法であり、これに勝るものはない。

また、何条何里という数値による条里呼称法も、同じような合理性がある。条里制は口分田の班給や管理と密接な関係があると想定されているが、条里制地割が実施された地域では、口分田をはじめとする各種水田の管理を、田図・田簿などによって効率よく行なうことができるようになった。

以上のように、条坊制が施行された宮都と条里制が実施された土地では、京の住民（京戸）と水田等の管理をうまく実現することができた。

9　長岡京と平安京

長岡京遷都

延暦三年（七八四）、桓武天皇は山背国（山城国と表記するようになるのは平安京遷都後）乙訓郡の地に、平城京から都を移した。長岡京である。では、なぜ桓武は長岡京に遷都したのであろうか。一般的には、平城京にあった南都六宗の大寺院（東大寺や興福寺など）の勢力を排除するためと説明されている。しかし、そのほかにもさまざまな理由が考えられている。

まず、第一は、皇統の革新である。称徳女帝には子がなく、しかも次の天皇を指名することもなく亡くなったため、藤原百川らが担ぎ出したのが桓武天皇の父白壁王（後の光仁天皇）であった。光仁は天智天皇の孫にあたり、それまでの天武天皇、そして聖武天皇の血を色濃く引く天皇とは異なった系統に位置していた。このことをより強く意識したのが桓武天皇であった。彼は、河内国交野（母方にあたる百済系の渡来人の本拠地）で、天神を祀る昊天祭祀（郊祀ともいう）を行なった。中国の皇帝が毎年冬至の日に天帝を祀る儀礼にならったものである。とくに興味深いのは、中国では天帝のほか太祖や高祖（その王朝を開いた皇帝）を祀ったのに対し、桓武は天帝のほかに光仁天皇を祀ったことであろう。桓武には、自分が父光仁天皇を祖とする新しい王統に帰属するという意識が、強く働いていたのだ。こうした意識が、平城京を離れ、新しい都を求める行動を起こさせたのであろう。いわば王朝交替とも言える。

第二は、長岡の地が水陸の便に恵まれた交通の要衝であった点である。長岡の地には、桂川・宇治川・木津川が走り、山崎津・淀津などの津が発達していた。そして、長岡遷都の翌年には三国川（現神崎川）が開削されて淀川水系とつながり、難波津、ひいては瀬戸内海交通を利用することができるようになった。河川交通がいかに重視されたのかがよくわかる。一方、東海・東山・山陽・山陰・西海・南海道へ続く道も通り、水上交通と陸上交通の結節点でもあった。

第三は、奈良の仏教勢力や豪族の排除という面も考慮する必要がある。平城京があった奈良盆地には、古墳時代以来の有力豪族の拠点がいくつもあった。また、東大寺や興福寺などの大寺院も控えていた。新しい政治をめざした桓武にはこれらの旧来勢力が目障りとなったと考えられる。一方、山背盆地には、古くからの渡来系氏族の秦氏が住んでいた。秦氏は土木技術に優れた氏族であり、桓武の母も渡来系氏族の出身であったから、新京の地としてふさわしい地と考えたのだろう。

藤原種継の暗殺

長岡京造営の指揮をとっていたのは式家出身の藤原種継であった。桓武は種継に厚い信頼を寄せ、種継自ら陣頭指揮にあたっていた。ところが、延暦四年九月二三日の夜、何者かに矢を射かけられ、暗殺されてしまった。その犯人として捕らえられたのは大伴継人。共に捕らえられた者の証言によれば、大伴家持が大伴・佐伯氏の力を合わせて、桓武天皇の弟で皇太子（皇太弟）であった早良親王(さわらしんのう)の了解を得て、ことにおよんだということであった。長岡京遷都の大きな推進役であった種継の死は、桓武にとって大きな痛手であった。そのため、桓武は、事件に関与したとされる人々に対し、厳しい態度で臨んだ。事件の直前に亡くなっていた家持の官位は剥奪(はくだつ)され、早良親王も乙訓寺に幽閉された。親王は、淡路(あわじ)に護送される途中、食を断って（一説には絶食を強いられて）亡くなった。早良は、皇太子として還俗(げんぞく)する以前、東大寺の僧侶(そうりょ)であったから、遷都に反対していたとしても不思議ではない。

また、旧来の豪族層が長岡遷都に反対していたことはおそらく事実であろう。ことの真相はもはや闇の中であるが、種継暗殺の首謀者に、大伴氏という大化前代以来の豪族の名前が取りざたされていることは象徴的である。以後、桓武は早良の怨霊(おんりょう)に悩まされることになる。

延暦七年には夫人(ぶにん)の藤原旅子(たびこ)、翌年には桓武の母で、皇太夫人(こうたいぶにん)の高野新笠(たかののにいがさ)、その翌年には皇后藤原乙牟漏(おとむろ)が相次いで亡くなり、延暦一一年には皇太子安殿(あて)親王（後の平城(へいぜい)天皇）までも病気になった。しかも、その直後には二回にわたって洪水が発生した。河川交通の利便さは、水害の発生と表裏である。そして、ちょうどこのころ、飢饉(ききん)と疫病(えきびょう)が流行し、皇太子の病は早良の怨霊の仕業(しわざ)であると占われた。旅子をはじめとする近親の死が怨霊の祟(たた)りと噂されるようになるのも、もはや時間の問題であった。窮地に追い込まれた桓武は、長岡京を捨て新しい都に遷都することを決意したのである。

平安京遷都

延暦一二年（七九三）正月、桓武天皇は、山背国葛野郡宇太村の視察報告を受けると、長岡京では内裏の解体が始まり、桓武は東院に移った。そして、三月には自ら当地を巡検した。延暦一三年七月には東・西市が新京に移転し、一〇月二二日に遷都が行なわれた。新都は平安京と名づけられ、翌年正月には、「新京楽、平安楽土、万年春」と歌われた。桓武に遷都を勧めたのは和気清麻呂といわれている。新京のある場所は、渡来系移住民である秦氏の本拠地であり、秦氏は葛野川の改修などを行ない、高い土木技術をもっていた。秦氏は平安京の造営に大きくかかわったらしい。

京の北辺には、大内裏があり、そのなかには、内裏、大極殿、朝堂院といった天皇の居所や政務を行なうための建造物が建てられ、その西隣に、饗宴を行なうための豊楽殿が造られた。京内は、南北九条半、東西八坊で、条坊の一つの升目（町）は、四〇丈（一二〇メートル弱）に統一。平城京や長岡京では升目の大きさがまちまちであったが、平安京では等しくされた。朱雀大路の南端には羅城門を置き、その東西には東寺と西寺があり、鎮護国家を祈願する一方、京内に私寺を建てることは禁じられていた。国家による一種の仏教統制であった。

徳政相論

延暦二四年、死を目前に控えた桓武天皇は、信頼をおいていた二人の臣下の藤原緒嗣と菅野真道に天下の徳政（今後とるべき政治の方針）について諮問した。それに対して、緒嗣は次のように答えた。「今、天下の人々が苦しんでいるのは軍事と造作です。この二つをやめれば人々は安心して暮らせます」と。これに対して、真道は異議を唱えたが、桓武は緒嗣の意見に従った。これは、桓武天皇の諸施策の終焉を意味する。

徳政相論を契機として、桓武はほんとうに軍事と造作をやめることを決意したのか、それとも徳政相論は単なるデモンストレーションにすぎないのか。この評価について、歴史家の意見は分かれている。

ここでいう「軍事」とは、対蝦夷戦争のことである。宝亀五年（七七四）に陸奥国桃生城が攻撃されて以来、律令国家と蝦夷は、三十八年戦争といわれる長い戦いを続けていた。とくに桓武は、中華思想に基づいて征夷に力を入れた。中華思想とは、もともとは漢民族が世界の中心（中華）に位置し、周辺には野蛮な民族がいて、それらは漢民族に服従しなければならないという中国の思想であった。それが日本に取り入れられて、蝦夷などの異民族は律令国家に服属しなければならないと読み替えられたのだ。桓武は都合三回の征夷を実施したが、坂上田村麻呂を征夷大将軍とする延暦二〇年の征夷は、多大の成果をあげたことで知られている。征夷には、莫大な兵員と兵糧が必要であったから、坂東を中心に民心の疲弊が起きていた（二三八頁）。

一方、「造作」とは、平安京の造営のことである。造都については、征夷とは逆に列島中部以南の諸国から人夫や資材が徴発された。長岡京の造営に、三一万四千人もの人夫が一度に動員されたことが知られているように、造都には多くの人員と物資が必要とされた。言ってみれ

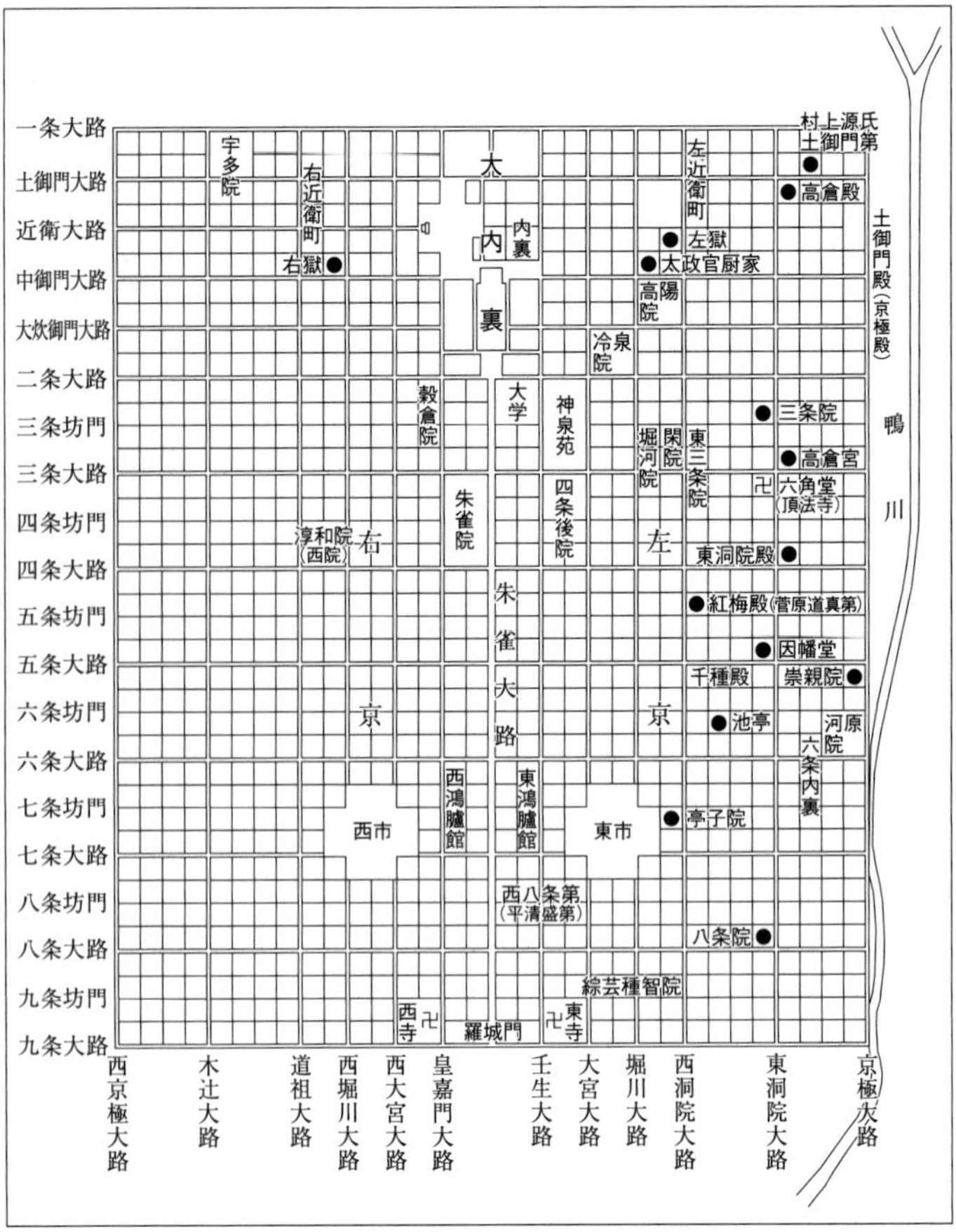
一条大路
土御門大路
近衛大路
中御門大路
大炊御門大路
二条大路
三条坊門
三条大路
四条坊門
四条大路
五条坊門
五条大路
六条坊門
六条大路
七条坊門
七条大路
八条坊門
八条大路
九条坊門
九条大路
西京極大路
木辻大路
道祖大路
西堀川大路
西大宮大路
皇嘉門大路
壬生大路
大宮大路
堀川大路
西洞院大路
東洞院大路
京極大路
宇多院
右近衛町
右獄
大内裏
内裏
左近衛町
左獄
太政官厨家
村上源氏土御門第
高倉殿
土御門殿（京極殿）
高陽院
冷泉院
穀倉院
大学
神泉苑
閑院
堀河院
東三条院
三条院
高倉宮
六角堂（頂法寺）
鴨川
朱雀院
四条後院
淳和院（西院）
右京
左京
東洞院殿
朱雀大路
紅梅殿（菅原道真第）
因幡堂
千種殿
崇親院
池亭
河原院
六条内裏
西鴻臚館
東鴻臚館
西市
東市
亭子院
西八条第（平清盛第）
八条院
綜芸種智院
西寺
東寺
羅城門

図Ⅱ-9-1　平安京図

ば、征夷も造都も、桓武の新王統樹立に対する自己表明の一つであった。

徳政論争から三月ほど経った大同元年三月、桓武天皇は、七〇年の波乱に満ちた生涯を閉じた。桓武のことを『日本後紀』（『続日本紀』の次の正史）は、次のように記している。

> 宸極に登りてより、心を政治に励まし、内に興作をこととし、外に夷狄を攘う。当年の費といえども、後世の頼みなり。

即位してから政務に心を砕き、内に向かっては造都、外に向かっては征夷を行なった。その経費は莫大であったけれども、後の世の基礎を築いた、という意味である。桓武天皇の残した遺産から、平安時代の歴史は逃れることができなかった。

〔桓武天皇〕

山部親王（後の桓武天皇）は、天平九年（七三七）に天智天皇の孫である白壁王（後の光仁天皇）の子どもとして生まれた。母は百済系の渡来系移住民の出で、光仁天皇の夫人高野新笠。白壁王は、志貴親王の子どもで、天武・聖武系からみれば傍流であったから、ほとんど即位の可能性はなかった。しかし、称徳（孝謙）女帝には子どもがなく、次の天皇についての明確な指示もせずに亡くなった。藤原百川・永手・良継ら有力な議政官は、称徳の遺言と偽って、六二歳の白壁王を即位させた。光仁天皇の誕生である。光仁の即位は、聖武天皇の、ひいては天武天皇の血を色濃く引く血統に代わって、天智天皇の血を濃く引く天皇が誕生したことを意味する。

山部親王には、もう一人、有力な皇位継承の資格をもつ異母兄弟がいた。皇太子他戸親王である。他戸親王の母は、光仁天皇の皇后井上内親王であった。井上の母は県犬養広刀自、父は聖武天皇であった。母の血統からいっても、皇位継承の優先順位は、他戸親王が山部親王よりもはるかに上であった。順当にいけば他戸親王が即位したはずである。むしろ、光仁は、他戸の即位を将来的に見据えた中継ぎ天皇であったとも言える。

ところが、宝亀三年に井上皇后が天皇を呪詛するという事件が起き、皇太子他戸親王とともに廃された。翌年には、代わって三七歳の山部親王が皇太子となった。この事件の背景には、藤原百川の陰謀があったと推測されている。井上内親王・他戸親王は宝亀六年四月、同じ日に没している。おそらく暗殺であろう。

しかし、この事件に対する反発には相当根深いものがあり、延暦元年、氷上川継が謀反未遂事件を起こした。川継の父は塩焼王で、母は井上内親王の妹の不破内親王であった。川継の従者が川継を皇位につけようとする陰謀があると自白したのであった。川継は捕らえられ、伊豆国に流された。これにより天武（聖武）系の皇位継承権をもつ有力な皇族は完全にいなくなった。この事件については、計画が本当にあったとみる説と、百川による陰謀とみる見解がある。

さて、山部親王は、辛酉にあたる年の正月一日をもって、天応元年（七八一）という年号に改めた。古来、中国では、辛酉の年に革命が起きるとされていたからだ。そして、その年の四月三日、光仁天皇の譲位を受けて即位した。桓武天皇である。彼は、昊天祭祀や辛酉革命説の採用に表れるように、唐文化を積極的に取り入れた。翌年八月には、年号を延暦に改めた。

桓武天皇が、長岡京・平安京に都を遷し、積極的に征夷を推進した背景には、母の出自に対する強いコンプレックスがあり、その克服のためには、中国的な王統の革新という手だてが必要になったのだろう。長岡京・平安京と続く遷都、中華思想に基づく対蝦夷戦争、そして積極的な中国文明の移入は、その具体化と考えられる。

〔長岡京東院〕

一九九九年一〇月から始まった京都府向日市森本町（長岡京左京）での発掘成果は驚くべきものであった。遺構から、「延暦十二年」「延暦十三年」などの年号の書かれた木簡、「東院」と読める墨書土器、それに大型の掘立柱建物跡や礎石建物跡が出土したのだ。この墨書土器の発見により、この遺跡が史料にみえる東院であることが確定できた。それでは、東院とはどのようなものなのか。

延暦一二年（七九三）正月には、長岡京の宮を解体して新京に運ぶため、桓武天皇は東院に遷った。また、延暦一三年正月、同一四年六月・九月、同一六年正月・八月、翌年五月にも東院に行幸した記事がある。東院とは、長岡京の離宮であったのだ。しかも、出土した木簡にみられる年号が、ほぼ延暦一二年正月から同一三年正月までに限られることから、出土した「東院」は、長岡京の宮殿を解体した時期に桓武が滞在したものにあたることも判明した。内裏として機能していたのだ。巨大な柱穴をもった大きな建物群が複数確認され、正殿・前殿を中心とした「コ」字形配置をとっており、平城宮との関連も指摘されている。また、「旨」字（天皇の命令を意味する「勅旨」の一字）を彫り込んだ瓦からは桓武の権力の大きさが、「勅旨所（ちょくしどころ）」の木簡、「近厨」の墨書土器からは、勅旨所や近衛府（このえふ）との関係もうかがわれる。今後詳しい検討がなされれば、さらに重要な史実が浮かび上がってくるにちがいない。

ところが、大変残念なことに、多くの市民や研究者の反対にもかかわらず、地権者と行政当局の理解が得られず、遺跡は破壊されてしまった。文献史料と出土遺構が合致する例はめったにあるものではない。しかも、その時期まで特定できたのにである。遺跡を保護し、後世に伝えることの難しさを知った「発見」でもあった。

〔早良親王の怨霊と平安京遷都〕

桓武天皇が造営途中の長岡京を捨て、新たに平安京に遷都した理由は、既に述べたようにいくつか考えられる。しかし、そのうち、もっともわれわれの興味を引くのは、桓武の実の弟で、皇太子でもあった早良親王の怨霊による祟りとする説である。

延暦七年以降、桓武天皇は、夫人藤原旅子、皇太夫人高野新笠、皇后藤原乙牟漏を相次いで亡くし、皇太子安殿親王（後の平城天皇）までも病気にかかった。しかも、飢饉と疫病の流行など、桓武天皇の身辺には不吉なことが数多く起こった。そして、ついに皇太子の病は早良の怨霊（おんりょう）によるとの占いも出された。桓武が早良親王の祟りを恐れたのも無理はなかった。

これに対し、延暦九年頃には親王号を復し、謝罪の使者を淡路に派遣した。しかし、長岡京は二度にわたる大規模な洪水に見舞われた。桓武の恐怖は続く。同一九年には崇道（すどう）天皇の名を追号して、大和国に改葬して山陵（天皇の墓）とした。同二四年には、淡路に寺も建てた。天皇号の追称は、ほかに草壁親王・舎人親王・志貴親王しかなく、この点からも、桓武がいかに早良親王の怨霊を恐れていたのかがうかがえよう。

古来、わが国では、非業の死を遂げた者の魂は浮かばれることなく、現世の人に祟りをなすと信じられていた。遡れば長屋王であり、下っては菅原道真や平将門などがあげられる。いわば、律令政治に対する声なき民衆の異議申し立てでもあった。早良親王の怨霊を持ち出したのは、遷都に反対する者や造都に徴発された民衆たちであったろう。

早良の怨霊は、桓武の死後も恐れられた。貞観五年（八六三）に神泉苑で開かれた御霊会（怨霊や疫神を鎮めるための祭り）でも祭神の第一にあげられている。御霊は、飢饉や疫病を流行させると信じられていたため、人口の密集する平安京ではとくに恐れられた。後に、京内には御霊神社も建てられた。御霊を鎮めるために行なわれるようになったのが、京都市東山にある八坂神社（祇園社）の祇園祭である。また、諸国にも崇道天皇の霊を祀った崇道社も建てられ、人々の信仰を集めた。今もって、都市京都と御霊との深い関係は続いている。

10　平安初期の王権

桓武朝の特殊性

平安初期の王権を考える場合、まず考慮しなければならないのは、桓武天皇の位置づけだろう。桓武は数々の新政策を実施し、自ら新王朝の樹立という意識を強烈にもっていたからである（一七七頁）。それでは、なぜこのような政策を実行に移すことができたのだろうか。

　そこで注目されるのは、桓武と同世代の皇位継承者は数が少なく、しかも謀反事件で次々と王権から排除されたことである。そもそも、称徳（孝謙）天皇は、独身の女帝で子どもがなく、淳仁も藤原仲麻呂の乱によって廃され、皇統から排除された。皇位継承の権利を持つ他戸親王（光仁と井上内親王の子）、氷上川継（不破内親王と塩焼王の子）も謀反事件を起こしたとして排除されている。

　ついで、藤原氏をはじめとする有力氏族の排除や不在がある。左大臣藤原永手は、宝亀二年（七七一）、藤原良継は宝亀八年、藤原百川も宝亀一〇年に亡くなった。氷上川継の変では、参議藤原浜成・左大臣藤原魚名、左大弁大伴家持・右衛士督坂上苅田麻呂らが失脚し、その前年には右大臣大中臣清麻呂が引退、大納言石上宅嗣が没している。桓武天皇が独自の政策を執れた背景に、障害となる皇親や有力な貴族がほとんどいなくなったことを見逃してはならない。これが桓武が専制君主として君臨できた大きな原因であろう。

こうしてみたとき、中国の玄宗皇帝との類似に気づく。玄宗がその前半生で開元の治と呼ばれる比較的平穏な時代を築き、数々の改革を実行できた背景には、則天武后が高宗の近親および有力な臣下をほとんど粛清したため、玄宗に対抗できる者がほとんど残されていなかったことがあった。そのほぼ百年後、事情は異なるとはいえ、日本でも同様の事態が生まれたのだ。桓武が遷都をはじめとする改革を断行できた理由を、桓武個人の資質にのみ還元してはならない。

天皇と太上天皇

平城が嵯峨に譲位したのは、同母（藤原乙牟漏）であったこと、平城の子ども（阿保親王と高岳親王）はまだ二〇歳前で、しかも母がそれぞれ葛井藤子と伊勢継子という卑姓の出であったことに求められる。嵯峨が即位した際には、彼にはまだ子どもがいなかったようで、平城の子高岳親王を皇太子とした。ところが、薬子の乱（平城太上天皇の乱）が起きると高岳親王は廃された。薬子の乱の原因については各種考えられるが、太上天皇（上皇）が天皇と同じく詔や勅を出すことができることに象徴されている。太上天皇が天皇と同等の権力を持ち得るという構造上の欠点が存在したのである。薬子の乱は、結果として天皇側の勝利となったが、太上天皇という構造的対立物をなんら解消したわけではなかった。そこで、嵯峨は退位後、影響を残しつつも内裏を離れ嵯峨院に退居した。おそらく、平城の二の舞を避けるためであろう。ここに太上天皇の権力は後退し、最高権力者としての天皇が成立したのである。これは、日本の古代王権がより強力な権力基盤を獲得したことを意味する。

ただし、大同四年（八〇九）に嵯峨天皇が平城太上天皇のもとを訪れたのを初見とし、承和元年（八三四）には、仁明天皇が嵯峨太上天皇と母 橘 嘉智子を訪問したことをきっかけとして、天皇が太上天皇を訪れる朝覲行幸が成立した。これは、天皇が太上天皇に子としての孝道を示す儀礼であったが、見方を変えれば、太上天皇が、家父長として天皇を含む皇室の頂点に立ったことを意味する。薬子の乱を経て、確かに天皇が太上天皇を押さえ込む権力構造が現れた。しかし、父子関係という血の論理までを乗り越えたわけではない。この問題はすぐに顕在化することはなかったが、宇多太上天皇と醍醐天皇の関係を経て、院政という形で再び政治上の問題として躍り出てくることになる。

父子相続と兄弟相続

桓武には現在知られるかぎり二七人のキサキがいた。一般的には、色好みとして語られるが、それればかりではなかろう。先に述べたように、皇位継承の権利をもつ者が少ない以上、桓武自らがなるべく多くの子どもをもうけることが必要だったのだろう。しかし、子どもの多さが、後の混乱を招くことになる。次ページの系図を見ればわかるように、桓武の子どものうち、平城・嵯峨・淳和が即位し、伊予親王は謀反を起こしたとして排除された。これは、前後の天皇系譜と比べてみると、かなり異質である。それまで、途中に女帝を含むものの、天武―（草壁）―文武―聖武―孝謙、光仁―桓武―平城と父子相続が続いてきたのだ。ところが、それ以降二代にわたって兄弟相続が続くのである。

　薬子の乱の影響で、平城の子で皇太子の高岳親王は廃された。代わって皇太子になったのは嵯峨天皇の弟大伴親王（後の淳和天皇）であった。当時まだ嵯峨には子どもがなかったから当然であった。ところが、それからまもなくして、嵯峨と橘嘉智子の間に正良親王（後の仁明天皇）が生まれた。そして、弘仁六年（八一五）には、嘉智子が皇后となった。嵯峨は、正良親王を皇太子に立てることを宣言したようなものである。ここにいたって、大伴親王の立場は非

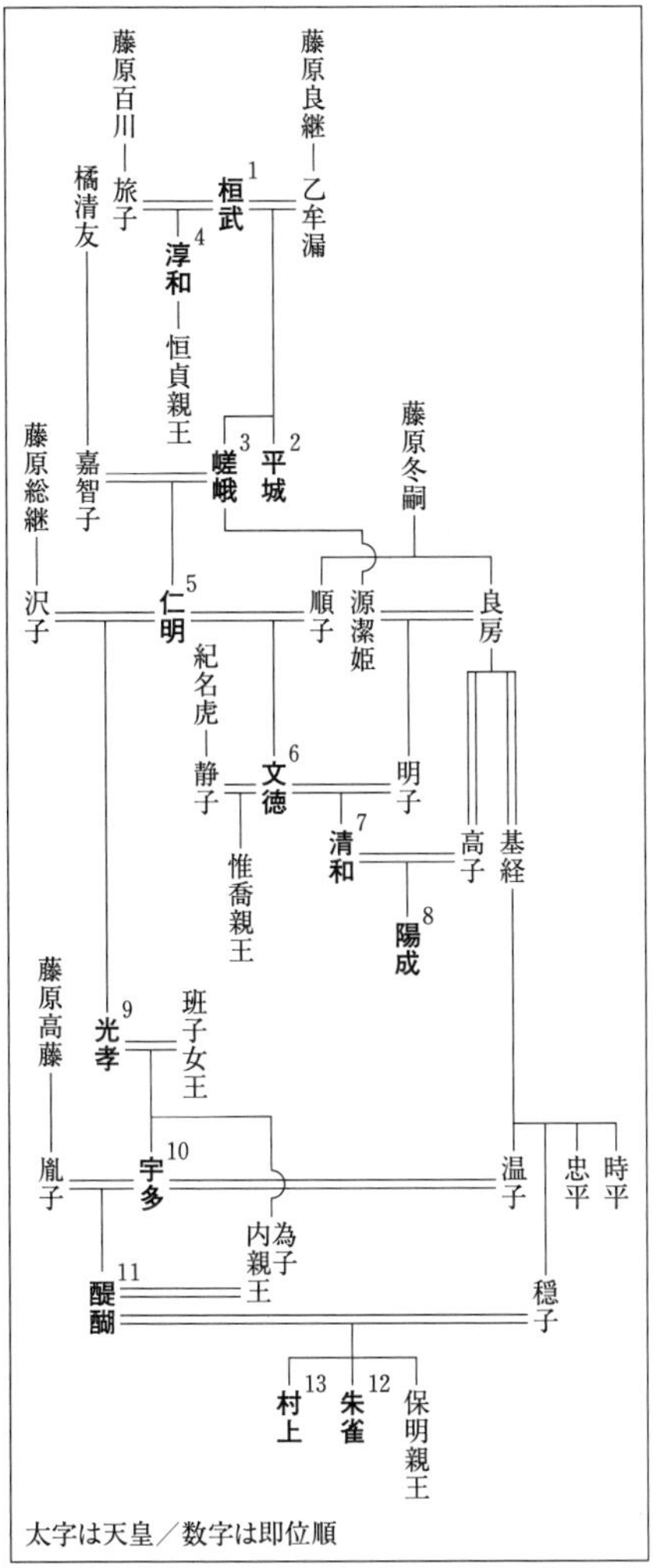

図Ⅱ-10-1　平安前期の天皇系図

常に危ういものとなった。正良親王を立太子するには、大伴親王が邪魔なのだ。大伴は、ひたすら嵯峨に対して恭順の意を示すしかなかった。

しかし、嵯峨と大伴の間は、見かけ上は良好であった。弘仁一四年、嵯峨は譲位し、大伴親王が即位して淳和天皇となった。即位の少し前、正良親王を皇太子としたことは、一種の取引とも考えられる。そして、嵯峨は前記のように、嵯峨院に退居した。

淳和が即位すると、平城・嵯峨の姉妹で、すでに亡くなっていた妃の高志内親王に皇后の位を贈った。これは、彼女との間にもうけた恒世親王の権威づけと考えられる。今度は淳和にとって、正良親王が邪魔になりはじめた。ところが、その恒世は天長三年（八二六）に亡くなってしまう。そこでがぜん注目されるようになったのが、恒貞親王であった。だが、なにぶん恒貞は天長二年生まれでまだ幼すぎた。それでも淳和は、恒貞の生母で、嵯峨の娘であった正子内親王を皇后にした。一連の経緯をみると、淳和は是が非でも自分の子どもを即位させたいと考えていたにちがいない。

天長一〇年、淳和は譲位し、正良親王が即位した。仁明天皇である。仁明は直ちに恒貞親王を皇太子に立てた。嵯峨・淳和・仁明の間で談合があったのかもしれない。

以上のように概観すると、嵯峨以降、天皇と皇太子は、父子関係になく伯父・甥の関係で、あたかも入れ子状態になっていたことがわかる。そして、いずれの場合も、甥を皇太子に立てるとほぼ同時期に、自分の妻を皇后（贈位も含む）につけ、実子の将来を無言のうちに皇太子にアピールするという特徴があった。嵯峨と大伴、淳和と正良の時は、薬子の乱の反省もあって、穏便にことが運んだ。しかし、時の権力者藤原良房が現れ、淳和が死去、そして嵯峨が危篤になったとき、その微妙なバランスは崩れ、承和の変が勃発したのである。ある意味で、承和の変は、兄弟相続が続いているかぎり、起こるべくして起こった内紛といえるだろう（二五三頁）。

皇太子恒貞は、承和の変によって位を追われ、代わりに皇太子となったのは道康親王、後の文徳天皇であった。それ以降、天皇は文徳・清和・陽成と父子相続が続くことになる。仁明から数えて四代にわたって父子相続が現れた理由は、一見唐風文化が花開いた平和な時代にみえながらも、兄弟相続という常に一触即発の危険をはらんだ時代への反省が込められていたからではなかったか。

清和朝の意義

惟仁親王は、わずか九歳（満で言えば八歳）で即位した。清和天皇である。ここに歴史上はじめて幼帝が誕生したのである。逆にいえば、幼帝が出現しうる環境が整ったとみることもできる。父子相続が続いたことにより、兄弟相続に源を発した皇位継承をめぐる紛争が回避できるようになったこと、唯一の女帝候補者の正子内親王（淳和の皇后）は、廃太子恒貞親王の母であり、その可能性はなかったこと、藤原良房が外戚になり、承和の変などでほとんど皇位継承候補者がいなくなり、政治が安定したことなどが理由としてあげられる。

だが、もう一つの原因は、三二歳で亡くなった文徳のあまりにも早い死であった。文徳がもう少し長生きしていれば、幼帝を立てなくともよかったはずであるが、文徳を父とする皇子は、一五歳の惟喬親王を筆頭に全部で四人、いずれが即位しても幼帝、もしくはそれに近い天皇だったわけだ。文徳は惟喬の才能を愛していたようだが、血統からみて全員が成人していれば、問題なく惟仁が後継者となったはずである。文徳が早世したために、惟喬が候補になったにすぎない（二四九頁）。

桓武天皇と宇多天皇

清和天皇が譲位して即位したのは、清和の子貞明親王（陽成天皇）であった。しかし、彼は行動に問題があり、ついに近臣を殺してしまう。これには藤原基経たちも驚き、陽成を退位させた。だが、ここで問題が生じた。陽成の子どもを即位させるわけにはいかなくなったからだ。これは仁明天皇から続いてきた父子相続の原則が途切れたことを意味する。そこで担ぎ出されたのが、仁明天皇の子時康親王、後の光孝天皇であった。時に五五歳。だが、この皇統の変化は、大きな意味をもつ。二世代以上遡って王統が変化する前例は、光仁にまで遡る。そういえば、光仁―桓武と光孝―宇多という皇統のあり方、そして桓武天皇と宇多天皇は類似している。

そもそも、宇多が創設した制度は、後世に大きな影響を与えた。まず、儀式・国政面では、「所」の整備、元日四方拝などの儀式の創設、五位蔵人を新設するなどの蔵人所の再編、遣唐使の派遣計画などがあり、地方政治においては、宇多のみによるとはいいがたいものの、受領国司制の整備、また文化面では和歌の興隆などがあげられる。とくに受領国司制の整備は、国家の基本構造を転換させるほどの大きな意味をもっている（二七九頁）。それではなんのために改革や事業を行なったのであろうか。そのもっとも大きな目的は、やはり自身による親政、裏を返せば、藤原氏に対抗するためだったと思われる。こうした政策を実行できたのは、藤原氏との疎遠性、そして王統が父の代で大きく代わったという革新性によるものだった。

桓武天皇と宇多天皇がお互いよく似た境遇のなかで生き、ともに専制君主を目指して新しい国家形態を切り拓いていったことは偶然ではあるまい。ここに一つの歴史法則を見出すことも、あながち不当ではないように思われる。

〔薬子の乱〕

平城天皇が、早良親王ばかりか伊予親王の怨霊にも怯えて退位したのは、大同四年（八〇九）四月のことであった。その一〇日ばかり後に即位したのが、嵯峨天皇であった。そして翌日には平城の子高岳親王を皇太子に立てた。この時にはまだ嵯峨の子は生まれていない。

退位した平城太上天皇は、寵愛していた藤原薬子らを引き連れ平城京に移った。藤原仲成（薬子の兄）は、平城京で改修工事に取り組んでいた。仲成・薬子兄妹は、藤原式家の出身で、長岡京造営中に暗殺された種継の子どもであった。

こうした平城の行動は、嵯峨天皇の警戒心を弥が上にも高めたにちがいない。弘仁元年には、巨勢野足と藤原冬嗣を蔵人頭に任命し、天皇から太政官への命令伝達系統を確保した。嵯峨天皇当時薬子は、天皇の命令発布にかかわる尚侍に任じられていたから、それへの対抗策と思われる。それに対して、平城太上天皇は、観察使を廃止し参議を復活させた。太上天皇と親しい観察使を太政官に送り込むねらいであろう。

だが、平城太上天皇が参議号の復活という国政にかかわる重要案件を行なえたのはどうしたわけだろうか。これは、当時の天皇と太上天皇の関係に原因がある。当時太上天皇は、詔や勅を天皇と同等に下す権限をもっていたのだ。平城と嵯峨同様、天皇と太上天皇が権力争いをした例として、少し前の孝謙太上天皇と淳仁天皇があげられる。

さて、九月になると、太上天皇は平城京への遷都を命じた。こうなっては天皇も見過ごすことはできない。あるいは、平城と嵯峨が実の兄弟であるという点（母は藤原乙牟漏）が逆に災いしたのかもしれない。天皇は薬子を解任し、仲成を逮捕し殺害した。平城は東国に下って再起を図ろうとするが、天皇側の軍隊に行く手を阻まれ、ついに出家、薬子も自殺した。そして、皇太子の高岳親王も位を追われ、弟の大伴親王（後の淳和天皇）が皇太子となった。後に高岳親王（法名は真如）は、入唐求法の旅に赴き、インドに向かう途中、羅越国（シンガポール付近）で死去することになる。

薬子の乱の原因・背景については数多くの見解がある。しかし、ここで強調しておきたいのは、「二所朝廷」（『日本後紀』弘仁元年九月一〇日条）といわれたように、天皇と太上天皇が同等の権力をもっていた点である。これは構造上の欠陥であった。しかも、退位した太上天皇が再度即位したことも、近くは称徳天皇（孝謙天皇が重祚）の例があり、なんら不思議ではなかった。

　嵯峨は、天皇権力と太上天皇権力の整理という重い宿題を背負わねばならなかった。後年、嵯峨は、譲位した後、内裏に留まらず嵯峨院に隠居した。これは嵯峨が自らその重い宿題に解答を見つけたことを示している。ここにおいて、最高権力の保持者としての天皇が誕生したのであった。

〔幼帝のはじまり〕

九歳の惟仁は即位して清和天皇となった。以後、陽成・朱雀・円融天皇など、一〇歳前後の天皇が誕生し、永万元年（一一六五）、わずか二歳で即位した六条天皇まで現れる。その意味で、清和天皇の存在は無視できない。

　ところで、清和以前にも幼帝が誕生する可能性はあった。慶雲四年（七〇七）に文武が亡くなったとき、首皇子（後の聖武天皇）は七歳で、すぐ即位していれば幼帝となったはずであった。しかし、その時は、文武の母の元明天皇、次いで姉の元正天皇が相次いで即位し、聖武は二四歳でようやく天皇になっている。奈良時代以前の天皇は、成熟した大人として十分な政務能力が備わっていることが必須条件であった。

　さて、清和天皇のような幼帝が出現する背景としては、桓武朝以降、天皇と議政官組織の役割分担が進展したこと、王統が天武系から天智系に替わり、皇位継承の可能性のある天武系の人物がいなくなり、天智系の王統が安定していったことなどがあげられる。また、薬子の乱を経て、太上天皇（上皇）の政治上の位置づけが、後退したことも重要である。

さらに、清和が即位する前年の天安元年（八五七）、清和の外戚藤原良房が太政大臣になったことも注目される。おそらく、翌年の清和即位の準備の意味合いがあったと考えられている。実質的な摂政とみることもできよう（二四九頁）。こうなれば、血統の条件を満たしてさえいれば、天皇個人の資質は問題とならなくなった。いわば天皇の機関化である。

ここで、女帝の問題に移ろう。女帝が出現する最大の原因は、男性の皇位継承候補者になんらかの障害が生じた場合である。しからば、清和の時はどうであろうか。女帝の条件は、直系の天皇の生母もしくは直系の天皇の同母姉妹であるから、候補者は清和の祖父仁明天皇の同母姉で、淳和天皇の皇后正子内親王のみであった。しかし、彼女は恒貞親王の生母であり、恒貞は承和の変で廃太子された人物である。正子を即位させる訳にはいかなかったであろう。そこで選ばれたのは、嵯峨・仁明・文徳と続いてきた直系天皇に連なる清和であった。おそらく、直系理念の導入により、女帝は出現しなくなったのだろう。

なお、幼帝の出現は、天皇が世俗の政治とかかわらないというイメージを増幅させるとともに、民俗学的に神とみなされる子どもが天皇になることによって、天皇制に対して、神聖性のイメージが増幅されたのではないかとの指摘もある。

幼帝に対しては、従来、歴史的価値をあまり認めてこなかった。しかし、視野を広げてみると、天皇制における幼帝の役割は、決して小さくないことがわかる。

〔宇多朝の特質〕

宇多朝は大きな画期であった。昇殿制の成立、蔵人所の整備、「所」の整備、儀式の整備などがあげられる。昇殿制とは、内裏の清涼殿に昇ることのできる人物を、位階ではなく天皇が個人個人を審査して決める制度で、天皇が替わればまた新しく決定された。蔵人所は、薬子の乱の際、嵯峨天皇が設けた令外官だが、宇多は五位蔵人や蔵人所別当の設置、職務を明文化した『蔵人式』を編纂し、その整備を行なった。「所」は、御書所・滝口所など宮中のいろいろな役所のことで、その新設・整備が行なわれた。儀式の整備については、ここで細かく述べる余裕はないが、全体的に中国的要素を取り入れた儀礼を創出・整備しようとしていたと考えられる。これらはいずれも天皇との私的関係を重視するための政策である。

また、一方では、宇多は唐風文化の摂取にも積極的であった。実行はされなかったが、六〇年ぶりの遣唐使派遣計画については、形式的な計画だったとする見方がある一方、中国文化の積極的な入手に目的があったとする見解もある。また、宇多は文章博士（大学寮で詩文・歴史を教えた学者）に翰林学士（中国皇帝の諮問に個人的に答える学者で、宰相としばしば対立した）の役割を持たせようとしたらしく、阿衡事件の原因の一つに橘広相が文章博士を兼務していたことが想定されている。概していえば、宇多が目指したのは、天皇権力の強化であり、その具体的方法が唐風文化を基調にしつつ、律令制に基づく位階秩序から天皇との個人的関係を重視する体制への変化であった（二五一頁）。

こうした宇多の施策に反発したのが、阿衡事件や菅原道真の左遷など、藤原氏による圧力であった。宇多が目指した国政は、宇多自身の突然の退位により完成することはなかった。歴史に「もし」は禁句だが、あえてもし宇多の政策が一定程度定着したならば、われわれが知っている一〇世紀とはまったく別の一〇世紀が、展開したのかもしれない。

〔王朝国家論〕

一〇世紀はじめあたりを境に、律令国家は大きく変貌していった。とくに地方支配において変化は顕著であり、籍帳の作成や班田制の施行が行なわれなくなり、国内の支配権を受領が独占するにいたって、百姓が負名へと編成された。税も人頭税から地税へと移行し、税目も官物や臨時雑役へと変化していった。こうした国家体制を中世への移行期としてとらえ、律令国家とは区別する意味で王朝国家という。

　この名称の出現の背景には、同時期を古代国家（古代的階級社会）の没落ととらえる石母田正を中心とする学説への批判があった。

　はじめてこの言葉を使用したのは高尾一彦であったが、高尾の説を発展させたのは、戸田芳実・河音能平らであった。彼らの説では、田堵＝農奴と規定し、田堵とそれに対抗して私的大土地所有を行なう荘園領主を二つの封建領主とみなし、両者の利害の調整を行なう国家を王朝国家と位置づけた。

　一方、坂本賞三は、戸田・河音説を継承しつつも、土地制度史に力点を置きつつ、独自の説を展開した。坂本は、一〇世紀はじめ以降、律令制的土地制度に代わって、基準国図という図面をもとに、免除領田制（りょうでんせい）と呼ばれる新たな土地制度が導入されたとし、後に前期王朝国家・後期王朝国家という概念を設定した。前期王朝国家では、受領が恣意的な収奪を行なった結果、「尾張国郡司百姓等解文（おわりのくにぐんじひゃくしょうらげぶみ）」に代表される国司苛政（かせい）上訴が頻発したため、国家は諸国内の税率を固定し、国司が勝手に利率を変動させられなくした。これが一〇四〇年代頃に定められた「公田官物率法（こうでんかんもつりつぽう）」で、これ以前を前期王朝国家、以後を後期王朝国家と名づけたのである。

ただし、王朝国家という用語をしばしばみかけるものの、必ずしも厳密に使われているとはかぎらず、単に王朝貴族の時代という意味として用いられている場合も少なくない。

11　遣唐使の役割

遣唐使とはなにか

遣唐使がはじめて派遣されたのは、犬上御田鍬を大使とした舒明二年（六三〇）のことであった。以後、承和六年（八三九）に帰国した最後の遣唐使（計画だけならば宇多朝にもあった）まで、数え方にもよるが、合計一五回ほどである。

遣唐使の派遣目的は、唐の進んだ文物や文化・制度を取り入れること、東アジアの情勢を入手し、唐で国際的な地位を確保すること、国家による貿易を行なうことの三点に集約することができる。

大化の改新と遣隋使・遣唐使

隋からの使者、裴世清とともに隋に入った学生や学問僧のなかには、二〇年以上も中国に留まった人物もいた。こうした人々が次の時代を切り拓く原動力になった。第一回遣唐使で帰国した僧旻、舒明一二年に新羅経由で帰国した高向玄理らは、隋が亡び唐が統一国家をつくるのを目の前で見た。高句麗遠征や大運河の建設など、民衆に過度の負担を強いた国家がどのような末路をたどるのか身をもって体験したのだ。彼らは、中大兄皇子や中臣鎌足らに、当時の隋・唐の進んだ政治体制や文化、そして緊迫した東アジア情勢を教えた。その結果が六四五年に起きた大化の改新（乙巳の変）であった。留学生や留学僧は、大化の改新の原動力であったし、改新政府の強力なブレーンとなったのだった。

将来されたものとされなかったもの

中国からわが国にもち込まれたものについて、その全貌を語ることはここでの目的ではないので、九世紀の後半に藤原佐世によって著された『日本国見在書目録』に従って概略をみていこう。同書からは、孝経、論語、歴史書、伝記、律令格式などの法制書、開元礼などの儀式書、道教関係の書、地理書、系図、小説、儒家・道家・法家などの諸家、類書、書儀、天文、仏書、楽曲、暦、兵書、医学、文人の詩文集など、あらゆる分野の書籍が船載されていたことがわかる。最近では、書物の道という意味で、ブックロードという言葉さえ用いられている。

近江令がつくられたか否かという点は議論のあるところであるが、現在確認できるわが国最初の令は、持統三年（六八九）に施行された飛鳥浄御原令である。そして、大宝律令によって支配構造が確定した。大宝律令がもとにしたのは、唐の永徽律令であったが、大業令や開元令ももたらされていた。また、格式については、永徽格式・垂拱格・開元格式・開元新格が将来され、そのほか単行法令ももち込まれていた。わが国が律令国家の体裁をとりえたのも、遣唐使（遣隋使も含む）が隋唐の律令制度に関する知識や書籍を持ち帰ったためであった。

また、律令格式については、日本の国情に合うように改変の手を加えられているが、編纂者の多くは留学経験者あるいは渡来人であった。人的面においても、遣唐使に負うところ大であった。さらに、正倉院に伝来した美術工芸品のように、唐はもちろん中央アジアや遠く地中海周辺地域の文物がもち込まれていることは広く知られている。

一方、意識的に取り入れなかったものもある。その第一は、思想としての道教である。もちろん、道教にかかわる文物は、すでに七世紀以前から、朝鮮半島あるいは直接中国からもたらされてきたが、道教そのものは意識的に拒んできた。淡海三船（おうみのみふね）が著した鑑真（がんじん）の伝記『唐大和上東征伝（とうだいわじょうとうせいでん）』によれば、遣唐使から鑑真を正式に日本へ招きたいとの要請があった際、玄宗皇帝は、鑑真が行くことを認めた上で「道士」（道教の師）を連れて行くことも求めた。これに対し、遣唐使は日本では道教を信奉していないので、道士を連れ帰ることはできない。ついては、代わりに四人の日本人を残して道教を学ばせることとし、鑑真を招聘（しょうへい）する申請も取り下げたという。日本では国是として思想としての道教を拒んでいたことになる。

現在、中国はもちろん、東アジア諸国を旅行すると、道観（道教の宗教施設）をしばしば目にすることがある。しかし、日本には近代以降に建てられたものを除けばそれは存在しない。ここに歴史的な選択が働いていたのである。

第二は宦官（かんがん）（去勢された官人）である。中国はもとより、朝鮮・ベトナムなどでは残っていた。それらの国の宮中には宦官がおり、時として皇帝の側近として大きな勢力を形成し、宰相、場合によっては皇帝までも殺害することがあった。

一方、内侍（ないじ）とは中国では宦官のことを指す、日本では女官のことを意味する。中国皇帝の命令伝達には宦官が、日本では天皇の命令伝達に女官がかかわっていたという違いがある。なぜ、日本が宦官の制を受け入れなかったのか、よくわかっていない。この点について、よく日本は道義的に宦官を受け入れなかったという話を聞くが、それは現代的な価値判断であろう。筆者は、日本では近世まで家畜の去勢が知られていなかったことからみて、日本には去勢という技術や概念がなく、結果として宦官制度を受け入れなかったのではないかと推測している。遣唐使は中国のすべてを伝えたのではなく、選択の目をもっていたことは注目すべきであろう。

遣唐使に加わった人物

吉備真備・最澄・空海・菅原清公（菅原道真の祖父）のように遣唐使として唐に渡り、中国文化を学んで帰国した者も多くいた一方で、唐で一生を終えた者も少なくない。たとえば阿倍仲麻呂は、養老元年（七一七）に渡唐、玄宗にその才能を認められ、唐で仕官、李白などとも詩文を交換した人物であった。しかし、天平勝宝五年（七五三）に、皇帝の許可を得て帰国を企てたものの、船が難破して帰国を果たせなかった。また、中国で発見された墓誌にも、中国で亡くなった「井真成」という人物がみえる。

そもそも、遣唐使の航路は、大宰府を出発し、朝鮮半島沿いに進み中国にいたるというものであった。ところが、八世紀半ば以降、新羅との関係が悪化すると、東シナ海を横断せざるをえなくなり、遭難が多発するようになった。航海のもようは、六度目にようやく渡海することに成功した鑑真の伝記『唐大和上東征伝』からも知ることができる。航海に失敗したり、難破して見ず知らずの土地に流れ着いて命を落としたりした者も多かった。

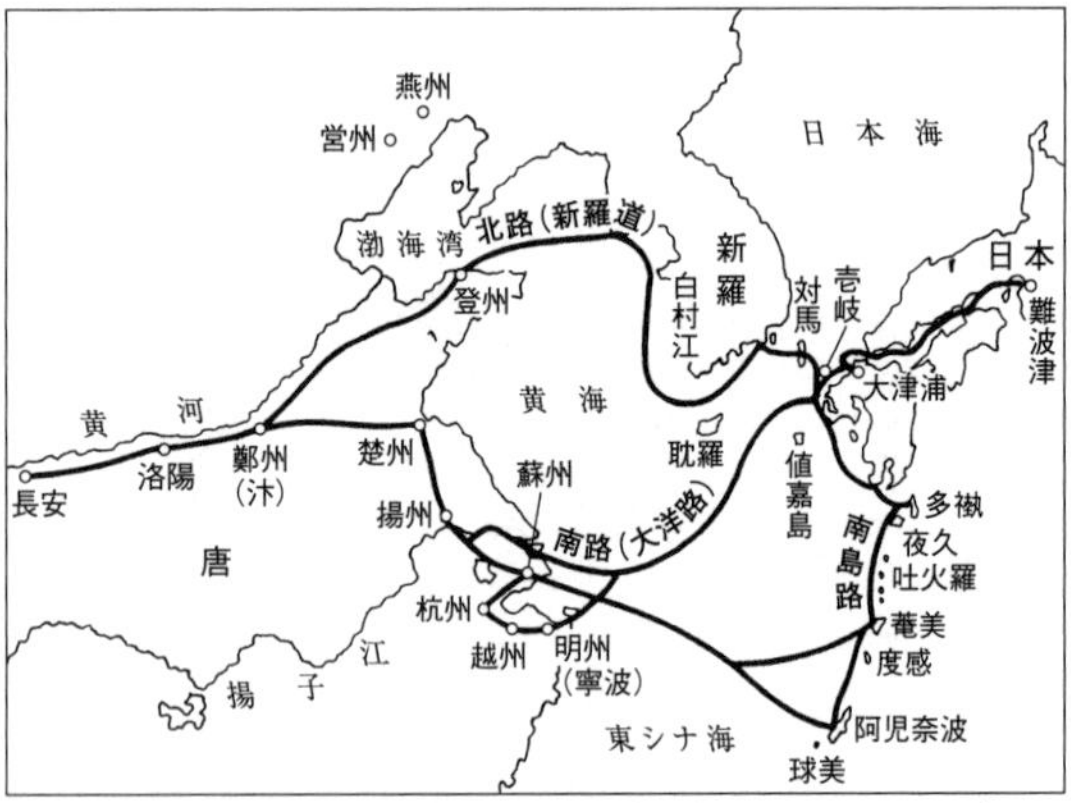

図Ⅱ-11-1　遣唐使航路推定図（田島 公／1991より）

遣唐使の外交

遣唐使が外交使節である以上、国書を持参していたのかという点は問題になる。唐と日本の関係（朝貢か否か）を曖昧にするため、国書を持参しなかったというのが、本居宣長以来の見解であった。ところが、東洋史研究者の西嶋定生は、遣唐使が「国信」を含む対等に近い贈物儀礼を行なっていたこと、国書を携行し、その書き出しは「明神御宇日本主明楽美御徳敬白大唐皇帝、云々」であろうことなどを指摘した。この見解には批判もあるが、支持する意見も多い。国書の有無は、遣唐使派遣の根幹にかかわる重要な問題で、今後とも議論がなされねばならない。

さらに、近年指摘されたのが、遣唐使の二〇年一貢問題である。従来は、実際に派遣された間隔からみて、遣唐使は定期的に派遣されてはいなかったと考えられてきた。ところが、東野治之は、『唐決集』所収の唐天台山の僧の書状などから、二〇年に一度の約束があったと考え、実際にあてはめてみると、八世紀前半には、ほぼ二〇年に一度の間隔になる場合があると指摘した。

東野の見解に賛同する研究も多い。

なお、大宝元年（七〇一）に久しぶりに任命された遣唐使は、単に唐との外交や文化摂取を目的としたのではなく、飛鳥浄御原令で定められた国号の「日本」や「天皇」号を唐に認めさせるために派遣されたとも考えられている。ただし、天皇号の成立年代については推古朝や斉明朝とみる異説もある。

最後に一つ。唐に使者を派遣していた国は、日本だけではなかった。朝鮮半島諸国はもとより、西域や東南アジアの諸国も含まれていたのだ。ところが、日本を除けば、これらの国々が朝貢していた記録は、中国の史書にほぼ限定される。自国の史書がほとんど残っていないためである。一方、日本の場合、国史がよく残されているため、自国の史書からも中国との交流を比較的細かく知ることができる。そこで、日本と唐の関係は密接で、外交上、唐は日本をとくに重視していたのではないかと考える説もある。しかし、唐から日本に向けられた使者は、遣唐使の数と比べてきわめて少なく、ほかの国と比べて特別に日本を重視していたとは考えがたい。日本側史料の残存状況がよいことに惑わされてはならない。

〔遣隋使〕

倭王武（わおうぶ）が南朝と通行して以来、百年ぶりに倭国から隋へ使者が派遣されたのは、推古（すいこ）八年（六〇〇）のことであった。遣隋使の派遣の背景には、隋の成立にともなって、朝鮮三国が朝貢し、皇帝から称号を授与されたこと（冊封（さくほう））への対抗という意味があった。

その後、推古一五年には、小野妹子が派遣された。その際、妹子が持参したのが有名な「日出ずる処の天子、書を日没する処の天子に致す。恙なしや云々」と書かれた国書であった。この国書は隋の皇帝煬帝を激怒させた。「蛮夷の書、無礼なる者あり。復た以て聞するなかれ」とは、外交を司っていた鴻臚寺の長官に語った煬帝の言葉である。倭国王が隋の皇帝と同じ天子を称することは許されなかった。倭国は隋に対して対等な外交を求めたとしばしば指摘されるが、隋にとってありえようはずもなかった。

倭国が、冊封ではなく対等な外交を要求した背景には、当時、高句麗は五九八年に遼西へ出兵して隋と緊張関係にあったため、隋は高句麗の背後に位置する倭国と友好関係を保つと予想したこと、倭国は朝鮮諸国を朝貢国と位置づけていたため、それらと同等の地位に甘んじることは好ましくないと考えたことなどがあげられる。中国からみて朝鮮半島諸国より遠くに位置していたため、倭国に対して厳しい条件で臨まないと踏んだのだろう。

遣隋使の目的は、そればかりではない。国書にもあるように、仏教ひいては中国の進んだ政治制度や文化を取り入れようとしたところにもあった。推古一一年には小治田宮を都とし、冠位十二階を定めた。また、翌年には憲法十七条（史料的には後代の手が加わっている）をつくり、儀礼を改正する詔を下したが、いずれも遣隋使の派遣を契機とし、隋からの使者を受け入れる下準備であったと考えられる。とくに小治田宮は、単純ながら藤原宮や平城宮につながる都宮の原型を備えたはじめての宮であった。外交は内政に影響を与えることになる。

〔井真成〕

「井真成」とは、二〇〇四年、中国陝西省西安市内の工事現場から発見された墓誌に記されていた日本人留学生の名である。氏（ウヂ）名については、「井」という氏（ウヂ）名の一字から渡来系移住民の葛井氏（大阪府藤井寺市付近を本拠）とみる説が有力。墓誌によれば、真成は、開元二二年（七三四年）、三六歳で死去したので、「尚衣奉御」（皇帝の服飾を管理する五品官）を追贈されたなどと記されている。また、「日本」という国号もみえる。墓誌とは、生前の経歴や死者に対する賛辞を記し、遺体とともに墓に埋葬するもので、この場合は石に刻まれていた。

真成については、『続日本紀』などの他の文献に見られないが、年代から推定して、多治比県守を大使とする養老元年（七一七）の遣唐使に加わっていたと推測される。一行には阿倍仲麻呂や吉備真備が含まれていた。唐から帰国し、日本で華々しい経歴を積み重ねた人物がいた一方、唐土で亡くなった名もない留学生がはじめて歴史上に姿を現したことになる。

なお、二〇一九年には、吉備真備が筆をとったとみられる墓誌が中国でみつかり、現在研究が続けられている。

〔正倉院の文物〕

毎年、秋に開催される正倉院展を見るために、長蛇の列ができる。もちろんお目当ては、一三〇〇年前の国際色豊かな正倉院の文物だ。だが、正倉院の文物の出所・由来は一様ではない。正倉院の文物のなかで、その来歴がはっきりしているものには、いくつかのグループがある。

第一には、天平勝宝八歳（七五六）に亡くなった聖武太上天皇の七七日忌（四十九日忌）に、光明皇太后（光明子）が聖武の遺愛品を東大寺の盧舎那仏に奉献したものがある。この全容は、いわゆる「国家珍宝帳」から知ることができる。天武天皇からの相伝品の厨子や袈裟、光明子自筆の書跡、調度品・楽器・装身具・武器・鏡など六〇〇点以上から構成されていた。そのなかには、書聖王羲之とその子王献之の真蹟（自筆の書）、欧陽詢の真蹟（いずれも現存せず）、搨王羲之（現在では作成不可能な精巧な王羲之の書の写）などがあった。現存する王羲之の書の写「喪乱帖」「孔侍中帖」は、いずれもかつて正倉院に献納された搨王羲之にあたると推定されている。また、同日には、犀角（犀の角）などの薬物も納められている。しかし、現存するのはそのうちの一〇〇点にすぎない。

　第二が東大寺関係の品々である。なかでも大仏開眼会や聖武天皇の一周忌などに用いられたものが主要な資料である。波羅門（インド）僧の菩提僊那が大仏の眼を点じた筆（聖武や光明子ら参列者が結縁のために握った縷（綱）も含む）、墨、そして多くの布類、伎楽面などが含まれている。なお、先年、開眼会に参列した僧の歴名（蠟燭文書）が発見され、話題となった。

　第三に、造東大寺司関係のものである。このなかには古代史研究者によく知られた正倉院文書が含まれている。戸籍・計帳・正税帳など、当時の社会を知るうえで重要な史料もあり、それらは当時紙が貴重だったため、役所から反故紙として払い下げられ、その裏面が造東大寺司の監督下、写経事業の事務帳簿などとして二次利用された。

　工芸品のなかには、ヤシとラクダをあしらった螺鈿紫檀五絃琵琶（螺鈿で装飾された紫檀材の五絃の琵琶）やインコをモチーフとした螺鈿紫檀阮咸（げんかん）（絃楽器の一種）など、南方的なモチーフも少なくない。また、薬物や香木は、東南アジアやペルシャなどを原産地とする国際性豊かなものも現存している。

しかしながら、従来、外国製と考えられていた資料が、実は国内でつくられたことが判明した例もある。たとえば「鳥毛立女屏風（とりげりゅうじょのびょうぶ）」の下貼（したばり）からは、新羅との交易にかかわる文書が発見され、また、分析の結果、日本産のヤマドリの羽が使用されていることが確認された。文献が残っていない場合、産地を同定するのはかなり困難なことで、肉眼だけでは識別できない場合も多い。そこで、墨書の読み取りに効果がある赤外線テレビカメラや成分分析に用いるX線回折装置などの科学器機を駆使した研究も進んでいる。

〔新羅と渤海〕

新羅は、大化前代から日本の「朝貢国」として位置づけられてきた。ところが、斉明六年（六六〇）には百済、天智七年（六六八）にも高句麗が相次いで唐・新羅の連合軍に滅ぼされ、その後、唐の勢力も一掃されて、朝鮮半島は新羅によって統一された。

このような情勢のなか、新羅はしだいに勢力を蓄え、養老四年（七二〇）以来、対等な外交を指向し、日本と摩擦が生じていた。その後、八世紀半ばには一時的に関係は修復したが、天平勝宝五年（七五三）、遣唐副使大伴古麻呂（おおとものこまろ）が新羅の使者と唐の朝賀の席において席次を争う事件が起こり、両者の関係は急速に悪くなった。以後、藤原仲麻呂（なかまろ）は新羅征討計画を立て（実行されず）、九州の防衛を固めさせた。そして、宝亀一〇年（七七九）を最後に新羅からの使節は途絶えてしまった。

さらに、承和の遣唐使派遣に先立って、遣唐使船が難破した場合の保護を新羅に求めた使者に対する新羅の態度は、日本政府を大いに憤慨させた。新羅は、日本からの使者を問いつめるとともに、「小人（使者の紀三津のこと）荒迫の罪を許し、大国（新羅のこと）の寛弘の理を申す」との執事省牒を送ってきたからである。新羅を長い間、「諸蕃」と位置づけてきた「東夷の小帝国」の威信が、実際の国際社会のなかで、うち破られたことにようやく気づいたのだ。

だが、新羅からは、張宝高などの海商がたびたび大宰府に来港して多くの品々をもたらし、また日本と唐の間の人間交流（入唐僧など）にも貢献した。張宝高とは、新羅人であったが唐の軍人となり、清海鎮大使としてそこを根拠に貿易を行なって勢力を拡大し、新羅の王位継承に口出しするようになった人物で、後に暗殺された。

そうしたなか、承和九年（八四二）になると、新羅の政情不安も手伝って、それまで認めてきた新羅人の「帰化」を許可せず、追い返すという外交上の一大転換を図った。さらに、貞観一一年（八六九）に、新羅の海賊が豊前国の船を襲撃する事件が起こり、翌年に新羅が対馬を襲撃しようとしているとの情報がもたらされると、新羅に対する感情は一気に悪化し、敵対視するようにさえなった。

一方、渤海は、神亀四年（七二七）に、はじめて使者を送って以来、しばしば使者を派遣してきた。そもそも渤海は、七世紀末に、営州（遼寧省朝陽市）で起きた李尽忠の乱に乗じて、現在の中国吉林省敦化市付近で、旧高句麗人や靺鞨人によって建てられた国である。初代王を大祚栄といった。宝亀三年、光仁天皇の即位の際、第三代大欽茂が「天孫」を称し、臣下の礼をとらない書状を送ってきたため、書き換えを使節に求めたこともあったが、新羅が日本の大国思想から離脱しつつあるなかで、総体的には好意的に受け取られ、「蕃国」として位置づけられた。九世紀には、渤海の使者に対して華夷思想に満ちた太政官牒が発給されたこともあったが、九二六年に遼（契丹）に滅ぼされた。

渤海が日本に使節を派遣してきた背景には、渤海をめぐる微妙な東アジア世界の動向が関係していた。建国当時、渤海の北には、黒水靺鞨があり、渤海に無断で唐の官職を求めたところ、その対応をめぐって、第二代王大武芸と弟大門芸が対立し、大門芸は唐に逃げ込んだ。また、新羅が唐の要請により、渤海の南部を攻めるという事件も起こり、渤海は唐を含む周囲の国々と対立していた。その孤立状態を打開するために、日本に使者を送ったのだ。また、使者の数は数百人にのぼることもあり、単なる外交ではなく、日本との貿易にも目的があった。わが国でも渤海がもたらす高級な獣皮には高い需要があった。渤海の来日目的は、政治的なものから次第に交易に重心を移したと言える。

〔遣唐使の停止〕

『日本紀略』寛平六年（八九四）九月条の末尾には、「三十日、己丑、（中略）其の日、遣唐使を停む」とあり、従来、寛平六年九月三〇日に遣唐使は停止されたと解釈されてきたが、この説に疑問が出された。その理由は、『日本紀略』で、「其日」という表現を取る場合、「某日」、つまりある日の意味に用いられており、是日の意味に解してはならないことが明らかにされたからである。したがって、遣唐使の停止記事も九月三〇日条にかけるべきではなく、政府が遣唐使の停止を決めた事実はなかったのではないかと推測されるようになった。ただし、この奏状は、中国伝来の「議」という合議形式を踏まえている可能性もあり、遣唐使の停止が討議されたのか否かについては、検討の余地を残している。

　道真が遣唐使の停止を建議した理由については、遣唐大使となった道真自身が危険な遣唐使に赴くことを望まなかったから、派遣に莫大な費用がかかるから、すでに唐が戦乱状態にあったからなど、さまざまな見解がある。決定的なことは言えないが、道真が在唐僧の中瓘から、唐についての正確な情報を得ていたこと（『菅家文草』）は確かである。

　なお、これ以降遣唐使の派遣を計画したことがないことをもって、『日本紀略』の記事を遣唐使の廃止とみる説もあるが、菅原道真や紀長谷雄は、引き続き「遣唐大使」「遣唐副使」と文書に署名していることから、あくまで停止であって廃止ではない。

　また、遣唐使の停止をもって、国風文化が興ったという解釈もみられるが、国風文化はもっと早い時期から芽生えていたし、商人や僧侶による中国との交流はこれ以降も頻繁にみられる。遣唐使の停止の記事をもって、国風文化の発生と結びつけることは正しくない。

〔唐物交易と大宰府〕

日本の天皇や貴族たちは、中国からもたらされた品々（唐織物・木綿・香薬・経典・典籍・文房具・陶磁器・銅銭・竹木類・鳥獣など）を大変珍重した。これらの品々は唐物と呼ばれた。唐や宋の商船が博多に来航すると、天皇の判断のもと、滞在や貿易の許可が出され、商人たちは鴻臚館にとどまらされ身柄と貿易を管理された。日本からは、唐物の代価として、金・米・硫黄・水銀・美術工芸品などが輸出された。

外国の船が着岸すると、まず政府から交易唐物使が派遣されて優先的に交易が行なわれ、その後、院宮王臣家などの使者の買い付けが許された。しかし、実際には、院宮王臣家の使者が官使より先に貿易することもあったらしく、延喜三年（九〇三）をはじめとしてその禁制も出されている。こうした王権による貿易管理は一一世紀なかばころまで続いていた。

しかし、これ以降になると、交易唐物使の派遣はなくなり、大宰府の官人が管理する度合いが強まった。ちょうどこのころ、鴻臚館の役割も終焉を迎え、代わって唐坊という一種のチャイナタウンが現在のＪＲ博多駅の北に形成された。そこは中国商人たちの交易・滞在基地となり、日本人と婚姻関係を持った例も知られている。最近の発掘調査によって、その場所から、大量の貿易陶磁の破片、中国風の瓦などが出土することが知られるようになり、博多遺跡群と名づけられた。

もう一つ注目されるのは、入宋僧と宋の海商の関係である。古くは円仁・円珍などが唐の商船に便乗したことは有名であるが、一〇世紀以降も成尋などが宋の商船に乗って入宋している。日本の仏教において、貿易船の意味は決して小さくない。

平安中後期から鎌倉時代にかけての日唐・日宋貿易に関する研究は、近年盛んになりつつあるものの、未開拓な分野も多い。中国のみならず、より広い東アジア世界からの視点による研究が必要になってきている。

Ⅲ　貴族のまつりごと

Ⅲ　年　表（8–11世紀）

794	延暦13	平安京に遷都。
797	延暦16	坂上田村麻呂を征夷大将軍に任命する。
805	延暦24	最澄が天台宗を開く。
806	大同1	空海が真言宗を開く。
810	弘仁1	藤原冬嗣が蔵人頭となる。薬子の変が起きる。
820	弘仁11	弘仁格式の撰上。
823	弘仁14	大宰府管内に公営田を設置。
842	承和9	承和の変。
858	天安2	藤原良房が摂政となる。
866	貞観8	応天門の変。
878	元慶2	元慶の乱。
884	元慶8	藤原基経が関白となる。
887	仁和3	阿衡事件が起きる。
894	寛平6	遣唐使が停止される。
901	延喜1	菅原道真が大宰府に左遷される。
902	延喜2	延喜の荘園整理令。
914	延喜14	三善清行が意見封事を提出する。
935	承平5	平将門の乱。
939	天慶2	藤原純友の乱。
960	天徳4	内裏が焼亡する。
967	康保4	藤原実頼が関白となる。
969	安和2	安和の変。
988	永延2	尾張守藤原元命が郡司・百姓らに訴えられる。
1016	長和5	藤原道長が摂政となる。
1018	寛仁2	藤原道長が「望月」の歌を詠む。
1019	寛仁3	刀伊の入寇。
1028	長元1	平忠常の乱。
1051	永承6	前九年合戦。
1053	天喜1	平等院鳳凰堂が完成する。
1069	延久1	延久の荘園整理令。記録荘園券契所の設立。
1083	永保3	後三年合戦。
1086	応徳3	院政が始まる。

1　貴族とはなにか

貴族の政治的地位

古代の律令制国家は、古代専制国家の一類型に含まれる。専制主義というのは、共同体の意思が成員相互間の意思ではなく、首長によって体現される仕組みで、独裁の意味とは同じではない。律令制国家は、郡司など地域の首長による社会を基礎に運営されているが、実際に政治を動かしているのは、貴族と呼ばれる支配階級である。

日本古代の律令制においては、三位以上を「貴」、五位以上を「通貴」という。そして、これら五位以上の官人を「貴族」と呼んでいる。古代の官人は、年ごとの考課（勤務評定）の積み重ねによって、昇位するシステムであった。ところが、五位と六位の間には大きな壁があり、勤務成績だけでは五位に昇格できないような政治状況であった。

貴族は、蔭位の制度によって子孫が一定の位階を授与される仕組みなので、藤原氏などの貴族の子どもが、また貴族となることは比較的容易であった。このように貴族は学術用語であるが、「貴族の経済的収入」で述べるように、三位以上と四・五位、また六位以下の間では政治的・経済的特権に著しい違いがあった。

この「貴族」の語に対し、大化前代の有力氏族を「豪族」と呼ぶことがある。六世紀の継体朝以降、大臣の地位は巨勢氏から蘇我氏へ、大連は大伴氏と物部氏が占めて活躍していた。しかし大連の地位は、欽明元年（五四〇）に大伴金村が「任那問題」で失脚、用明二年（五八七）には物部守屋が滅亡して以降、後継者が任命されなかった。大臣は、蘇我氏がその地位を独占した。これらの氏族が、古代豪族として著名である。なお、大化の改新以後、大臣の地位は左・右の大臣に分かれ、阿倍・蘇我・巨勢・大伴・中臣氏らがそのポストについている。

大宝元年から奈良時代末まで、三位以上を出した出身氏族は藤原朝臣・大伴宿禰・石上朝臣ら二一氏、五位以上は一〇〇～一五〇氏を数えるという（関晃説）。

なお、貴族とは異なるが、天皇の一族はどのように呼ばれるのであろうか。天皇の兄弟・皇子は親王（女性は内親王）、四世までが諸王（女性は女王）で、ここまでを「皇親」という（継嗣令皇兄弟子条）。親王は、「三品」のような品階であるが、諸王・諸臣は「正三位」のような位階となる。教科書などでは貴族として扱われることもあるが、区別して取り扱うことが望ましい。

貴族の経済的収入

官人は、位階・職種に応じて給与が支給された。貴族は、この面でも経済的特権を有していた。まず有位者には、勤務日数（上日という）が一二〇日以上の官人（長上官という）に、位階によって春・夏と秋・冬の二回にわたり季禄が支給された。季禄は現物支給の俸禄の一種で、絁・綿（古代では真綿のこと）・布・鍬である（禄令季禄条）。

さらに、五位以上の官人には位田、三位以上には位封、四・五位には位禄が与えられた。位

種目＼位階	正1	従1	正2	従2	正3	従3	正4	従4	正5	従5	正6	従6	正7	従7	正8	従8	大初	少初
職封	18,360	18,360	12,240	12,240	4,890													
職田	760	760	570	570	380													
位田	1,520	1,406	1,140	1,026	760	646	456	380	229	152								
位封	1,836	1,591	1,224	1,040	796	612												
位禄							135	113	93	69								
季禄	289	289	184	184	131		71	59	40	34	22	20	17	15	12	11	9	8
以上合計	22,765	22,406	15,358	15,060	6,957	(1,258)	662	552	362	255	22	20	17	15	12	11	9	8

〔備考〕1）稲は1束を5升とした。／2）位田・職田は上田とみなし、穫稲は1町につき500束、実収は営料など120束を差引いて380束とした。／3）封戸からの収入は、竹内理三氏の50戸の標準収入高約306石という数字を用いた。／4）位禄・季禄は、延喜主税式の禄物価法により計算した。

図Ⅲ-1-1　官人給与換算表（関 晃／1997より）

封は位階に応じた食封（封戸）であるが、貴族は封主として、指定された戸から田租（律令法では二分の一支給、後に全給）と調・庸等を受け取った。位禄は食封に代わり、位によって与えられる絁・布・綿・庸布の物品である。

また、三位以上で太政大臣・左右大臣・大納言に任官すれば、職田・職封（職に対する食封）が授与された。地方に赴任することになる大宰府官人と国司には、職田と事力が支給された。たとえば天平勝宝元年（七四九）七月に大納言になった正三位・藤原仲麻呂には、春夏禄として絁一四疋・綿一四屯・布四二端・鍬八〇口が与えられ、田地は位田が四〇町、大納言の職分田が四〇町、そして食封が大納言として八〇〇戸、正三位として二五〇戸（令では一三〇戸）が支給される。さらに位分資人が六〇人、職分資人が一〇〇人となる。この給与制度は、慶雲三年（七〇六）に位封の改定があったが、令制の給与を米に換算して表示すれば、図Ⅲ-1-1のようになる。

表を見てわかるように、正四位は正三位の一〇％、正六位は従五位の八・六％であり、その格差が歴然としていることが一目でわかるだろう。

なお、五位以上に与えられるトネリは、一品～四品は帳内、五位以上は資人（位分資人）と呼ばれる（軍防令給帳内条）。帳内・資人とも従者で、保有者の警固・雑務に従事する。三位以上の職種（中納言以上）に与えられるのが職分資人で、名称は異なるが、トネリの一種である。

太政官の構成

大化前代の豪族、律令制時代に貴族と称された各氏族の政治力は、どのようなものであったのだろうか。

大化前代において、国政審議を行なったのは大臣・大連のほか大夫である。各有力豪族から一名が参加し、氏族の代表者のような性格を有していた。律令制下で太政官を構成したのが、太政大臣、左右大臣、大納言（三位以上の官位相当官）と、慶雲二年に再置された中納言（正四位上の相当官）、および参議（四位から選抜）からなる公卿である。

この公卿の氏名・履歴を記したのが『公卿補任』（一一世紀初頭までに成立し、以後追加）である。たとえば養老三年（七一九）条をみると、

右大臣	正二位	藤原朝臣不比等
大納言	正三位	長屋王
		阿倍朝臣宿奈麿
中納言	正三位	粟田朝臣真人
	従三位	多治比真人池守

正四位下　巨勢朝臣祖父
　　　　　大伴宿禰旅人
参　議　従四位下　藤原朝臣房前

の人名が記載されている。国政を議する議政官である太政官メンバーは、代表的な氏族から一名が参加するように構成されていた。しかし、藤原氏からは不比等と房前の二名を参加させていた。その比率も時期によって高くなる。このように太政官は、氏族の代表者会議的な性格をもっていたのである。

藤原氏

古代貴族のなかで、公卿として、太政官への参加に特別待遇を与えられたのが藤原氏である。藤原氏は、大化の改新に功績のあった中臣鎌足が、天智八年（六六九）に天智天皇から賜姓された「藤原氏」を名乗ったことが最初である。天武一三年（六八四）に、「朝臣」のカバネを与えられ、文武二年（六九八）には鎌足の子不比等の子孫のみが「藤原朝臣」の姓を継承し、ほかは旧姓の「中臣」に戻された。

不比等は、大宝律令と養老律令の律令編纂や、平城宮建設など律令体制の確立に大きな力を発揮するとともに、『日本書紀』の編纂に活躍した。また、娘の宮子を文武天皇の夫人とし、首皇子（後の聖武天皇）を誕生させた。また、聖武の妃に、娘の光明子をあてがい、阿倍内親王（後の孝謙天皇）を産み、皇太子の地位につけた。最終的には、長屋王の変後に皇后となる。

不比等は、天皇との姻戚関係を結ぶことによって、政権を主導していったのである。藤原氏の性格としては、開明的な律令制官僚の面と、天皇とのミウチ的氏族の二面性が強調されるが、不比等の時代からつくられた。

正倉院文書に含まれる「国家珍宝帳」（二〇四頁）に、二つの厨子（仏像・経巻などを収める、二枚扉の観音開きの物入れ）が記載されている。①「赤漆文欟木厨子」は、天武・持統・文武・元正・聖武・孝謙天皇と相伝されてきた名品である。この厨子は、天武・持統系の嫡子によって継承されたもので、元明の名がみえないのは、天武・持統の血統でないことによるという。また、②「赤漆槻木厨子」は、鎌足・不比等・光明子と継承された。①は天武・持統にはじまる天皇の歴史、②は藤原氏を象徴する宝物である。こうした由緒ある厨子が光明皇后によって大仏に献上されたことは、天皇家と藤原氏との密接な関係を物語っている。

また、「黒作懸佩刀」は、天武と持統の子草壁皇子から不比等に下賜され、以後、文武→不比等→聖武へと伝領された。この刀は、不比等の天皇家への仕奉の証であり、また天皇の不比等への信頼の証でもあった。なお、盧舎那仏に奉献された理由としては、天武嫡系の聖武と鎌足嫡系の光明子が治めてきた名品が、二人の子どもの孝謙で断絶するので、永世保全を図る意図だという（吉川真司説）。

不比等の四人の息子は、武智麻呂が南家、房前が北家、宇合が式家、麻呂が京家の祖となって、政治家として活躍した。四人は天平九年（七三七）に天然痘によって相次いで没するが、この四家の子孫は互いに抗争しながら、藤原氏以外の氏族を排斥していった。

〔身分と階層〕

憲法十七条（一二七頁）には、君（王）―臣（官人）―民（百姓）の三身分が記載されているが、まだ律令制下の良民―賤関係の区分はなかった。すでに『魏志』倭人伝に「奴婢」の語がみえ、身分差別の社会であった。良賤関係の賤身分が現われるのは、大化元年（六四五）の「男女の法」（生まれた子どもを父母のどちらに配属するかを決めた法令）である。

古代身分制の基本である良賤制が、制度的に確立するのは飛鳥浄御原令（持統三年、六八九年）であった。持統五年には人身売買と関係して、戸令による良賤関係を確定させている。律令法では、賤の核となる奴碑は「半人半物」であり、賤は「民」のカテゴリーには含まれない。したがって、古代には「賤民」という呼称は存在しない。良民は礼の秩序を守る、戸籍に登録された有姓者であり、課役を負担する。

	君	天皇	無姓
		皇親	無姓
良人	臣	官人 有位 三位以上（貴） 五位以上（通貴） 六位―初位 無位	有姓
良人	民	百姓	有姓
良人		雑色人 品部 雑戸	有姓
賤		陵戸 官戸 家人 公奴婢（官奴婢） 私奴婢	無姓

図Ⅲ-1-2
律令制下の身分と階層

ところで、天皇および皇親は良賤関係を超越した存在であり、賤とともに氏（ウヂ）とカバネをもたない無姓者である。律令制下の身分と階層関係を図示すれば、図Ⅲ-1-2となる。君は天皇で、その氏族集団が皇親となる。官人は職掌をもつが、その支配の対象者が百姓である。良賤関係の中間的な性格をもつ身分に品部（船戸・紙戸など特殊

官人	嫡子	庶子	嫡孫	庶孫
正・従一位	従五位下	正六位上	正六位上	正六位下
正・従二位	正六位下	従六位上	従六位上	従六位下
正・従三位	従六位上	従六位下	従六位下	正七位上
正四位上・下	正七位下	従七位上		
従四位上・下	従七位上	従七位下		
正五位上・下	正八位下	従八位上		
従五位上・下	従八位上	従八位下		

図Ⅲ-1-3　蔭階表

技術を有する集団で、特定の官司に配属された）と雑戸（雑工戸・鍛戸など、特定官司に所属する手工業の集団）があり、雑色人と呼ばれた。この品部・雑戸は、良民のなかで百姓の下位に位置づけられた。賤には、陵戸・官戸・家人・公奴婢・私奴婢と呼ばれる五色（種類）の賤が存在した。

〔蔭位〕

律令法では、皇親や貴族の子どもが父祖の位階に応じて、高位の位階を授与される制度があり、これを蔭位制という。

蔭位の規定は選叙令にあり、たとえば一位の嫡子は二一歳になれば従五位下、庶子は正六位上、三位の嫡子は従六位上、庶子は従六位下、正五位嫡子は正八位下、庶子は従八位上というように、位階が与えられる規定があった。これを蔭階という。皇親の場合は、親王の子は従四位下、諸王の子は従五位下が与えられる。

これに対し、大学で学んで出仕する学生は、トップの成績の秀才でも二五歳で正八位上を与えられるにとどまり、「上中第」の成績では、正五位嫡子と同じ正八位下であった。その後も、六〜一二年かけて一階昇叙するのが常であった。そのため蔭位制が尊ばれた。

このように蔭位の制度は、皇親・貴族を特別に優遇する特権的制度であった。また、日本の蔭位は、中国と比較しても授与される位階が高いのが特徴であった。

2　奈良時代の天皇と貴族の争い

聖武天皇と長屋王

大宝二年（七〇二）、持統太上天皇が亡くなった。時の文武天皇も病弱で、慶雲四年（七〇七）に病死した。文武には、大宝元年に藤原宮子との間に生まれた首皇子（後の聖武天皇）がいたが、年少で宮子が天皇家の出身ではなかったため、皇位継承に反対する者も少なくなかったらしい。そのため、首の成長を待つために、文武の母安閇皇女が即位した（元明天皇）。当時政情不安であったが、藤原不比等の政治主導により落ち着きを取り戻すと、和銅元年（七〇八）、平城京への遷都の詔が出され、二年後に遷都が決行された。藤原氏発展の基礎を築いたのは不比等であった。

和銅七年に首皇子が立太子すると、翌年、元明に代わって文武の姉氷高皇女が即位した（元正天皇）。この時点で首は一五歳。まだ若い。霊亀二年（七一六）には、首は安宿媛（後の光明皇后）と結婚し、神亀元年（七二四）に即位した。聖武天皇である。ただ、光明子が立后したのは天平元年（七二九）で、今しばらくの時間が必要であった。皇族の血を引かない女性がはじめて立后したことになる。

だが、聖武にはライバルがいた。長屋王だ。とくに神亀四年、聖武天皇と光明皇后の間に待望の男子（基王ないし某王）が誕生し、すぐさま立太子したものの翌年に亡くなると、皇位継承候補者のなかに長屋王の子ども（膳夫王）も含まれるようになった。このまま聖武が亡くなれば長屋王の子が皇位を継承する可能性が生まれたことになる。それを阻止するため、天平元年に長屋王の変が起こされたと推測される。長屋王をはじめ妻の吉備内親王、三人の子どもたちも自殺に追い込まれた。歴史に「もし」は許されないが、聖武の男王が無事成長していたならば長屋王の変は起きなかったかも知れない（二二八頁）。

長屋王亡きあと、不比等の子の四兄弟（武智麻呂・房前・宇合・麻呂）は、それぞれ政府の中枢に進出したが、折から流行した天然痘により、彼らをはじめ、その他の多くの議政官も亡くなった。

橘諸兄から藤原仲麻呂へ

この危機を救ったのが橘諸兄であった。彼は、美努王と県犬養三千代との間に生まれた、光明皇后の異父兄で、天然痘で疲弊した諸国を立て直すため、税や兵役の軽減などを推し進めた。また、唐から帰国した玄昉や吉備真備らを登用し、新たな政治を目指した。しかし、諸兄に対する反発も大きく、諸兄によって大宰府に左遷されていた、藤原宇合の子広嗣は、天平一二年、諸兄の失政を批判し、玄昉や真備を排除することを要求して、九州で反乱を起こした（藤原広嗣の乱）。乱はまもなく鎮圧され、広嗣も殺されたが、聖武は動揺し遷都をくり返すようになった。

天平一〇年には、聖武天皇と光明皇后の間に生まれた阿倍内親王（孝謙天皇）が皇太子となった。女性の皇太子はきわめて異例で、その後の政局に大きな影響を与えた。一方、武智麻呂の子仲麻呂と諸兄の子奈良麻呂が対立するようになった。その矢先、玄昉は、天平一七年に筑紫観世音寺に左遷された。諸兄のブレーンであったが、政治に深くかかわるようになったこと、法相宗を学ぶ玄昉が、東大寺に代表される華厳宗に圧迫されたことが原因とみられる。このころになると、聖武は政治に意欲を失っていたらしく、天平二〇年の元正太上天皇の死を契機として、天平感宝元年（七四九）には出家してしまう。

代わって即位したのが阿倍内親王である。左大臣は諸兄がつとめていたが、孝謙は仲麻呂を重用し、諸兄の権勢は傾いていった。諸兄は天平勝宝八歳（七五六）に辞任し、その直後聖武は亡くなった。

孝謙の後継者問題はさらに深刻であった。聖武は、死の直前、新田部親王の子道祖王を皇太子につけたが、翌天平宝字元年（七五七）、道祖王は素行の悪さから皇太子の地位を追われ、仲麻呂の意を受け入れた孝謙は、大炊王（後の淳仁天皇）を皇太子に立てた。これに対し、諸兄の子奈良麻呂は、仲麻呂に不満をもつ人々に働きかけ、仲麻呂を襲う計画を立てた。しかし、ことは事前に密告され、関係者の多くは獄死したり、配流されたりした。縁坐した者は四〇〇人を超えたという。この事件により、大伴氏や佐伯氏など古来の軍事氏族も没落し、中国的・儒教的色彩が強い仲麻呂の専制体制が確立した。

天平宝字二年、孝謙天皇は大炊王に譲位した。大炊王は即位して淳仁天皇となった。彼は孝謙によって帝位につけてもらったという意識が強かったらしく、孝謙と仲麻呂の傀儡的性格が強かった。そして、その年仲麻呂は恵美押勝との称号を与えられ、天平宝字四年には、大師（太政大臣）となった。ところが、この年、仲麻呂の後ろ盾だった光明皇太后が亡くなったことが、仲麻呂にとって大きな転機となった。

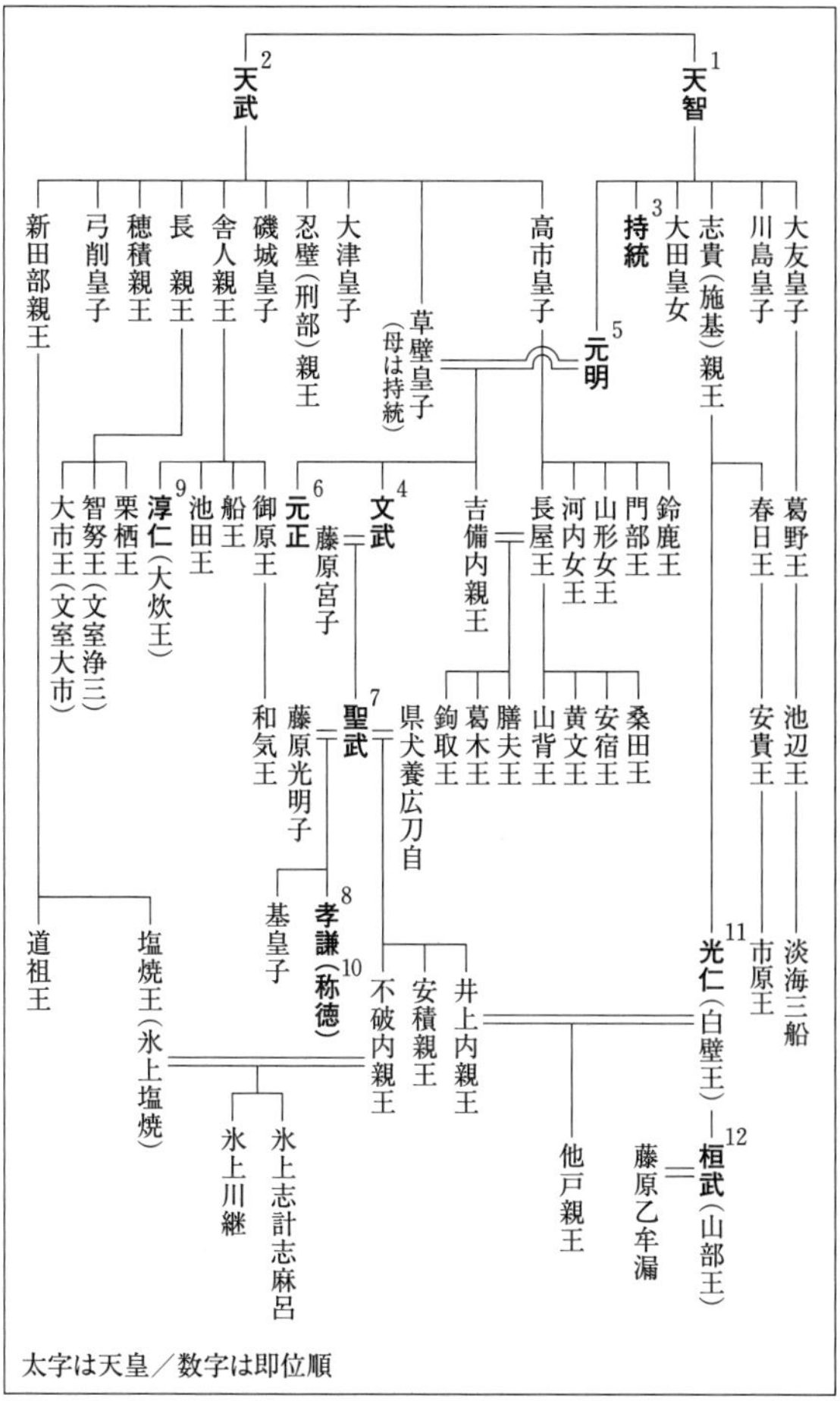

図Ⅲ-2-1　奈良時代の天皇系図

道鏡と孝謙天皇

母である光明皇太后の束縛から解放されると、孝謙太上天皇と淳仁天皇との関係は次第に悪化した。その原因は、僧道鏡が孝謙の病気を治したことをきっかけとして、孝謙が道鏡を重用しはじめたことと関係があるらしい。道鏡は、河内国の弓削氏の生まれ、梵語に明るく、山林修行を重ねることで呪術を身につけた。孝謙と道鏡の肉体関係については、可能性はあるが確たることはわからないというのが実情である。孝謙・道鏡対淳仁・仲麻呂の対立はしだいに深刻化していった。

天平宝字八年、仲麻呂は軍事クーデターにより反対派を鎮圧する計画を立てた。しかし、その計画は孝謙の事前に知るところとなり、孝謙は淳仁天皇のもとから、天皇権力のシンボルでもある鈴印（駅鈴と内印）を奪取した。鈴印が孝謙に渡った以上、仲麻呂は謀反人である。仲麻呂は役職を剝奪されると、近江国を経て越前国へ逃げようとした。しかし、孝謙側が先回りし、近江で殺害された。淳仁も捕らえられ、皇位を剝奪された上で淡路国へ流され亡くなった。どうやら暗殺らしい。

仲麻呂が殺された直後、孝謙は重祚して称徳天皇となり、道鏡は太上大臣禅師、のち法王に任じられた。神護景雲三年（七六九）、道鏡を天皇にせよとの宇佐八幡神の託宣があったとの報告が、大宰府の神官のもとから寄せられた。称徳は、和気清麻呂に託宣の真偽を確かめることを命じたが、彼は、称徳・道鏡の予想に反して、道鏡の即位を認めるべきではないとの宇佐八幡の託宣があったことを伝え、ことは未然に防がれた。

翌年、称徳が皇太子を決めずに亡くなると、議政官たちは後継者を決める合議を開いた。その結果、藤原永手・宿奈麻呂らは、称徳の偽の遺詔を読み上げたといい、白壁王を立太子すべきことを主張した。白壁王が立太子した日、道鏡は下野薬師寺に流された。

ここに天武系の皇統は途絶え、百年ぶりに天智系の天皇が復活した。光仁天皇である。光仁が選ばれた理由には、妻が聖武の娘井上内親王で、その間に他戸親王が生まれていたことが大きく関係していたらしい。しかし、これもまた次の火種を生むことになる。もっともそれまでいましばらくの時間が必要であった（一七七頁）。

〔「神亀」と「天平」〕

養老七年（七二三）九月、左京職が長さ五センチに満たない、赤い目をした白い亀を献上した。生物学的にいえば劣性遺伝によるアルビノ種である。そこで、治部省に勘ぜさせたところ、大瑞にあたるということになり、恩赦が施され、関係者に賜物された。

そもそも中国では、天が天子に地上の支配を委任し、天子に徳があれば瑞祥を現して王朝は続くが、徳を失うと新しい王朝に替わるという天命思想があり、詳しい瑞祥のリスト（符瑞図）が作成されていた。それはすでに日本に舶載されており、白い亀をリストに照らしたところ、大瑞（もっとも高いランクの瑞祥）であると判断されたのだ。

この瑞祥出現により、翌年二月に、元正天皇は譲位し、首皇子が即位して聖武天皇となり、養老から神亀に元号が改められた。だが、あまりにも出来すぎていまいか。二代続いた女帝から、待ちに待った文武天皇の息子聖武の即位を正統化するために、祥瑞の出現が仕組まれた可能性があろう。

では、天平という年号はどうだろうか。神亀六年六月、左京職（さきょうしき）が長さ一六センチほどで、甲羅に「天王貴平知百年」と読める文を持つ亀を献上した。この度も、この亀によって天平と年号が改められた。だが、当時の左京大夫（だいぶ）が藤原四兄弟の一人、麻呂であったこと、この亀出現の四か月前に長屋王の変が起きていること、改元の五日後に光明子が立后されたことが注目される。この場合も、長屋王事件の払拭（ふっしょく）と人心一新、それに立后を順調に行なうために、神亀にならって藤原氏らが仕組んだ改元劇であった可能性が高い。

〔長屋王〕

奈良市のデパート建設現場から、長屋王の邸宅跡が発見されたのは、昭和六一年（一九八六）のことであった。その場所は、平城京左京三条二坊一・二・七・八坪にわたる広大な敷地であった。そこからは、おびただしい数の木簡（もっかん）が出土し、長屋王ひいては古代史研究に大きな貢献をすることになった。そのなかでとくに注目されるのは、長屋王のことを「長屋親王宮」（親王とは天皇の子または兄弟姉妹）と呼んでいることである。これまで知られていた長屋王の地位より高い呼び方であるからだ。それでは、長屋王とはどのような人物なのだろうか。

彼は、天武天皇の長男高市（たけち）皇子と天智天皇の娘御名部（みなべ）皇女の間に生まれた。生年は異説もあるが、天武五年（六七六）であろう。妻は草壁（くさかべ）皇子と元明天皇の子吉備（きび）内親王であった。彼女に関する木簡も邸宅跡から同時に出土している。

長屋王は、慶雲元年に正四位上として、はじめて歴史上に登場する。親王の子どもは、従四位下に叙されるのが通例であったから、それよりも三階級高い位であった。だが、この叙位は彼が皇位継承候補者から外されたことをも意味する。その後、和銅二年には従三位、宮内卿、式部卿を経て、養老二年には大納言にいたった。また、経済的には、和銅七年に、天智や天武天皇の子の親王とともに封戸の封租の全給に与かり（一般的には半給）、翌年には、吉備内親王の子どもたちは、皇孫扱いされることも認められた。こうした手厚い待遇が、「長屋親王宮」との呼称を生んだ原因でもあった。

だが、厚遇とは裏腹に、彼の存在を好ましくないと思う人々もいた。それは大宝元年に、文武天皇と藤原宮子の間に首皇子（後の聖武天皇）が生まれたからであった。首の即位に期待をかける一派にとって、皇位継承候補者から外されたといっても、長屋王はライバルとして無視しがたい存在であった。首の誕生は、長屋王の悲劇を予告するものであった。首は和銅七年に皇太子となったが、長屋王への厚遇は、首皇子の動きと連動しているらしい。とはいえ、しばらくの間、長屋王は首班として政治をリードしていった。この間、養老七年には、三世一身法を下すなど、長屋王政権は着実な成果をあげていった。

神亀元年、首皇子は即位した。聖武天皇である。聖武の即位の日、長屋王は左大臣となった。当初、長屋王は、聖武そして藤原氏とも友好的な関係が続いたらしい。ところが、天平元年二月、六衛府の軍勢が長屋王邸を囲んだ。長屋王邸には舎人親王らが派遣され、長屋王を尋問した。長屋王にかけられた疑いは、密かに左道を学び、天皇を呪詛しようとしたとのことであった。左道とは呪いなどの邪な行ないを指すが、彼が道教的思想を学んでいたことを逆手にとられたとの見方もある。翌日、長屋王をはじめとして、吉備内親王と三人の息子たちも自殺に追い込まれた。この事件は、長屋王の変と呼ばれている。

長屋王の変に、藤原四兄弟（武智麻呂・房前・宇合・麻呂）が関与し、聖武が黙認したことは間違いない。聖武の男子としては、県犬養広刀自との間に生まれた安積親王のみであった。神亀四年に光明子との間にもうけた基王（あるいは某王）がいたが、一年も経たないうちに亡くなってしまった。したがって、このまま光明子との間に皇子が生まれなければ、長屋王の子どもたちにも皇位継承権がめぐってくる可能性もある。長屋王の変は、こうした禍根を断とうとする藤原氏を中心とする勢力が仕組んだ陰謀だった可能性が強い。

〔聖武天皇の彷徨〕

天平一二年の冬、聖武天皇は、突然、関東（不破・鈴鹿など三関の東）に向けて旅立った。時あたかも九州大宰府で、藤原広嗣（宇合の子）が反乱を起こし、鎮圧のため大将軍大野東人が派遣された一月ほど後のことであった。広嗣は、結局戦いに負け、斬殺された。だが、その報告を伊勢国で聞いても、聖武は平城京へ帰ろうとせず、美濃・近江国を経て、山背国相楽郡に留まり、都を造営することを命じた。恭仁京（京都府木津川市）である。この地で平城宮の大極殿などの移築工事が開始され、翌年、国分寺建立の詔が下された。

しかし、聖武は、天平一四年には、恭仁京のみならず、近江国甲賀郡で離宮として紫香楽宮（滋賀県甲賀市の宮町遺跡で遺構が発掘されている）を造営しはじめた。天平一五年には、その地で列島の東半分の調庸を宮に貢納することを命じ、盧舎那大仏建立の詔も下した。紫香楽宮が離宮以上の意味をもちはじめたことを示している。また、行幸は続く。

翌天平一六年二月には、人々の反対を押し切って、突如として難波宮（孝徳天皇の前期難波宮と区別するために、後期難波宮と呼ばれ、大阪市中央区法円坂町で遺跡が発掘されている）への遷都を実行したものの、再び紫香楽宮に戻ると、盧舎那大仏の骨柱を率先して建てた。ところが、翌年になると、紫香楽宮付近には、不審火がたびたび起こり地震も発生した。そこで、僧侶たちに都とすべき地を質問すると、全員平城京との声。五月、聖武は平城京に帰還し、八月に現在の地で、大仏造立の工事が再開された。

それでも聖武の彷徨はおさまらない。今度は再び難波宮に行幸し、そこで重病に陥った。クーデターを防ぐため、平城京と恭仁京には留守がおかれ、厳重な警備体制が敷かれた。また、聖武に万一のことがあった場合に備えて、天智・天武の孫たちが呼び集められた。しかし、まもなく聖武は危篤状態から脱し、平城京に帰っていった。彼は健康を害したらしく、以後、二度とその地を離れることはなかった。

〔大仏造立〕

天平一四年、近江国甲賀郡で紫香楽宮の造営が始められると、聖武天皇は、翌年には盧舎那大仏造立の詔を下した。「一枝の草、一把の土を持ちて像を助け造らんと情に願わば、恣に聴せ」とは、この時の言葉で、知識により大仏を建立したいという意味である。知識とは善知識ともいい、仏に結縁するために一人一人が浄財を持ち寄って、堂塔の建立や写経などを行なう事業のことである。

聖武が盧舎那大仏の造立を発願した契機は、これを遡る三年、河内国大県郡の知識寺に行幸して、盧舎那仏を拝んだことにあった。

盧舎那仏とは、毘盧舎那仏ともいい、『華厳経』『梵網経』にみえる本尊で、釈迦の体を太陽になぞらえながら、全宇宙そのものを表している。奈良時代末期に造られた唐招提寺の盧舎那仏坐像（国宝）は貴重な作例で、宇宙の中心に盧舎那仏が位置し、光背に配された無数の化仏の一つ一つが小宇宙を表すという思想を看取できる。

さて、天平一六年には、紫香楽宮で盧舎那仏の心柱が建てられたのだが、火事や地震が起きたことも手伝って、翌年五月には聖武は平城京に帰り、その年の八月、現在の東大寺の場所で工事が再度始まった。この間、行基は弟子たちを率いて勧進活動を行なって協力し、天平一七年には大僧正に任じられた。

大仏本体は、天平一九年から天平勝宝元年まで、八回の鋳込みにより完成した。鋳造に用いられた銅は、周防国長登銅山（山口県美祢市）から産出したものであった。同所からは、多くの木簡が発見され、当時の鉱山のようすをうかがうことができる。しかし、鍍金（金めっき）に用いる金が足りない。その時である。陸奥国から黄金発見の報が届いた。聖武は、光明皇后・阿倍皇太子（後の孝謙天皇）ともども、官人を引き連れて東大寺に行幸し、黄金の出現に感謝する宣命（せんみょう）を読み上げさせた。そのなかで、聖武は自らを「三宝（さんぼう）の奴（やつこ）」（仏教のしもべ）と称した。天皇が仏にひざまずくという前代未聞の出来事であった。

陸奥国から献上された金によって、天平勝宝四年三月から鍍金の作業が始まり、四月に開眼（かいげん）供養会（くようえ）が挙行された。南インドの僧菩提僊那（ぼだいせんな）が大仏に眼を描き入れると、その筆に結ばれた紐（ひも）に、聖武太上天皇・光明皇太后・孝謙天皇、藤原仲麻呂以下の人々が結縁し、東アジア諸国の舞踊が催されるなか、盛大な開眼法要が執り行なわれた。この時に用いられた大きな筆と長い縷（る）（綱）は、今も正倉院に残されている。

当時の鍍金法は、水銀と金を混ぜた合金を塗り、その水銀を熱によって蒸発させるアマルガムメッキ法であった。気化した水銀は、人体にとって有害であったから、開眼供養会の陰で、数多くの作業者が水銀中毒に冒されたのではないかと考えられている。

なお、現在の東大寺大仏は、二度にわたる火災を経て再建されたものである。しかし、わずかに残された台座蓮弁（れんべん）の線刻から、往事の姿を偲（しの）ぶことができる。

3　蝦夷と律令国家

蝦夷とは

古代の東北地方から北海道にかけての地域（新潟県も含む）の住民を、律令国家側が名づけた呼称が蝦夷である。蝦夷という民族が実際に存在したわけではなく、自称でもない。あくまで、国家が設定した名称であった。

西日本から東日本を中心として、稲作文化を受容した人々がいる一方、北海道を中心とした地域には、縄文文化の影響を受け、狩猟や漁労・採集を生業とした人々もいた。こうした人々の文化を続縄文文化と呼んでいる。そして、北海道系の土器やアイヌ語地名は、東北地方にもみられる。蝦夷のなかにアイヌ語を話す人々がいたことは確かであるが、アイヌと蝦夷は同一ではない。

ヤマト政権と蝦夷のかかわりがいつごろ始まったのかは明らかではないが、南宋の昇明二年（四七八）の倭王武（雄略天皇）の上表文で「毛人」の国（エミシだけではなく東国の諸勢力も含む）を征服したと述べているから、相当古く遡ることは間違いない。蝦夷は、毎年集団ごとに国府や城柵を訪れ、調を貢納する一方、国家側も彼らに食料などを与える饗応がなされ、服属が確認された。時には都へ出向いて服属を誓約することもあり、七世紀後半には、飛鳥寺の西にあった須弥山の苑池と神木の槻の下で、国家的儀礼として服属儀礼が執り行なわれたこともあった。

多賀城の設置

『日本書紀』によれば、越国に大化三年（六四七）に渟足柵を、大化四年に磐舟柵を置いたという。斉明朝には、阿倍比羅夫が日本海側を北上し、齶田・渟代の蝦夷を服属させ、飛鳥において陸奥と越の蝦夷を饗応した記事がある。しかし、城柵を置いた記事は時期的に早すぎ、『日本書紀』の潤色ではないかとする見解も根強く存在した。

ところが、東北地方に官衙的施設が建てられるようになったのが、従来考えられていたよりもかなり古くなることが、発掘調査によって判明した。仙台平野にある郡山遺跡（仙台市）の第Ⅰ期は、七世紀半ばまで遡り、多賀城以前の陸奥国府と推定されている。郡山遺跡のまわりの集落からは、多くの東国系の土器が出土しており、七世紀段階から計画的に東国の人々が移住していたことがわかってきた。また、大崎平野の名生館遺跡（大崎市）からも七世紀末頃の官衙と推定される遺構が検出された。

多賀城碑によれば、多賀城は、按察使兼鎮守将軍大野東人によって、神亀元年（七二四）に置かれたという。この碑は、「壺の碑」として松尾芭蕉が『奥の細道』のなかでも紹介しているように古来著名であったが、近世の偽碑とする見方も根強かった。しかし、最近の調査によって、奈良時代後半に建てられた真作であるとする見解が有力となった。

多賀城は、後の鎮守府とともに、律令国家の東北支配の要であった。多賀城の造営、そしてそこに配置された鎮兵やその食料は、陸奥国のみならず、坂東の国々が負担していた。そもそも多賀城を支援するために設定されたのが、坂東という地域ブロックであった。

三十八年戦争

八世紀の後半になると、にわかに征夷活動が本格化する。天平宝字三年（七五九）には、北上川下流に桃生城が、同時に雄勝城（雄物川中流にある払田柵にあてる説がある）も築かれた。さらに、宮城県の最北部には、神護景雲元年（七六七）には伊治城が築造され、このころには多賀城も大規模な改修を受けた。多賀城Ⅱ期がこの時期に該当し、遺構のうえからも修造が確認できる。

このようすは、先に触れた多賀城碑に記されている。それによれば、天平宝字六年に多賀城を修造したのは仲麻呂の子の藤原恵美朝獦であった。征夷の活発化と藤原仲麻呂政権とはほぼ時期が重なるのだ。これは、仲麻呂が中華思想を積極的に継授した結果、征夷活動を積極的に推進したためであった。

だが、このような蝦夷に対する強硬な姿勢は、蝦夷の大きな反発を買うことになった。宝亀五年（七七四）には、海道の蝦夷が桃生城を攻撃し、西郭を撃破した。これ以後、征夷がひとまず終息する弘仁二年（八一一）までの律令国家と蝦夷の戦いを三十八年戦争と呼んでいる。宝亀一一年には、多賀城の最高責任者である紀広純が、「上治郡」（「此治郡」の写し間違い）の郡司の伊治呰麻呂に殺され、多賀城が炎上するという事件が起こった。この多賀城の火災については、文献史料のみならず、多賀城の発掘調査からも裏づけられている。

こうした蝦夷の蜂起に対し、律令国家も対処を余儀なくされた。直後の三月二八日には征東大使に中納言藤原継縄を任命し、短期間のうちに坂東から兵士を、常陸・下総国から糒を多賀城に集めさせた。天応元年（七八一）には、参議藤原小黒麻呂に陸奥按察使を兼ねさせ、相模・武蔵・安房・上総・下総・常陸等国に、穀一〇万石を陸奥軍所（多賀城）に回漕させた。だが、小黒麻呂は、戦果をあげないまま軍を解散させたため叱責された。

次の征夷は、延暦八年（七八九）から始められた。前年の二月には、陸奥按察使陸奥守多治比宇美に鎮守府将軍を兼ねさせ、三月には、陸奥国・坂東諸国・北陸道諸国から軍糧を、坂東諸国から兵士五万余を多賀城に集結させた。一二月には、「坂東の安危、この一挙に在り」との勅書を下して兵士の士気を鼓舞し、征東大将軍に紀古佐美を任命した。そして、翌年の三月、兵士は多賀城を出発した。この度の征夷軍の特徴は、副将軍に下総国猨嶋郡の豪族阿倍猨嶋臣、武蔵国入間郡の豪族入間宿禰など、坂東の出身者を抜擢したことであろう。坂東とのより密接な関係が望まれたことがうかがえる。

両軍の激突は、胆沢付近で五月に起きた。征東軍は、阿弖流為らの巧妙な作戦により大打撃を受け敗走したため、古佐美は叱責された。九月、彼は帰京するが、敗因を問われ処分された。征夷軍の完全な敗北であった。

次は、延暦一三年に行なわれた。ところが、残念なことに、以下の征夷のようすは、『日本後紀』の欠落により、そのようすを詳しく知ることができない。『日本後紀』を抄出した『日

図Ⅲ-3-1　東北地方の城柵

本紀略』によれば、正月一日に征夷大将軍として大伴弟麻呂を任命し、一〇万の兵士で征夷を行なった。六月には戦果をあげたが、それは征夷副将軍坂上田村麻呂の功績であったという。いよいよ田村麻呂の登場である。翌年正月には、弟麻呂は節刀（天皇が持っていた軍事大権のシンボルの刀。天皇がこれを大将軍に下賜することで、大将軍は、行軍・部下の処罰などを自由に行なうことが可能となる）を返上した。

桓武朝最後の征夷は、延暦二〇年から行なわれた。二月に坂上田村麻呂を征夷大将軍に任命し、九月には田村麻呂が征討の成功を報告し、十月には節刀を返上した。そして、翌二一年には胆沢城を築き鎮守府を多賀城から移転し、二二年には志波城をつくった。一方、田村麻呂は、降伏した蝦夷の首長の大墓公阿弖流為と盤具公母礼らを引き連れて凱旋した。田村麻呂は二人の死罪を免ずることを願ったが聞き入れられず、二人は斬首された。律令国家からみれば、この度の征夷がこれまで最大の戦果であった。

延暦二四年、桓武天皇は、腹心の藤原緒嗣と菅野真道を呼び、天下の徳政を論じさせた。緒嗣は、桓武天皇の推進した二大事業、造都と征夷の取りやめを進言し、真道は継続を主張した。桓武は緒嗣の意見を入れ、征夷を中止することにした。世にいう徳政相論である（一七四頁）。

嵯峨天皇が即位すると、弘仁二年、文室綿麻呂を征夷将軍に任命し、征夷を行なわせたが、それほど大規模ではなかった。嵯峨は桓武の政策を継承する傾向が強かったから、あるいは桓武朝の征夷を念頭においたのかもしれない。ただし、征夷軍に俘囚（律令国家に服属した蝦夷）が利用されていることには注意しておきたい。蝦夷社会のなかに亀裂が生じたのである。以後、蝦夷と俘囚の確執はますます大きくなっていく。同年、水害を受けるため志波城を移転したいとの請願がなされた。この移転先が北上川沿いに位置する徳丹城と考えられている。徳丹城の規模は、志波城よりかなり小規模になっている。これは、征夷が縮小されたことをよく示している。この弘仁二年をもって、「三十八年戦争」は幕を下ろすことになった。

〔征夷と坂東〕

坂東という言葉は、相模国足柄坂、上野国碓氷坂より東という意味であった。後世使われた意味としては、ほぼ現在の関東地方、一都六県に対応する地域で、旧国名では、相模・安房・上総・下総・常陸・武蔵・上野・下野国を含む地域名称であった。

ところが、坂東という言葉が『続日本紀』にはじめて現れた神亀元年には、「坂東九国」と記され、これら八か国のほかに陸奥国を含んでいた。それでは、なぜ坂東という地域名称が生まれたのであろうか。

そもそも、神亀元年という年は征夷にとって重要な年であった。多賀城碑によれば、多賀城はこの年つくられたと言い、そこに配された守備兵である鎮兵制もこのころ生まれたと推測される。さらに、征夷をめぐる軍制が大きく変化した点も注目される。神亀元年以前の征夷には、後の坂東諸国のほかに、信濃・甲斐・駿河・遠江国なども含まれていたが、神亀元年以降には、これらの国々は担当国から除かれ、坂東諸国に限定されるようになった。征夷にあたる兵士およびその兵糧をまかなう地域として設定されたのが坂東であり、多賀城の設置と坂東という地域ブロックの創設は、表裏の関係にあったと考えられる。

その後、しばらく坂東という言葉はみられないが、天平宝字年間以降、再び頻出するようになり、坂東から臨時かつ大量に兵員や兵糧が徴発されるようになった。その結果、当事国である陸奥国が抜け落ち、征夷の純粋な兵站基地となり、相模・安房・上総・下総・常陸・武蔵・上野・下野国の八か国を坂東と呼ぶようになった。これにより、坂東は、現在にいたる地域名称として定着したのである。

〔元慶の乱〕

元慶二年（八七八）三月、夷俘が出羽国にある秋田城・秋田郡家などを焼き討ちする事件が起きた。元慶の乱である。蝦夷軍は、秋田城攻略後、秋田川（雄物川）以北の独立を主張した。現地では、四月に出羽権掾小野春泉を秋田城に、別の部隊を野代営（秋田県能代市付近）に派遣したが、反乱軍に敗れ、その勢力が強いことが報告された。そこで、政府も右中弁藤原保則を出羽権守に任命し、上野・下野国などに発兵を命じた。しかし、政府軍は苦戦し、六月には小野春風を鎮守府将軍に任命し、陸奥権介坂上良蔭とともに陸奥国の精兵を、また東海・東山道諸国から勇敢な者を選んで出羽国に派遣した。その結果、八月には戦況が好転し、九月には反乱軍も帰順しほぼ戦乱も治まった。翌年三月には、諸国の兵の帰国を認めた。

乱の詳しい原因は不明であるが、北方交易が絡んでいた可能性がある。都の貴族たちは、蝦夷たちがもたらす毛皮や馬などを競って求め、鉄や綿（木綿ではなく真綿）と交換した。鉄は農具にされたほか、一部は武器としても用いられたらしい。綿は防寒用品である。おそらく、こうした交易を通して、蝦夷社会も相応に発展を遂げていったのであろう。

しかしながら、このような蝦夷社会の変容は、弊害ももたらした。蝦夷の内部に分裂を引き起こしたのだ。渡嶋蝦夷（北海道）と津軽俘囚が征夷軍に加わることによって、律令国家は乱を鎮圧することに成功したが、このような蝦夷社会内部の亀裂は、交易などによる律令国家との接触によって、蝦夷社会に不均衡が生じてきた結果であろう。

なお、鎮守府将軍小野春風の行動も興味深い。春風は、武力ではなく、蝦夷を教喩するという方法をとった。彼は、若くして蝦夷社会と接し、蝦夷の言葉にも通じていた。彼が武器をとらず、単騎蝦夷のなかに乗り込んで教喩したことに対し、蝦夷たちは酒や食事で春風をもてなしたという。蝦夷の社会を熟知していることが、鎮守府将軍に求められた条件であったのだ。元慶の乱のようすは、『日本三代実録』のほか、三善清行が著した『藤原保則伝』にも詳しく記されている。

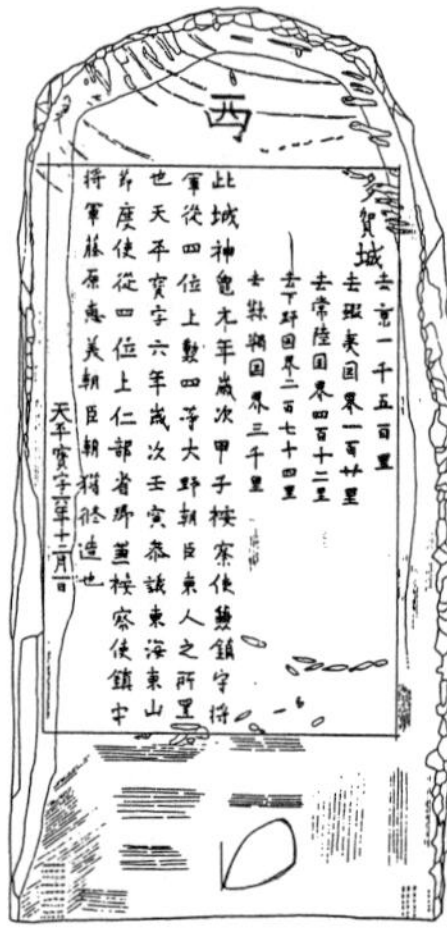

図Ⅲ-3-2　多賀城碑実測図
（紀要／1974より）

〔多賀城碑〕

多賀城の正庁を目指して坂を登っていくと右側に小さな建物があり、その中に多賀城碑は建っている。松尾芭蕉が元禄二年（一六八九）に訪れ、俳句を詠んだことが『奥の細道』にみえる。当時は歌枕で名高い「壺の碑」という名称で知られていたのだ。

この碑には、多賀城の位置を京、蝦夷国、常陸国、下野国、靺鞨国からの距離で示した上で、神亀元年（七二四）に大野東人によって築城されたこと、天平宝字六年（七六二）に藤原恵美朝獦により修造されたことが見え、最後に天平宝字六年十二月一日との建碑の日付が刻まれている。ところが、明治以降、碑の姿・文字の形・彫り方など数々の点から、近世の偽作とする説が出された。そうしたなか、多賀城の発掘調査が進行するにつれて、遺構・遺物の面から、神亀元年の築城、天平宝字年間の修造という多賀城碑の年代が正しいのではないかという見解が浮かび上がってきた。

そこで、碑自体を検討することになった。その結果、碑の形は、わが国には類例のない中国に範を求めた円首という形態であること、書風は、王羲之風や六朝風であること、建碑の目的は朝獦を顕彰することにあったことなどが明らかになった。そして、偽作説も十分な根拠があるわけではなく、真作の可能性が高いことが指摘された。

〔蝦夷非アイヌ説と蝦夷アイヌ説〕

蝦夷とは、古代東北の被服属民の総称で、中国の夷狄（いてき）観に基づく呼称である。問題は、古代の蝦夷とアイヌとの関係である。両者の関係については、蝦夷アイヌ説と蝦夷非アイヌ説の間で論争が続けられてきた。

明治時代にはすでに石器時代人アイヌ説があったが、大正時代になると、人類学・考古学者であった鳥居龍蔵（とりいりゅうぞう）、文献史学者の喜田貞吉（きたさだきち）らが石器時代人アイヌ説を主張し、定説化した。この説は、日本人の先祖が大陸から渡来して先住民のアイヌ人を追ったと考え、追われる途中のアイヌの姿が古代の蝦夷であったとするものである。

しかし、大正末年あたりから、人類学者のなかに、石器時代人も日本人の祖先と考えるべきではないかという考え方が現れた。この説を先導した長谷部言人（はせべことんど）は、蝦夷＝アイヌ説も修正する必要があると説いた。これが蝦夷非アイヌ説で、端的にいえば、蝦夷を辺境に住む日本人とみなす考え方である。

戦後、東北地方の考古学が発展すると、東北北部でも弥生時代にすでに稲作が行なわれたことが確認された。また、古墳は発見されなかったものの、古墳時代の土師器（はじき）なども確認され、古墳文化が東北北部にまで波及していたことがわかった。これらは、蝦夷非アイヌ説に有利であった。

しかし、一方では東北地方にもアイヌ語地名が広範囲に分布していること、古墳時代の東北北部は、北海道に中心を持つ続縄文文化の影響を受けていること、弥生時代の稲作も古墳時代には途絶する傾向にあることなどから、蝦夷アイヌ説に有利な証拠も見つかっている。

どうやらことは単純ではないらしく、北海道では、縄文文化後にも続縄文文化が続き、さらに擦文文化、アイヌ文化という変遷をたどったらしい。一方、東北北部の縄文時代の人々は、続縄文文化までは北海道と同様な道を歩み、平安時代末頃までは擦文文化の影響を受けたものの、奥州藤原氏の時代から鎌倉時代以降、中央の支配に組み込まれ、同化させられていったらしい。

国民国家をどのように考えていくのかという点は、日本でも素通りできない重要な問題である。日本は単一民族であると平気で発言する者がいることからもわかるように、日本では諸外国ほどこの問題に敏感ではない。しかし、古代においても、蝦夷・隼人・南島の人々を異民族として蔑視していたことを忘れてはならない。古代国家における身分秩序の検討はもちろん、日本の国民国家を考える上でも、蝦夷に対する侵略の歴史は、われわれが解明すべき課題である。

蝦夷アイヌ説、蝦夷非アイヌ説の存在は、日本の近代歴史学が人種差別をどのように受容し、助長あるいは否定してきたのかという点からも見逃せない。とくに蝦夷非アイヌ説が稲作農耕の存否を文化の高低の問題に置き換えてきた点も、網野善彦による非農業民の強調をまつまでもなく、学史的に究明する必要がある。

〔俘囚とは〕

俘囚とは、律令国家に服属した蝦夷のことである。彼らのなかには、農業を受け入れ、公民と同様の生活を営むようになった者がいる一方、習俗・生業の点で以前の生活を捨てきれず、まわりの公民や国司・郡司から蔑視された者たちもいた。もともと狩猟・漁労生活を送っていた者を農耕生活に同化させること自体、律令国家の押しつけである。

俘囚は、弱体化した律令軍制を補うため、九州をはじめとして各地に比較的少人数で配置された。彼らは騎馬や弓矢に優れており、集団戦にも長じていたからである。大同元年（八〇六）には、大宰府の防人に、貞観九年（八六七）には伊予国の海賊討伐に、貞観一一年（八六九）には新羅の海賊防御のために配置されたことが確認できる。

しかし、俘囚のなかには、自分たちに対する不当な扱いに不満をもち、訴えたり、武力の行使におよんだりした人々もいた。国家も俘囚長や夷俘専当国司を置いて監視し、経済的に課役を免除したり、俘囚料稲などを国衙財政に組み込んだりして対処しようとしたが、一部の者たちは反乱に踏み切った。弘仁五年（八一四）には出雲国、嘉祥元年（八四八）には上総国、貞観一七年には下総国、元慶七年にも上総国でそれぞれ反乱が起きている。

下総国では官寺（国分寺か）を焼き、上総国では官物を奪い取っていることからみて、国郡行政に対する不満が高じたことが原因である。これらの反乱はすぐに鎮圧され、以後俘囚の反乱は史料に現れない。

しかし、俘囚の反政府行動について、「凡そ群盗の徒、これより起れり」(『日本三代実録』貞観一二年一二月二日条)と指摘していることからみれば、九世紀末以降、坂東を跋扈した群盗の構成員に取り込まれていった可能性があろう。

4　摂関政治のはじまり

摂関政治とは

　藤原氏が摂政・関白を輩出し、それらを中心として政務が運営された政治形態を摂関政治と呼んでいる。藤原良房が清和天皇の摂政にはじめて任命された時期から始まり、康保四年（九六七）に、冷泉天皇の即位とともに藤原実頼が関白になって以降、摂政・関白が常に置かれるようになった。その最盛期は、一一世紀はじめの藤原道長・頼通のころである。摂関になるには、天皇の外戚になることを必要不可欠としたため、天皇との外戚関係がなくなると、宇多天皇や後三条天皇のように急速に摂関と距離を置くようになる。

　摂関時代の区分としては、良房から摂関の常置以前を前期摂関政治、常置以後を後期摂関政治と呼ぶ場合が多い。ここでは、前期摂関政治について述べることにしたい。

藤原氏の台頭

　淳和天皇が、天長一〇年（八三三）に退位すると、嵯峨太上天皇の子正良親王が即位して仁明天皇となり、淳和太上天皇の皇子恒貞親王が皇太子になった。天皇以外に、先に退位していた嵯峨太上天皇とともに、太上天皇が二人という当時としては類をみない状況がここに現れた。しかし、この三人の関係は、表面上良好であった。承和期は文化的にも漢詩文を中心とした文学が弘仁・天長期に続いて盛んであり、後には聖代として、意識された時代である。

しかし、政治史からみれば、藤原北家を中心においた激動の時代の幕開けであった（一八九頁）。嵯峨天皇が働き盛りで弟の淳和に譲位した背景には、子の正良親王を早く即位させたいとの思惑があったと思われ、嵯峨は太上天皇になった後にも、国政にしばしば関与した形跡がみられる。また、この時期、朝覲行幸が成立したことも見逃せない。朝覲行幸とは、天皇が親の太上天皇に対して、新年に挨拶に赴く行事のことで、嵯峨天皇が平城太上天皇に行なったことをきっかけとして儀礼化する。この儀礼の成立は、嵯峨太上天皇が家父長として、譲位した後も天皇家の頂点に君臨するようになったことを示している。

仁明天皇には、藤原冬嗣の娘順子を母とする道康親王（後の文徳天皇）という皇子がいたが、淳和天皇と正子内親王の間に生まれた恒貞親王を皇太子とした。歳は恒貞のほうが二歳年上であったが、順子の兄良房が権力を掌握するにしたがって、しだいに恒貞の地位も脅かされるようになった。

承和七年（八四〇）に父の淳和太上天皇が亡くなると恒貞親王は孤立化し、承和九年、伯父の嵯峨太上天皇が亡くなったその二日後に起きたのが、承和の変である。春宮坊の官人たちが恒貞親王をかついで東国で挙兵しようとする計画が事前に発覚したのである。これにより、恒貞親王は皇太子の地位を追われるとともに、春宮坊の官人や淳和太上天皇の近臣たちが政界から一掃された。代わって道康親王が皇太子となった。

この事件により、もっとも利益を得たのは冬嗣の子藤原良房であった。嘉祥三年（八五〇）、仁明天皇が亡くなると、道康親王が即位した。文徳天皇である。良房は、文徳天皇の外戚として、娘の明子を文徳天皇に嫁がせ、惟仁親王（後の清和天皇）が生まれた。文徳には四人の皇子があり、惟仁はその第四子であった。長子は、紀名虎の娘を母にもつ惟喬親王で、文徳は、惟喬親王の才気を愛し、皇位の継承を望んだらしいが、天安二年（八五八）、文徳は三二歳で急逝した。

その後を継いだのは、わずか九歳の惟仁親王であった。以降、わずか三歳の安徳天皇のように、しばしば幼帝が即位するようになるが、清和天皇はその先駆けであった。幼帝出現の背景には、天皇の系譜が父子相続となり、ほかに有力な皇子がいなくなったこと、良房が権勢を掌握したことにより、政務運営に不安定要素がほとんどなくなったことなどが考えられ、天皇が幼くともさしつかえなくなっていたことを示している。

藤原氏と摂政・関白

良房は、天安元年（八五七）、太政大臣に任じられ、清和の即位の後には、事実上幼い清和に代わって太政官全般の政務をとり仕切ることになった。そして、貞観八年（八六六）に起こったのが応天門の変であった。この事件は、応天門を放火した犯人として、大納言伴善男・右大臣藤原良相が源　信を告発したところ、逆に善男の子中庸が告発され、共犯者を拷問した結果、善男らが逆に犯人とされ配流された事件である。この事案を審議する最初に、良房は天下の政務を摂り行なうことを正式に命じられた。この命令をもって摂政のはじまりとみる見解がある。

良房には子どもがいなかったため、兄長良の子基経と高子を養子とし、高子を清和天皇に嫁がせて、貞明親王が誕生した。親王は生後三か月で皇太子となり、貞観一八年（八七六）、清和の譲位にともなって即位し、陽成天皇となった。そして、基経が摂政となり政務をとり仕切った。しかし、陽成天皇には問題行動が多く、ついには、近臣を宮中で殺害するという事件を起こした。基経は、陽成に譲位を迫り、元慶八年、仁明天皇の子時康親王を擁立し、即位させた。光孝天皇である。光孝は、自分の子を即位させるつもりがないことを示すため、すべての男子を臣籍降下させ、自分の即位に功績があった基経に対して太政官の政務を専ら行ない、政務の顧問にあたることを命じた。この詔には、関白という文言はないが、宇多朝には、これを関白の先例とみなしているので、事実上は関白の創始とみなしてよいであろう。

仁和三年（八八七）、光孝は健康を害すと、基経らの働きかけにより、臣籍降下していた子の源定省を次期天皇にすることを承諾すると、定省は親王に復し、ただちに立太子した。その直後光孝が亡くなるとただちに即位した。宇多天皇の誕生である。

光孝が即位した意味は決して小さくない。それまでの仁明・文徳・清和・陽成と続いてきた父子相続の皇統が途切れ、再び仁明の子の光孝が皇位についたからである。以後の皇統は、光孝を起点として相承されていく。いわば光孝王朝の幕開けであった。

宇多天皇と藤原基経

宇多天皇は、父光孝天皇にならって、基経に対して「皆、太政大臣（基経）に関白せよ」と命じた。はじめて関白の言葉がみえる。しかし、当時は天皇の命令に対し、三度固辞するという形式的手続きが必要であった。ところが、基経の最初の固辞に対する勅答に、「よろしく阿衡の任をもって卿の任とせよ」との文言があったことから、基経は、阿衡という中国殷代の官名には職掌の意味はないとの、近臣で文人の藤原佐世の意見を受け容れ、宮中に出仕しなくなった。このために政務に著しい滞りが生じ、翌年、宇多天皇は基経に屈し、阿衡に任じるとの勅答は、自分の意思に反するものであったとして、重ねて関白に任じるとの詔を出した。そして、勅答を作成した橘広相を、天皇の意に背いて処罰することになった。阿衡事件である。

この一件により、宇多天皇の近臣であった橘広相は排斥され、天皇親政をめざした宇多天皇は、出鼻をくじかれた格好となった。この事件の背景には、多くの理由が考えられているが、その最大の原因は、それまでの天皇と異なって、宇多と藤原氏の間に、直接的血縁関係がなかったことだろう。

ところが、寛平三年（八九一）、基経が五六歳で没してしまう。するとこの月のうちに、宇多は佐世を陸奥守に左遷した。明らかな報復人事である。そして、すぐに讃岐守であった菅原道真を呼び戻し蔵人頭に任命した。そもそも、宇多は、五位蔵人を置き、『蔵人式』を制定するなど、蔵人所の整備を積極的に行なった。これは、藤原氏に対抗するため、近臣を登用する政策と推測される。そして道真の重用にも藤原氏を抑えようとする意図があった。一方、宮中の儀式の整備をも積極的に推し進め、儀式や宮廷儀礼の面で、宇多朝は大きな画期となった。

こうした宇多朝の特徴は、天皇自ら政務を執ろうとしたことに深く関係し、この点が基経ら藤原氏と対立した原因になったと考えられる。

宇多は、寛平五年、藤原高藤の娘胤子との間に生まれた敦仁親王を皇太子とし、同九年、皇太子が元服したその日に譲位した。醍醐天皇である。しかしながら、親政が成功しかけたにもかかわらず、なぜ突然宇多が譲位したのかはよくわかっていない。あるいは、仏教への信仰であろうか。

昌泰二年（八九九）には、醍醐天皇は、基経の子時平を左大臣にするとともに、宇多天皇の近臣であった菅原道真を右大臣に抜擢した。おそらく、宇多太上天皇の影響が大きかったのであろう。ところが、延喜元年（九〇一）、突然道真は大宰権帥に左遷され、同時に道真の近親を含む宇多太上天皇の近臣は一掃された。この事件により、醍醐天皇に対する宇多太上天皇の政治上の影響力は失われていった。道真左遷の原因は、宇多と広相の娘義子との間に生まれた斉世親王に、道真が娘を嫁がせ、皇位をねらっているとされたからである。しかし、道真が文人貴族としてはきわめて異例の右大臣に任じられ、そのことがほかの貴族や文人貴族の反感を買ったからでもあった。

〔承和の変〕

天長一〇年、淳和天皇は退位し、仁明天皇が即位した。同時に、仁明天皇は、淳和の子恒貞親王を皇太子に立てた。一方、仁明天皇の子には、藤原冬嗣の娘順子を母とする道康親王がいた。二人の年齢はほぼ同じで、道康親王の存在によって、恒貞親王の皇太子の地位は、しだいに危ういものとなっていった。とくに、承和七年に恒貞の父淳和太上天皇が亡くなると、決定的にその地位は弱まった。

承和九年、嵯峨太上天皇が亡くなると、その二日後、春宮坊の伴健岑と橘逸勢らが阿保親王（平城天皇の子）に、皇太子をともなって東国に脱出し、政権奪取を企てているとの計画を話したという。親王がこのことを太皇太后橘嘉智子（嵯峨太上天皇の妻）に告げると、彼女は藤原良房を通じて、仁明天皇に上申した。こうして事件が発覚すると、直ちに兵が内裏を警護し、伴健岑・橘逸勢らは逮捕され、糾問と拷問が行なわれた。彼らが罪状を認めると、皇太子恒貞親王は廃され、健岑・逸勢をはじめとする春宮坊の官人六〇人あまりのほか、大納言藤原愛発・中納言藤原吉野・参議文室秋津らも流罪に処せられた。その後には、大納言に藤原良房、中納言に源信が任命され、道康親王が皇太子に立てられた。

この事件の背景には、嵯峨・仁明と続く父子の皇統と、嵯峨・淳和という兄弟の皇統の確執が隠されている。仁明が即位し、恒貞が皇太子になった時点では、二つの皇統は、融和・協調をみせていたが、その後、嵯峨・仁明に近い人々が参議・衛府などの重要なポストにとり立てられる一方、春宮坊には、愛発・吉野・秋津など淳和の近臣たちが集まり、一つの勢力を形成していた。それらが、両太上天皇の死をきっかけとして、権力争いに発展したのが真相とみられる。この政変の結果、淳和・恒貞に近しい官人たちは、政界から追い払われた。

この事件でもっとも利益を得たのは誰か。それは藤原良房であろう。良房は、嵯峨に重用され、嵯峨の娘源潔姫と結婚し、仁明ともその皇太子時代から親しい存在であった。仁明の即位後には、蔵人頭を経て参議になり、さらに参議七人を飛び越えて権中納言に抜擢された。また、妹の順子は、仁明の后となり、道康親王をもうけていた。良房の権力は、太政官と後宮にもおよんでいたのである。おそらく、嘉智子が謀反の情報を彼に告げたのも、彼の権勢をはばかってのことと思われる。であれば、淳和・恒貞派が粛清されることによって、良房の権力はさらに揺るぎないものとなったはずである。この事件がもし捏造されたものであったとすれば、その首謀者は藤原良房をおいてほかには考えがたい。

〔応天門の変〕

貞観八年閏三月、応天門が放火され、炎上するという事件が起きた。応天門は、朝堂院の正門にあたる大切な門であったから、天皇や貴族に与えた衝撃も大きかったにちがいない。

大納言伴善男と右大臣藤原良相は、左大臣源信を放火の犯人として告発した。しかし、大宅鷹取という人物が、逆に本当の犯人は、善男の子中庸であると訴え出た。善男はかたくなに罪を否定したが、彼の家司であった生江恒山が鷹取の娘を殺害したと訴えられ、共犯者とされた伴清縄とともに拷問を受けた。その結果、善男・中庸父子が放火の真犯人であると自白した。これにより、善男父子・紀豊城・伴秋実・伴清縄が流罪となり、善男の近臣が縁坐した。

これより先、文徳天皇には、紀名虎の娘静子が産んだ第一皇子惟喬親王がいたが、即位したのは、藤原良房の娘明子が生んだ第四皇子惟仁（清和天皇）であった。この一件と応天門の変により、大化前代以来の名族伴氏と紀氏は、貴族政治の中枢から完全に排除されてしまった。

応天門の変の真相もよくわからない。しかし、この事件をもっともうまく利用したのも藤原良房であった。この年の八月、良房は「天下の政を摂行せよ」との勅を受け、清和天皇の政務の代行を命じられた。この命令が摂政のはじまりを意味するのか否かは問題があるが、応天門の変についての審議を命じられたことは確かであろう。以後、清和が政務に積極的に参加した徴候はほとんどみられない。そして、応天門の変によって、善男に訴えられた源信も出仕しなくなり、藤原良相も辞意を示して翌年には亡くなった。さらに、この年に、良房の兄長良の娘高子（陽成天皇の母）が清和天皇と結婚している。事件の真相は不明だが、藤原良房の権勢は、応天門の変によって、確固たるものとなった。

〔摂政と関白〕

摂政とは、幼帝に代わって政務をとり仕切る職のことである。もともとは「政を摂る」に由来する。しかし、実のところ、摂政がいつから置かれるようになったのか明確なことはわかっていない。まず、注目されるのは、『公卿補任』貞観八年条の太政大臣藤原良房の項に、「八月十九日、重ねて勅して天下の政を摂行せしむ」、『日本三代実録』同日条に、「太政大臣に勅して天下の政を摂行せしむ」とみえる記事である。一見すれば、摂政の設置とみられなくもないが、『公卿補任』にある「重ねて」という文言は、『日本三代実録』にはみえないので、この記事からそれ以前に摂政が存在したとは言えない。また、貞観八年といえば、応天門の変の直後であり、この命令は、それの処理に良房をあたらせるためとみるのが穏当であろう。

ところが、清和が陽成天皇に譲位した時の宣命には、基経に対して「少主（陽成のこと）のいまだ万機を親しくせざる間は、政を摂り事を行うこと、近くは忠仁公（良房）の朕が身を補佐するが如く、相扶け仕え奉るべし」とあり、あたかも、清和の元服（貞観六年正月）前、おそらくは即位直後から後世の摂政に相当する役割を果たしていたことがうかがわれる（延長八年に藤原忠平が摂政を辞任しようとした時の上表文も同様）。以上のように、摂政の設置が清和朝であったことは確認されるものの、その時期ならびに機能については、史料によって多様な解釈が可能であり、研究の余地を残している。

一方、関白とは、成人天皇に代わって一切の政務をとり仕切る職のことである。もともとは「関かり白す」に由来する。陽成天皇は、行動に問題があったため藤原基経によって退位させられ、代わって即位したのが時康親王（光孝天皇）であった。天皇は、それまでほとんど即位の可能性もなく、五五歳という高齢であったから、自分の即位に尽力してくれた基経の処遇についていろいろ苦心したらしい。基経はすでに太政大臣に任じられていたから、それ以上の厚遇を与えなければならないと考えたのだろう。そこで、元慶八年六月にいたって、「今日より官庁に坐して就きて万政を領め行い、入りて朕が躬を輔け、出でて百官を総ぶべし、奏すべきのこと、下すべきのこと、必ず先ず諮り稟けよ」と命じた（『日本三代実録』元慶八年六月五日条）。この宣命には、「関白」という言葉はみえないが、宇多天皇が即位直後に、基経に対して、「万機巨細、百官を惣己し、太政大臣に関かり白し、しかる後奏下すること、もはらに旧事のごとし」とあり（『政事要略』巻三十、仁和三年一一月二一日詔）、「旧事」とは、先の光孝の命を指すと考えられるから、実質的には元慶八年の宣命をもって、関白の創始とみなすことができる。

〔阿衡事件〕

仁和三年、光孝天皇の亡くなる直前、藤原基経らが後継者に選んだのが、光孝の第七皇子源定省であった。定省は直ちに親王に復され、父の死の当日に皇太子を経て即位した。宇多天皇である。宇多は、治世の最初、父光孝にしたがって基経に関白の職務を続けるように命じた。当時、こうした命令があった場合、中国の例にならって、臣下は形式上三回は辞退するのが慣例であった。問題が発生したのは、その最初の勅答であった。宇多は、それを橘広相に起草させたのであるが、そのなかに基経を「阿衡」に任じるという言葉があった。広相にしてみれば、関白を中国風に言い換えたつもりであったのだろうが、基経は、阿衡には具体的な職掌がないとの藤原佐世らの指摘にしたがって、政務をボイコットしてしまったのである。阿衡とは、中国殷の伝説的名宰相　伊尹が任じられた官職であったから、具体的な職掌の規定はなかったのだ。そこを、衝かれたのである。

この事件の背景には、当時の複雑な政情が関係していた。広相は、参議左大弁で文章博士も兼ねる宇多の近臣であった。彼は娘の義子を源定省時代の宇多と結婚させ、子どもも生まれていた。しかも、この時点では基経は娘を宇多に嫁がせてはおらず、もし義子の子が即位すれば、広相が外戚になる可能性も十分考えられた。それに加えて、学者どうしの反目も少なからず影響していた。基経の取り巻きには、佐世のほか三善清行（みよしきよゆき）・大蔵善行（おおくらよしゆき）らがいて、学問の世界における自らの立場を確立するため、宇多のまわりにいた広相や菅原道真に反発していた。

　また、宇多の政治姿勢との関係も注目される。宇多は、文章博士に唐の翰林学士（かんりんがくし）（皇帝に近侍する学者で、しばしば宰相と反目した）を重ね合わせたり、蔵人の制度を再編したりして、藤原氏を排除した天皇親政をめざしていたらしい。このような宇多の姿勢もまた、基経の反発を買った理由であろう。

　基経が出仕しなくなった結果、政務は滞り、結局、宇多は不本意ながら基経に詫（わ）びざるをえなくなった。そして、意に反して広相を処分するとともに、基経の娘温子（おんし）と結婚することで事態の収拾をはかった。

5　格と式による法的支配

格式とはなにか

東アジア世界には、隋唐をモデルとした国家が日本を含めていくつも誕生した。それらの国家の基本は律令であり、日本の古代国家のことを律令国家と呼ぶ場合も多い。律とは、刑罰を定めた法のことであるが、現在の刑法と異なる点は、人民を教え諭す教礼法の面ももっていることだ。令とは、その教礼法を前面に押し出した法典で、現在の行政法・訴訟法・民法・商法など多様な内容を含んでいる。

しかし、時代の経過とともに、また官僚制の進展のなかで、律令を変更したり、律令にない規定を新たに追加したりする必要が生じてきた。そもそも、律令は大枠しか定めておらず、大宝律令と養老律令はほとんど同じ条文であったから、律令施行の当初からそうした追加法令は必要であった。また、律令のみで複雑な政務をこなすことが困難なのは明白であり、律令の施行細則も必要であった。そこで現れたのが格式である。格とは追加法令で、律令に生じた変更や補足に関する法令を編纂した法典である。一方、式とは、基本的には律令および格の施行細則であるが、格と同一の内容をもつものもある。

三代の格式の編纂

三代の格式とは、弘仁格式・貞観格式・延喜格式の総称である。三代の格の多くは『類聚三代格』に収められ、式としては『延喜式』がほぼ完存している。

弘仁格式は、弘仁一一年四月二一日に撰進され、天長七年（八三〇）一一月一七日に施行された。ところが、内容に不備があったらしく、その後も編纂作業は継続され、承和七年（八四〇）四月に「改正遺漏紕繆格式」（遺漏や誤りを改正した格式）として再度施行された。弘仁格式は、わが国における最初の格式の編纂であり、編纂作業が難航を極めたのであろう。

『弘仁格』は散逸して現存しないが、『弘仁格』の目録として『弘仁格抄』が現存するので、ある程度『弘仁格』を復原することができる。一方、『弘仁式』も、式部式と主税式の一部が断簡として伝存している以外散逸している。

『貞観格』は、貞観一一年（八六九）四月に撰進され、同年九月に施行された。全一二巻で『弘仁格』より二巻多いが、開元留司格に準じて臨時格を新たに設けたためであった。『弘仁格』との関係は、中国のように新しい格が編纂されると以前の格が失効するというものではなく、『弘仁格』と併せて利用するというものであった。収録範囲は、弘仁一一年から貞観一〇年までである。『貞観格』も現存しない。

一方、『貞観式』は、貞観一三年八月に撰進され、同年の一〇月に施行された。巻数は二〇巻であった。『弘仁式』より少ないが、その理由は、新たな条文を立てる一方、「今案」により『弘仁式』の改訂部分のみを記載したためである。『貞観式』は、部分的に『弘仁式』を改訂するという編纂方針であった。『貞観式』も現存しない。

『延喜格』は、延喜七年一一月撰進され、翌年一二月に施行された。全一二巻で、貞観一一年以降、延喜七年までの法令を収め、これ以前に編纂された『弘仁格』『貞観格』と併用された。『延喜格』も現存していない。

『延喜式』は、延喜五年に編纂に着手され、延長五年（九二七）に完成した。全五〇巻。『弘仁式』『貞観式』およびそれ以降の補足・改訂を盛り込んだ式の集大成である。弘仁・貞観式が現存しないのは、『延喜式』の編纂によって、弘仁・貞観式が失効したためである。『延喜式』は大部な式であり、撰進後も修訂作業が行なわれたこと、天徳四年（九六〇）に内裏（だいり）が炎上したことなどから、施行は大幅に遅れ、康保（こうほう）四年（九六七）までずれ込んだ。『延喜式』はほぼ全巻が現存しており、法制のみならず、その後の政治・文化のよりどころとなった。古代史研究に欠かせない文献である。

次に、格の編纂方針については次の三点が知られている。①もとの詔（みことのり）・勅（ちょく）・官符（かんぷ）などから、冗長な文章を削除する。②法として無効になった部分を削除する。③原法令に書き換えや増補を施す。

格とは、編纂時の有効法であり、発出された年紀があっても、必ずしもその当時の姿を伝えているとはかぎらない。しばしば、格を『続日本紀』などの史書と同列に扱う論考をみかけるが、格の特性を承知していないと、誤った結論を導く可能性がある。常に格編纂時の改変を念頭において、用いる心がけが必要である。

『類聚三代格』の編纂

『類聚三代格』は、奈良時代から平安初期にかけての政治・経済などを知るうえで欠くことができない史料である。三代の格（弘仁・貞観・延喜格）は、神祇から始まって雑格にいたるまで、ほぼ官司ごとに格がまとめられている（ただし、『貞観格』と『延喜格』には、一二巻の臨時格が付随する）。そして、日本の格は、中国の格と異なり三代の格を併用して用いたから、一つの内容を調べる場合、三代の格すべてにあたらねばならなかった。これには多大の労力を必要とした。そこで、三代の格を内容ごとに分類し直した『類聚三代格』が編纂されたと推測される。ただし、編者ならびに編纂時期は院政期以前ということがわかっているだけで不明である。一二巻本系統と二〇巻本系統があり、選叙に関する巻、勘籍に関する巻、学校に関する巻、帳内資人に関する巻、服装・儀礼に関する巻が欠失しているが、全体の約八割程度が現存する。とくに、『弘仁格』については、その配列を記した『弘仁格抄』と組み合わせることによって、かなりの程度復原することができる。

〔嵯峨天皇と唐風文化〕

わが国の法典や儀式書、また勅撰の漢詩集の編纂、さらには儀式の整備のなかで、嵯峨天皇の位置づけは桓武朝と並んで重要である。

嵯峨天皇は、唐風文化を積極的に受容した。弘仁九年には、天皇が詔して、天下の儀式・男女の衣服、五位以上の位記（位を授ける際に与える文書）を唐風に改め、また、平安宮の宮殿や門の名前を唐風に変えて、新しい額を掲げさせた。たとえば、壬生部に因んでつけられた壬生門を美福門に変更した（「ミブ」＝「ビフク」のように、もともとの発音に近い嘉字に改めている）。一連の唐風化を推し進めたのは、菅原道真の祖父で遣唐使の経験のある菅原清公であった。同じ時期に弘仁格式が編纂されたのも偶然ではなかろう。

儀式書としては、弘仁九年以前に『内裏儀式』、さらに弘仁一二年には、恒例・臨時の朝儀を定めた『内裏式』が撰進された。弘仁九年に、儀式が中国風に改められたことに対応した儀式書の編纂である。

漢詩集の編纂としては、弘仁五年頃、嵯峨天皇の命により、小野岑守・菅原清公らがわが国最初の勅撰漢詩集『凌雲集』を、弘仁九年頃にも、天皇の勅により藤原冬嗣・菅原清公らが『文華秀麗集』を編纂した。これらの文集のなかには、編纂者のほかに、天皇自身や空海など多くの貴族や僧侶の漢詩が含まれている。

一方、弘仁六年には、京畿内の氏族系譜を集成した『新撰姓氏録』が成立した。これは、唐の太宗が編纂した『貞観氏族志』にならったものだろう。

嵯峨天皇は積極的に唐風化を推進したが、桓武天皇の事業を引き継いだ点も忘れてはならない。格式の編纂や姓氏録の編纂を最初に計画したのは桓武であり、桓武自身積極的な唐風化政策の推進者でもあった。嵯峨自身が桓武の政策、そして天皇としての桓武を強く意識したことも、嵯峨の諸政策に色濃く反映していたのだ。

〔儀式書の編纂〕

朝廷の儀式は、古くは各官司の記文や別式にまとめられていたらしい。『続日本紀』文武二年（六九八）八月癸丑条には、「朝儀の礼を定む、語は別式に具なり」とあり、そのあたりの事情をうかがうことができる。しかし、『続日本紀』は、具体的儀式については『官曹事類』（現存しない）に譲るという編纂方針から、具体的な儀礼のようすをほとんど見ることができない。奈良時代の儀式次第についてはほとんど不明である。こうしたなかで注目されるのは、遣唐使として入唐し、天平七年に帰国した下道真備（吉備真備）が唐礼一三〇巻を将来したことである。この唐礼とは『大唐開元礼』と考えられ、以後、唐礼の継受がおおいに進んだと推測される。

さて、嵯峨天皇は、平城天皇が廃止した儀式を復活、さらに内宴・花宴などを新設し、積極的に儀式の整備に着手した。これらの儀式次第をまとめたのが、弘仁九年以前に編纂された『内裏儀式』である。一方、弘仁九年には、前にも述べたように、儀式の唐風化が一気に加速するが、それは儀式書にも反映したらしく、弘仁一二年には、『内裏式』が編纂された。なお、『弘仁儀式』は編纂されなかった可能性が高い。

ついで、貞観期には、『貞観儀式』が編纂された。現存する『儀式』と考えられているが、一部に貞観以降の文言や規定がみられることなどから、後世の改訂が加えられているらしい。

儀式整備のうえで、もう一つの画期は宇多朝である。宇多天皇は踏歌節会や相撲節会を復活する一方、元日四方拝（元日の朝、天皇が四方の天神地祇を拝する儀礼）など、新たな儀式を創設した。こうした儀式の整備をうけて、醍醐天皇は『延喜儀式』を編纂しようとしたが、未完に終わったらしい。以後、官撰の儀式書としては、村上天皇の撰にかかる『清涼記』や、応和三年（九六三）以降に編纂された『新儀式』などがあげられる。

一方、一〇世紀後半に貴族のイエが成立すると、有力なイエごとに（たとえば藤原実頼を祖とする小野宮流、藤原師輔を祖とする九条流など）儀式次第が少しずつ異なるようになった。そこで、新たに私撰の儀式書が編纂されるようになった。そのなかで、安和の変以前に編纂された源高明の『西宮記』や一一世紀初頭頃に編纂された藤原公任の『北山抄』、時代は降るが、一二世紀初めの大江匡房の『江家次第』などが現存し、儀式研究に用いられている。なお、近年、三蹟の一人、藤原行成撰『新撰年中行事』が発見され、新たな史料が加わった。

これらの儀式書には、複雑な編纂事情や写本の書写過程があるので、使用に際してはそれらの知識を得たうえで、できるだけ写真版にあたる必要がある。

6　平安時代の政務

政務の変遷

律令(りつりょう)制下においては、諸司や諸国の政務報告を、大極殿(だいごくでん)に出御(しゅつぎょ)した天皇が決裁するのが基本的なあり方であった。これを朝政(ちょうせい)という。諸司の官人は毎朝朝堂(ちょうどう)にある暉章堂(きしょうどう)に出向いて案件を弁官(べんかん)に報告すると、弁官は関係文書を書き直させたり、準備させたりする。文書がそろうと、今度は弁官がそれらの文書を持って含章堂(がんしょうどう)を経て昌福堂(しょうふくどう)に出向き、参議(さんぎ)以上の公卿(くぎょう)に報告し、大臣の決裁を仰ぐ。大臣がそのまま決裁することもあるが、天皇への奏上が必要と判断される事案については、大極殿に赴いて天皇の裁可を仰いだらしい。こうした過程は、現在の起案（稟議(りんぎ)）処理と類似している。

ところが、しだいに天皇は大極殿に出御せず、本来天皇の私的な居所であった内裏に留まるようになると、公卿たちも日常的に内裏に出仕し、そのなかにある紫宸殿(ししんでん)を政務の場とするようになった。延暦(えんりゃく)一一年（七九二）には、朝堂のみならず、内裏への上日(じょうじつ)（出仕した日数）を併せて、公卿の上日とする制度が成立している（『類聚符宣抄(るいじゅうふせんしょう)』）。

さらに、紫宸殿での朝政も行なわれなくなってくる。承和(じょうわ)年間以前、天皇は毎日紫宸殿に出御して政務を聞いたが、文徳(もんとく)天皇の仁寿(にんじゅ)年間以降、この儀礼がなくなったことがみえる（『日本三代実録(さんだいじつろく)』貞観一三年二月一四日条）。

代わって現れるのが旬政である。旬政とは一日、一一日、一六日、二一日に行なわれ、その後天皇が群臣と宴会をする儀礼のことであった。しかし、この儀礼もしだいに行なわれなくなり、四月と一〇月の一日に形式的に行なわれる二孟朔にのみ実施されるようになった。

また、天皇が出御せず、公卿以下が宜陽殿の平敷座で行なう平座という儀礼も、文徳朝以降増加してくる。光孝朝から醍醐朝には一時的に天皇の出御が多くなるが、朱雀朝には再び減少し、その傾向は以後も続いていく。

太政官と政務―政―

平安時代には、太政官独自の政務も存在した。この政務は大きく政と定に分けることができる。はじめに政の系統についてみていきたい。

平安宮には、朝堂院の東側に太政官曹司庁（弁官曹司ともいう）が設けられ、弁官が諸司・諸国の上申を受け付けていた。そこで案件が受理されると、太政官曹司庁で弁官が公卿にその案件を上申することになる。これを公卿聴政（官政ともいう）という。

ところが、公卿が内裏に日常的に伺候するようになると、太政官曹司庁を離れ、外記が勤務する太政官候庁で、政務が処理されるようになる。これを外記政という。弘仁一三年（八二二）には、太政官候庁（外記庁ともいう）で、従来と異なった称唯（オウと称すること）作法が採用されることになったが（『類聚符宣抄』六）、これにより、厳重な礼を必要とした官政の略儀として、外記政が成立した。

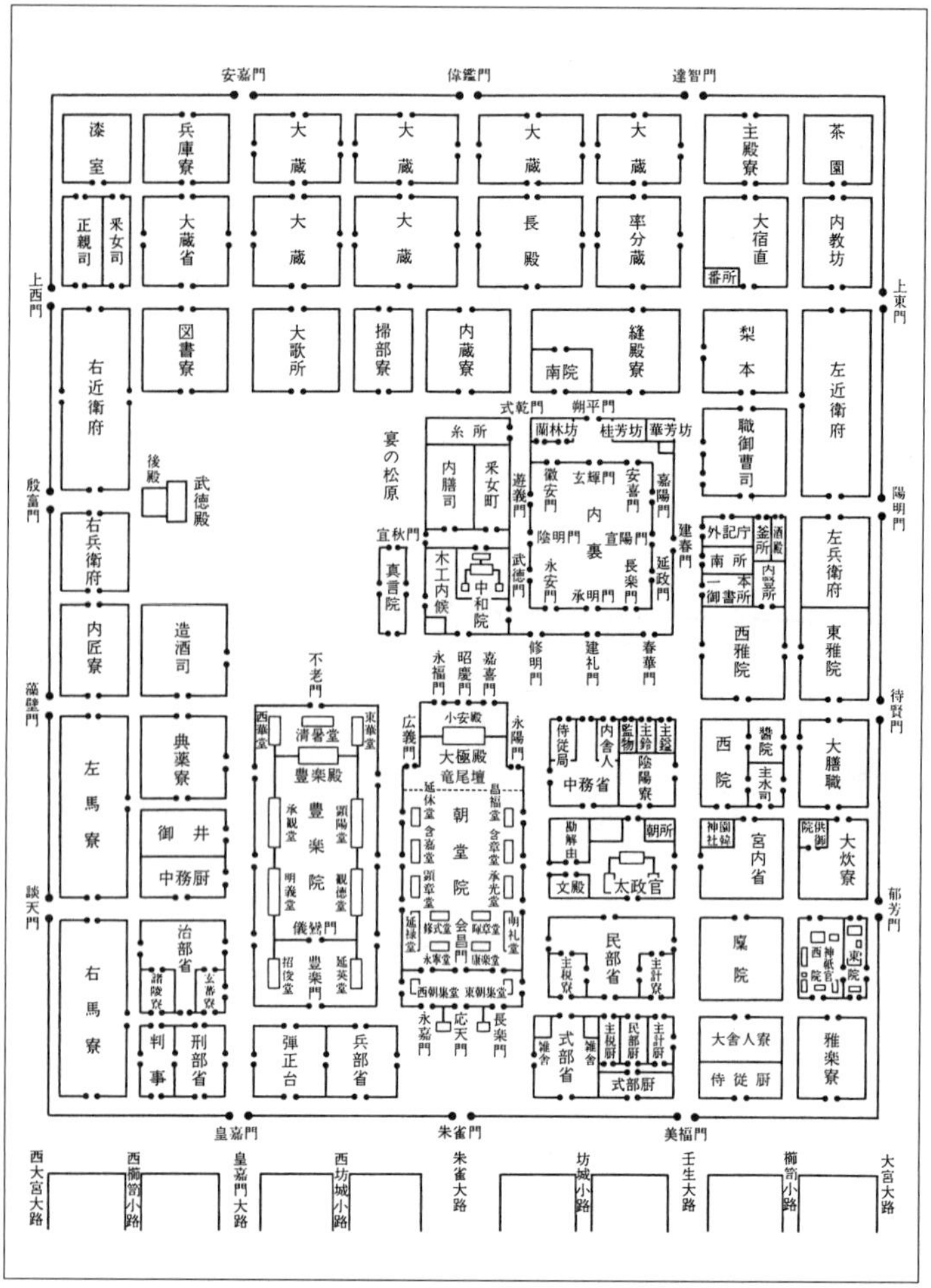

図Ⅲ-6-1　平安宮図（岩波日本史辞典／1999 より）

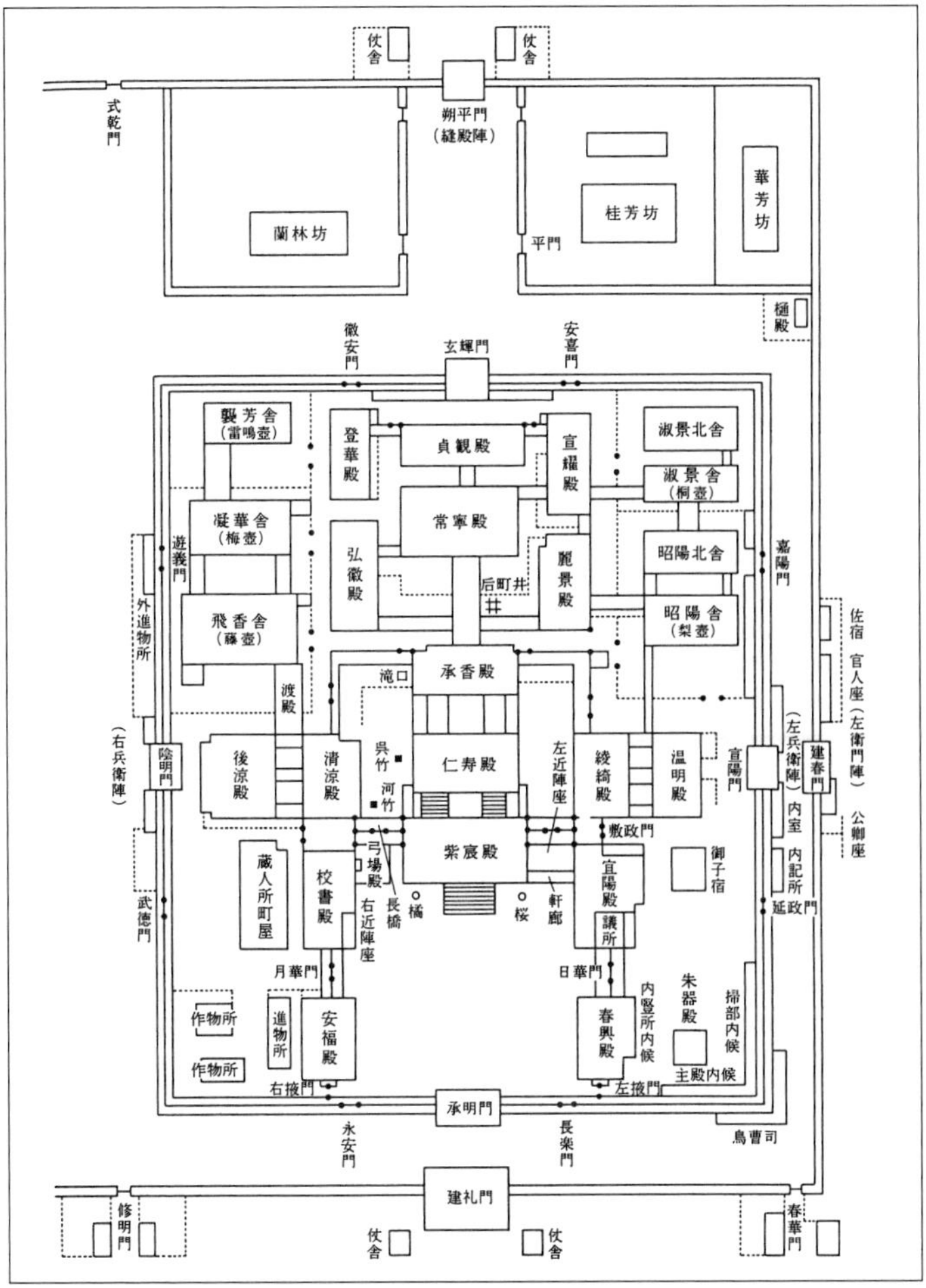

図Ⅲ-6-2　平安宮内裏図（岩波日本史辞典／1999より）

外記政が終わると、その参加者は、太政官候庁の南にある侍従所（南所ともいう）に座を移し、食事をとったあと、南所申文と呼ばれる政務を行なった。ここで扱われる申文は、あらかじめ外記庁の南舎で行なわれた結政（諸司・諸国から弁官に上申されてきた案件のうち、公卿たちに諮るべきものを弁官と史が定める政務）を経たものが選ばれた。実際に南所申文で扱われた文書としては、中央官司では諸道得業生や才伎長上の補任など、寺社では定額僧、禰宜・祝の補任など、諸国では交替公文（不与解由状・解由状・交替実録帳）・減省などで、多様な案件がみられる。この南所申文の成立は、外記政と同時かと推測されている。南所申文で公卿が処理できず、天皇の裁可を仰ぐ必要があると判断された案件は、官奏という儀式に入れられ、天皇に奏上された。

　南所申文に代わるものに陣申文があり、南所申文を補完する政務であった。陣とは、紫宸殿近くの左近衛の陣が置かれていた陣座（仗座ともいう）のことで、陣申文は、外記政と連動していなかったため、外記政の開催回数が減少してきた九世紀後半以降、南所申文に代わって開かれるようになった。結政を経た申文が陣申文にかけられたこと、公卿が決裁できず天皇の判断が必要とされた案件が官奏に入れられたことなどは、南所申文と同じである。

　官奏とは、南所申文（陣申文）を経た諸司・諸国の上申文書を大臣が奏上する儀式で、覧文・奏上・伝宣から構成されていた。昇殿した大臣（大納言、後には中納言のこともある）は奏文を上申して天皇の決裁を受け、史により奏報（天皇の決裁の内容を記した文書）が作成され、覆奏（もう一度天皇に奏上すること）することになっていた。ただし、官奏に入れられる案件の種類はしだいに減少し、儀式化していった。これは、次に述べる陣定(じんのさだめ)と関係するのかもしれない。

〔太政官と政務―定―〕

平安時代の政務のもう一つの形態として定があった。その代表的なものが公卿による合議体、陣定（仗議(じょうのぎ)ともいう）であった。その手続きは次のようなものであった。

まず、天皇の命を受けた上卿(しょうけい)（儀式をとり仕切る公卿）が、事前に外記を通して他の公卿に開催を知らせる。案件が天皇から示されるなど、あらかじめ議題がわかる場合には、先例を調査するために弁官には続文(つぎぶみ)、外記には勘文(かんもん)をつくらせておく。続文とは、審議される案件についての先例を書いた紙を継ぎ合わせたもので、その用途によってさまざまなものがあった。実例は『朝野群載(ちょうやぐんさい)』巻二六にみられる。続文が現れたのは、延喜末年頃と思われる。

陣定が開催される当日、公卿が陣座（おもに左近衛陣座）に着座すると、上卿が天皇の命を伝え、また蔵人(くろうど)が天皇からの文書を持ってきた時には、上卿がその文書をほかの公卿に回覧し、参議兼大弁(だいべん)の公卿（一般に事務に堪能な左大弁(さだいべん)がつとめる）に読み上げさせる。それに対して、参加した公卿のうち、身分の低い者から順番に（もともとは、最上位の者から）意見を述べる。その内容は、参議大弁が読み上げながら書く。その文書は定文(さだめぶみ)と呼ばれる。必ずしもすべての公卿の見解が一致する必要はなく、異なった場合は、それぞれの意見を併記し、蔵人が奏上する。そして、天皇が裁可することになる。

陣座は、もともと参内する公卿たちの控えの場で、公卿はそこで食事や雑談などをして過ごしていた。しかし、天皇が臨席する合議が文徳朝以降減少すると、陣野（とくに左近衛陣）で公卿が話し合いをするようになり、やがて正式な合議の場となった。史料上、陣定が見られるようになるのは陽成朝からである。

陣定は、摂関期になると、諸国の受領からの申請や異国来寇など幅広い案件を審議するようになり、その重要性が増すことになった。

〔政所政治論と天皇〕

摂関政治について述べた古い概説書などでは、次のように説明されている。

藤原氏が天皇の外戚として、摂政や関白となって政権を握り、摂関家の政所が中心となって国務を遂行し、政所下文や御教書（三位以上の公卿が自分の意向を家司に記録させ発給した文書）が太政官符や宣旨などに代わって政所から下された。これが政所政治で、朝廷は単に儀式の場となり形式的な政治が行なわれた。

しかし、最近では政所政治という言葉はほとんど使われなくなった。摂関家には、確かに政所が存在することは事実であり、政所下文や御教書が存在したことも認められる。しかし、それらは、ほとんどの場合、その摂関家に関係する私的な案件に対して用いられたのであり、官符や宣旨に代わって多用されたとは考えられない。このことを念頭において、政所という語句を当時の古記録や文書のなかに探しても、あまり検出できないのだ。

一方、陣定についてみてみると、天皇の意を受けた上卿が開催を参加者の公卿に知らせることが多く、陣定の結果も、定文に書かれた後、天皇に奏上し裁可を得るという手続きを必要とした。また、当時の文書は、『朝野群載』『本朝文粋』などに多数みることができるが、「奉勅」、つまり天皇の意向を受けて発せられたものが大半であることもわかる。摂関期でも、国政の中心は天皇にあったことは疑いない。したがって、摂関家にしても、天皇との外戚関係が解消されれば、急速にその威勢を失うことになる。外戚関係にない後三条天皇が即位するとまもなく、権勢を極めた藤原頼通の国政におよぼす影響力が、翳りをみせるようになったことはよい例である。

〔受領功過定〕

任期が終わった受領は、任期中の成績を陣定で判定された。これが受領功過定である。毎年一二月に行なわれる恒例の年中行事で、「受領功過定は、朝家（国家）の大事なり」とさえいわれた。

そもそも、国司が任期を終えて次の国司に国務を引き継ぐには、後任国司が出す解由状という事務引き継ぎ証明書が必要であった。もっとも最初から解由を受けられるのはまれで、多くは不備を指摘した不与解由状が出され、それを補塡・修正したうえで解由状が発行された。こうした文書を審査したのが勘解由使である。ところが、恩赦などで不備のまま交替が認められる場合が重なってくると、代々の不備が累積され、とうていそれまでの不足分を一気に解消することは不可能になってきた。そこで、仁和四年（八八八）には、前司以前の欠損を咎めない（累積した不足分と当任期分を切り離す）こととし、その責任を官長のみに求めることにした。受領国司成立への大きな一歩であった。

また、延喜一五年（九一五）一二月には、官物の収納に大きくかかわっていた主計・主税寮から、受領の官物納入実績などを報告させる文書（主計・主税二寮大勘文）を提出させることにした。さらに、天慶八年（九四五）正月には、勘解由使が受領の提出した交替関係の文書を一二月二〇日以前に太政官に提出することになった。ここに受領功過定の原型が完成したのである。

受領功過定には、前後国司間による解由の発行と弁官への提出、そして、主税・主計大勘文と調庸総返抄（調庸を小分けに納入することも可能であったため、その最終領収書）などのいくつかの文書をつきあわせて、国衙財政上の成績を審議する公文勘会という二つの過程があり、最終的に陣定で審議された。そして、いくつかの国の受領に任じられ、受領功過定に通過すると位階が上昇する仕組みになっていた。また、任期中に受領功過定に通過すると、「任中」と称され、とくに成績優秀者とみなされて次の除目の際、優先して官職を得ることができた（任期後に通過したものは「得替」という）。

一〇世紀後半以降、なんとか官物を確保したいという国家の意向が反映して、受領功過定には次々と審査項目が増やされていったが、しだいに継続審議となるものも多くなり、一一世紀を過ぎると、審議終了までに五年以上の歳月を費やす例も現れた。また、有力な貴族が家司である受領の受領功過定に介入し、有利にことを運ぶ場合もあった。その結果、一二世紀になると、受領功過定はその役割を終え、形式的に審議されるだけになった。

7　平安時代の地方支配

律令税制の行き詰まり

律令税制は、租・庸・調・雑徭・出挙などから構成されていた。これらの税は、人別に賦課される人頭税であったから、徴収の前提として、個別人身的支配が必要であった。具体的に言えば、一人一人を戸籍・計帳に登録し、それをもとに班田を行い、調・庸、兵役などの税を課していたのであった。

ところが、現存する延喜二年（九〇二）の「阿波国戸籍」には、百歳以上の高齢者が多数みられるばかりか、男性と比べて女性の比率が圧倒的に高いという特徴がある。衛生・医療が現在とは比べものにならない時代にあって、百歳以上の者が多く、また女性が極端に多いというのもおかしい。高齢者や女性は税負担が少なかったことから見て、税逃れの手段だと推測される。また、延喜一四年に三善清行によって著された『意見封事十二箇条』にみられるように、人々の浮浪・逃亡も頻発していた。こうして多くの法令が証するように、税の違期・未進が深刻化した。正確な籍帳が作成されていない以上、九世紀後半以降、次第に個別人身的支配は破綻し、班田収授制も機能しなくなったとみてさしつかえない。

こうした現実に直面した国家は、律令制への回帰を何度か試みたが、成功するはずもなく、現実に見合うかたちで税を確保する道を選んだ。

国家体制の変換

その第一歩は、籍帳制などにより直接人民を掌握する方法を放棄し、官物さえ確保できれば、地方の統治は国司、なかんずくそのもっとも上位に位置する受領に任せるという方策を打ち出したことである。そのためには、受領国司に国内支配の諸権限を集中させ、反対に受領以外の国司（任用国司）の地位を相対的に押し下げたのである。

ついで、税体系の再編成が行なわれた。そのためには、籍帳を必要としないで済むよう、諸国が税として中央へ貢納する物品の数量を定め、式数として固定化した。

さらに、税の徴収方法を、従来の人頭税から、土地を単位とした官物（律令税制の租・庸・調・公出挙などの系譜を引く）、臨時雑役（律令税制の交易雑物・雑徭などの系譜を引く）を賦課する税体系へと転換させた。これは、調庸・交易雑物・公出挙などを、耕作する田の面積に応じて取り立てる新たな徴税方式であった。具体的には、延喜元年（九〇一）の官符が「正税を班収するは、もっとも耕田による」と指摘しているように、正税出挙が耕地面積に応じて割り当てられるようになったのだ。耕作民を籍帳で把握できない以上、当然の変化であった。後には、本来人別に課すはずであった臨時雑役も、耕地に賦課されるようになった。

調達方法

律令制下にあっては、諸国から貢納された調庸物は、おおむね民部省もしくは大蔵省に納められ、必要に応じて官司に支出されていた。ところが、一〇世紀になると、太政官や蔵人所などの担当官司から、切下文（現物を支出する国名・物品名・数量などを記した文書）と呼ばれる文書が、物品を必要とする官司に発給されると、その使者が切下文を携えて支出する国の弁済所へ出向き、切下文と引き替えに現物を調達した。切下文は切符とも言う。弁済所とは、京近くの水陸の便のよい場所に諸国が設けた出先機関で、あらかじめ諸国から物資を運納してあった。ついでに言えば、後世、切下文自体が、現物と同様の価値（信用）をもつようになり、手形が発生する。

　弁済所の責任者は弁済使と呼ばれ、国司が中央官司の下級官人などから私的に任命し、調庸物の弁済、国務にかかわる公文書の作成、運上物の貯蔵などにあたらせた。弁済使を設置することは、天暦元年に禁止されたが、禁制の効果のほどは疑問である。

〔受領の成立〕

『今昔物語集』巻二八、三八話には、受領の貪欲さを表す言葉として、「受領は倒るる所に土をつかめ」という著名な言葉が収められている。彼らはその地位を利用して、公私にわたり任国から多くの財物を収奪したのだ。それでは、受領とはどのように発生したのであろうか。

　律令制の原則では、国司は守・介・掾・目に分類され（それぞれの人数は国の等級によって異なる）、職員令に基づいて仕事内容が決められていた。ところが、九世紀後半頃から国司のうちの最上位の者（官長）に国内支配の権限が集中するようになった。その官長を受領という。

ただし、守が必ず受領であったというわけではなく、上総・常陸・上野国のように、親王が形式的に守（太守）に任じられる国の場合には、介が受領となった。これを親王任国と呼ぶ。受領という言葉は、前任者から諸国の政務を「受領する」ところに由来している。

　受領国司に権限を集中した目的は、主として官物の未進・粗悪に対処するためであった。九世紀後半以降、諸国からの貢納物が滞るようになったが、本来、その責任は国司全員が負う連帯責任制であった。しかし、それでは未進・粗悪に罰則を設けても責任が曖昧になってしまう。そこで、徴税責任者を官長に限定し、官物の納入責任を負わせた。これが受領国司のはじまりである。その代わり、国家は在地への直接介入を事実上放棄し、徴税のみならず軍事指揮権など国内支配の一切の権限を受領に委任したのだ。こうして受領が任国から貪欲に財物を収奪することが可能になった。

　一方、摂関期の受領には、摂関家の家司が多く任命された。受領が任国から収奪した財物は、間接的に主家である摂関家の建物、調度品の整備に回された。摂関家にとっても受領はなくてはならない存在であった。

　ところが、受領の成立とは裏腹に、任用国司（守が受領ならば、介以下の国司）の地位は、相対的に下落することになった。その結果、九世紀末以来、各地で受領国司と任用国司が対立し、紛争を起こすようになった。また、受領が任国で不法に官物を徴収することが頻発するようになると、「尾張国郡司百姓等解文」にみられるように、郡司たちが受領国司を都に訴える事件がしばしば起こった。

〔公営田制〕

弘仁一四年（八二三）二月、参議で大宰大弐であった小野岑守は、税収不足に対処するため、公営田の設置を上奏し、認められた。公営田とは、大宰府管内にあった口分田と乗田（口分田を班給して残った公田）併せて七万六千五百八十七町から一万二千九十九町の口分田と乗田を割き取り、大宰府が直接経営しようとするものである。

一般的には、班田農民は、種子は自分で用意して耕作し、収穫物のなかから租を納入していた。ところが、公営田では、大宰府が種子を用意し、穫稲もすべて大宰府に納める代わりに、働き手の成人男子に雇用賃や食費を与え、調や庸を免除することにした。大宰府は、その穫稲を管内諸国の正倉に納め、その稲で調庸として綿（木綿ではなく真綿）を買いととのえ、中央に送ることにした。岑守は、この公営田を試しに四年間実施することになった。

公営田の目的は、農民から直接調庸を取り立てることをやめ、交易によって調庸をまかなうところにあった。ただし、この官奏は、貞観臨時格に収められていたことからみれば、明らかに臨時的措置であり、恒常的に行なわれたわけではない。しかし、斉衡二年（八五五）には肥後国で、元慶三年（八七九）には上総国で実施されたように、しだいに一般的になってきたらしい。その後、元慶三年に畿内に置かれた元慶官田に、その経営方法は受け継がれた。

〔尾張国郡司百姓等解文〕

永延二年（九八八）、尾張国の郡司・百姓（公民）らは、尾張守藤原元命を三一条にわたって太政官に訴えた。一〇世紀から一一世紀にかけて、国司の非法を訴えた事例（国司苛政上訴）が散見されるが、これは受領国司による収奪が本格化したことを意味している。その結果、翌年の二月に陣定が開かれ、四月に元命は尾張守を解任された。しかし、長徳元年（九九五）には、吉田祭の行事弁の代わりに任じられ、政界に復帰している。また、父元命とともに訴えられた息子頼方も、後に石見守に任じられたようである。

郡司らの主張によれば、元命の非法は多岐にわたっている。この条文を分類すると、次のようになろう。

Ⅰ　①正税出挙（一―五）、②調庸・交易（六―九）、③交通・駅伝制（一〇―一三）
Ⅱ　租税の徴収（一四―一八）
Ⅲ　①国衙官人への給与（一九―二一）、②私物の運送（二二・二三）、③僧尼関係の料稲（二四・二五）
Ⅳ　①庁務の怠慢・子弟・郎等の非法（二六―三〇）、②太政官符の不下行（三一）

注意しなければならないのは、元命がこれまでの国司と比較して苛政だと批判されている部分と、元命がはじめて取り入れた非法部分がある点だ。元命は、在地慣行を踏まえながらも新たな加徴を始めたのだ。しかし、不正行為を元命だけのせいにしてよいのだろうか。ちょうどこの時期は、新たな税目の創始時期であり、それにより尾張国の支出が増えたことも十分考えられる。元命の収奪と国家的な税体系の再編の関係を、総体的にどのようにとらえていくのかという点は未解明である。

今までの研究は、一条一条を全体から切り取って個別に研究する傾向が強かった。だが、全条文を視野に入れたうえで、各条文を検討する必要がある。時代の転換点として重視される一〇世紀は、六国史（りっこくし）が終わり、貴族の日記や古文書も少ない、史料的にみれば暗黒の時代である。その時代に、詳細でしかも在地に密着したこれほどの史料が残されていることは希有（けう）であり、今後とも研究する価値がある。

8　軍事制度の変質と武士の起こり

律令軍制の変質

まず、中央の軍制であるが、宮中や京中の巡回・警備、行幸の随伴などのために、律令には衛門府・左右衛士府・左右兵衛府のいわゆる五衛府があり、京内の取り締まり、官人の非違を摘発する弾正台も規定されていた。また、後には令外官として近衛府も加わり、平安初期には、左右近衛府・左右衛門府・左右兵衛府の六衛府体制が成立した。

このうち、唐の御史台に倣った弾正台はあまり機能しなかったらしく、弘仁年間に検非違使が新設され、中世に到るまで、平安京の警察・裁判機能を実質的に担当した。実働部隊としての検非違使には主として武勇に優れた衛門府の官人が兼務し、一〇世紀後半以降、源氏・平氏など武士が任命されるようになった。その結果、六衛府自体は、その機能を喪失していくことになった。

一方、地方では公民から兵士が徴発されて軍団に勤務し、場合によっては防人や衛士として派遣された。軍団は国司の指揮の下、軍事・警察を担当したが、延暦一一年（七九二）、一部を除いて廃止され、代わって郡司や富裕者などの子弟を健児とした。しかし、九世紀中頃から東国の治安悪化が起こり、上総・武蔵国などには国検非違使が置かれた。

さらに、九世紀末から一〇世紀はじめ、群盗などの蜂起が起きると、国司は政府に対して国内の武勇に優れた者を押領使や追捕使に任命することを働きかけるとともに、太政官も発兵の許可を与える追捕官符を発給して、諸国の治安を安定させようとした。こうした措置は一時的に奏功したが、平将門の乱を契機として、その鎮圧者のなかから武士の棟梁が出現することになった。

武士のはじまり

最近、中世史を中心として、武士論が盛んに論議され、武士像の見直しが行なわれている。ここでは、これらの武士論を取り上げつつ、武士の起源についてみていきたい。

従来、武士の発生はどのように考えられてきたのであろうか。それは、律令制の変質とともに平安中期に地方政治が乱れ、その結果、地方豪族や有力農民たちは、自分たちの所領（荘園）を自衛するため武装し、武士が誕生したという考え方である。つまり、武士は地方から自然発生的に生まれたとみるのだ。これを在地領主制による武士論という。

この説に対して、異を唱えたのが高橋昌明であった。高橋の論点は多岐にわたるが、武士とは、本来職能を示す文人に対する言葉で、天皇の安全と平安京の治安の守り手であり、武士を武士として認めたのは王権であった。また、初期の武士は、令制の衛府を中心とした武官や滝口を指していたが、一〇世紀後半以降、源平両氏がこれらと交替し、近衛府を中心として蓄積された武芸や武器・武具なども、源平両氏に継承された、としたのである。この考え方を職能的武士論という。

一方、地方の国衙軍制のなかから武士が生まれてきた、と説くのが下向井龍彦である。九世紀末から一〇世紀はじめにかけて、坂東では群盗が蜂起する。政府はこの群盗を鎮圧するために、発兵の権限を受領国司に与えること、追捕指揮官として国ごとに押領使を任命すること、武勇に優れた者は誰であれ、国衙の動員に従うことなどの軍制改革を行なった。それにより国衙軍制が成立したとし、東国の乱の鎮圧にあたったと推定される高望王（平将門の祖父）・藤原利仁（『今昔物語集』をもとにした芥川龍之介『芋粥』の登場人物）・藤原秀郷などが最初の武士になったと解されたのである。

このような見解に対して、川尻秋生は、将門・純友の乱を武士発生の原点ととらえている。武士を武士として認定したのは王権であり、武士とは職能であるとする高橋説を評価しつつも、近衛系武士と源平両氏の間には断絶があるとみたうえで、中世武士の多くが自分の祖先を平将門の乱の鎮圧者に求め、将門の乱を契機として成立した軍事制度や宮廷儀式が多いことを重視する。しかも、都の貴族たちは、将門の乱に対して、中世にいたるまで、恐怖と嫌悪の感情を共有し続けた。藤原兼実は、伊豆国で源頼朝が旗揚げしたとき、「さながら将門の如し」と『玉葉』に書きつけた。将門の乱は、貴族の間に代々語り継がれた結果、源平の争乱や南北朝の動乱など、世が乱れた際に常に想起されたのであった。そして、その裏返しとして、将門の乱を鎮圧した貞盛流平氏や清和源氏、秀郷流藤原氏などに、辟邪としての異能を見出し、北方の守りの要である鎮守府将軍や都の治安維持を担当する検非違使に取り立て、さらに彼らは有力貴族と主従関係を結んだのであった。これに貴族のイエ成立の影響が加わり、一〇世紀末頃に武士が成立したと考えた。

武士の成立についての諸説を紹介してきたが、そもそも武士をどのようなものとして定義するかによっても見方は変わる。中世史では武士についての研究が盛んであるが、古代史ではあまり盛んとはいえない。しかし、近代の戦時体制下においても、「武士」の与えた影響が無視できないように、武士論は中世史のみならず、日本史全体に影響をおよぼす大きな問題である。古代史でも軍制史研究の一つとして、深く考えていかねばならない。

〔武士像の見直し〕

武士といえば、男らしく潔いというイメージがまず浮かんでくる。その代表として真っ先にあがるのは、源義家（八幡太郎）であろう。少し年輩の方なら、文部省唱歌に「八幡太郎」があったことを覚えているかもしれない。あるいは、前九年合戦の際、安倍貞任を追いつめながら、和歌の下の句「衣のたてはほころびにけり」と歌いかけると、貞任が「年を経し糸の乱れの苦しさに」と上の句を返したので、義家はその歌の見事さに免じて、貞任を逃がしてやったという『古今著聞集』（鎌倉時代に成立した説話集）の説話なども思い起こすかもしれない。ある意味で、戦前の兵士の理想・模範として、日本の軍国化に大きく貢献した人物でもある。

ところが、実際に武士の行状を史料に基づいて調べてみると、闇討ちや暗殺をくり返し、「殺人上手」と貴族の日記に書かれる場合さえある。また、後白河法皇により編纂された今様集『梁塵秘抄』には、「八幡太郎はおそろしや」という一節もみられる。つまり、武士とは殺し屋で、貴族をはじめとする平安時代の人々から目を背けられ、忌み嫌われた存在でもあったのだ。現代で喩えると「暴力団の組長」であるという評価さえある。武士が潔く、正義感に満ちていたというのは、近世以降、とくに近代において天皇に忠実な「小国民」を育てる教育のなかで生み出された虚像であったということになる。

だが、武士が眉をひそめるような存在であったにもかかわらず、なぜ存在しえたのか、もっと言えば、武士に期待を寄せ、利用した王権や貴族の存在があったことも事実である。王権と武士の関係についての研究は、古くて新しい今日的課題である。

〔平氏と源氏〕

まず、桓武平氏が武士の棟梁となった過程を見てみよう。桓武平氏にとって、なんといっても大きな画期になったのは、平貞盛が将門鎮圧に大きな功績をあげたことであろう。貞盛は、藤原秀郷とともに、天慶三年（九四〇）二月一四日に将門を殺害したのである。その結果、恩賞を受け、常陸掾から一躍従五位上右馬助となった。その後の経歴については不明な点が多いが、鎮守府将軍や丹波守に任じられたことが確認できる。

もう一つ興味深いのは、貞盛流平氏の名前である。貞盛の子ども・甥などは、通字（名前に共通の漢字を宛てること）としていずれも「維」字を含んでいる。これは、「貞盛ガ甥幷ニ甥ガ子ナドヲ皆取リ集メテ養子ニ」（『今昔物語集』巻二五、五話）したことを示していよう。こうした方法により、貞盛流平氏には強い一族内での結束がみられる。たとえば、長保五年（一〇〇

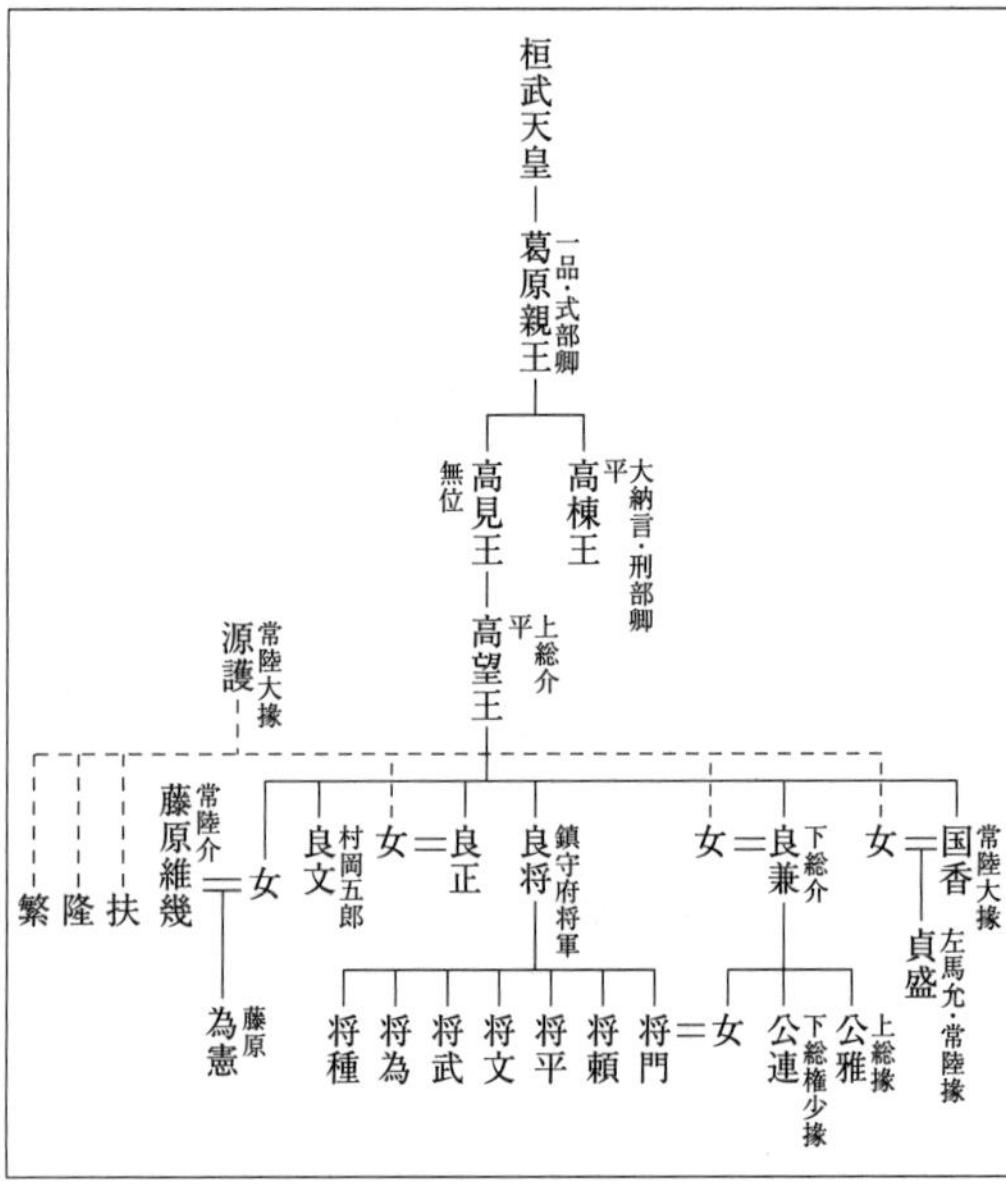

図Ⅲ-8-1　平氏系図

三）に下総国府を焼き討ちした平維良という人物がいた。彼は、貞盛の甥の子であり、「維」字をもつ人物である。国府を襲撃したのであるから、当然追討使が任命され、追捕官符も出された。しかし、結局彼は罪を問われることなく、一〇年もしないうちに、鎮守府将軍に任命されたのである。その背景には、摂関家と主従関係を結んでいた貞盛流平氏一族による減免運動があったと推察される。貞盛流平氏にこのような強い結束が生まれたのは、一〇世紀後半から末ごろと思われる。桓武平氏が貴族のイエ成立の影響を受けて、武士として王権に認知された時期とほとんど同時であった。

一方、清和源氏にとっての画期も将門の乱であった。武蔵介源経基は、将門の謀叛を都に訴え、従五位下となり、さらに純友の乱鎮圧のため、大宰大弐に任命された。その子、満仲は、摂関家と主従関係を結び、安和の変で源高明失脚に大きく貢献し、都での地歩を確かなものとした。源氏でも満仲の兄弟はいずれも「満」を通字としており、また、満仲の屋敷が焼き討ちされた際、弟の満季が容疑者の逮捕に出向いている（『親信卿記』天延元年三月六日条）。源氏の場合、平氏ほど一族の結束が固かったとはいえないが、一〇世紀後半から末にかけての時期に、貞盛流平氏と同じく一族が結集し、武士として王権に認識されたのだ。

初期の桓武平氏と清和源氏にとっての第一の画期は、いずれも将門の乱にあり、第二の画期は、通字の使用、そして一族の強い結束、すなわちイエが成立した一〇世紀後半から末に求められよう。

〔平将門の乱〕

将門の乱の過程について、ここで細かく述べることはできないので、重要なポイントだけ押さえておきたい。将門の乱は、桓武平氏一族内での争いと、将門の常陸国府襲撃事件を境とした、国家に対する叛乱の二段階に分けることができる。

将門は、桓武天皇から数えて五代の孫にあたる。将門の祖父高望王は、臣籍に降って平高望を名乗り、九世紀末から一〇世紀初頭頃、上総介として下向したらしい。父良将も従五位下で鎮守府将軍であったが、将門が若年のうちに亡くなった。将門は、藤原忠平のもとに出仕していたが、父の死を契機として帰郷したらしい。彼の本拠地は、下総国猨嶋・豊田郡であった。また伯父たちは、常陸掾や下総介などの肩書きをもっていた。

将門の活躍を活写した『将門記』は巻首が欠落しているためはっきりしないのだが、将門が平氏一族と争うようになった原因は、伯父良兼の娘と将門の結婚に良兼が反対したこと、それに父が残した遺産の土地をめぐって、将門と伯父たちが争ったことに求められるようだ。その後、伯父の国香・良兼・良正とその姻戚関係にあった常陸大掾源護らと将門が争うようになったが、将門は抜群の機動力と勇猛さによって、彼らを打ち負かした。また、護たちが将門を都に訴え、将門が上京することもあったが、恩赦になり、罪を問われることもなかった。

ちょうどそのころ、隣国武蔵国では、武蔵権守興世王・武蔵介源経基と足立郡司で判官代の武蔵武芝が紛争を起こしていた。将門は、仲介のために武蔵国へ向かい、興世王と武芝の和睦に成功した。ところが、経基の陣を武芝軍が攻めたことから、経基は上京し将門が謀叛を企てていると告発した。しかし、太政大臣藤原忠平は、将門の私君であった関係もあって、しばらく具体的な方策をとらなかった。忠平は、この一件を家内部の出来事として処理しようとしていたようだ。都では、この事件の真相を究明するために推問使を任命したが、将門を恐れて出発を先延ばしにしていた。

そのころ、常陸国では大規模な田地を経営する藤原玄明という者が官物を弁済せず、しかも乱行におよんでいた。これに対して常陸介藤原維幾は、追捕官符を得て玄明を追捕したところ、玄明は将門のもとに逃げ込んだ。

将門は、玄明の赦免を要求するために常陸国府に向かった。だが合戦を仕掛けられ、やむなく応戦して国府を占領し、維幾を虜にした。ついで、下野・上野国と続けて国府を占領し、国司を追放した。そして、将門は、上野国府において、菅原道真（すがわらのみちざね）の霊を媒介として八幡大菩薩（はちまんだいぼさつ）の託宣を受け新皇（しんのう）と称した。新皇とは新しい天皇という意味である。その後、将門は全坂東を手中に収め、王都を下総国に置いて配下の者を坂東国司に任命した。

常陸国府の占領についての知らせが都にもたらされると、都の貴族たちは大騒ぎとなった。国府を占領したことは国家への謀叛であるし、同時に西国では藤原純友が反旗を翻していたからだ。そこで、政府は天慶三年（九四〇）正月一日、東国・西国に向けて追捕使を任命し、一一日には、将門を殺した者には四位と功田、次将を殺した者にも位を授ける旨の追捕官符を出した。さらに、一四日には、藤原秀郷を下野掾、平貞盛を常陸掾など、武勇に秀でた者たちを坂東諸国の掾に任命し、同時に押領使とした。彼らが将門追討に動員されたのは一一日付の官符の影響によるところが大きかった。

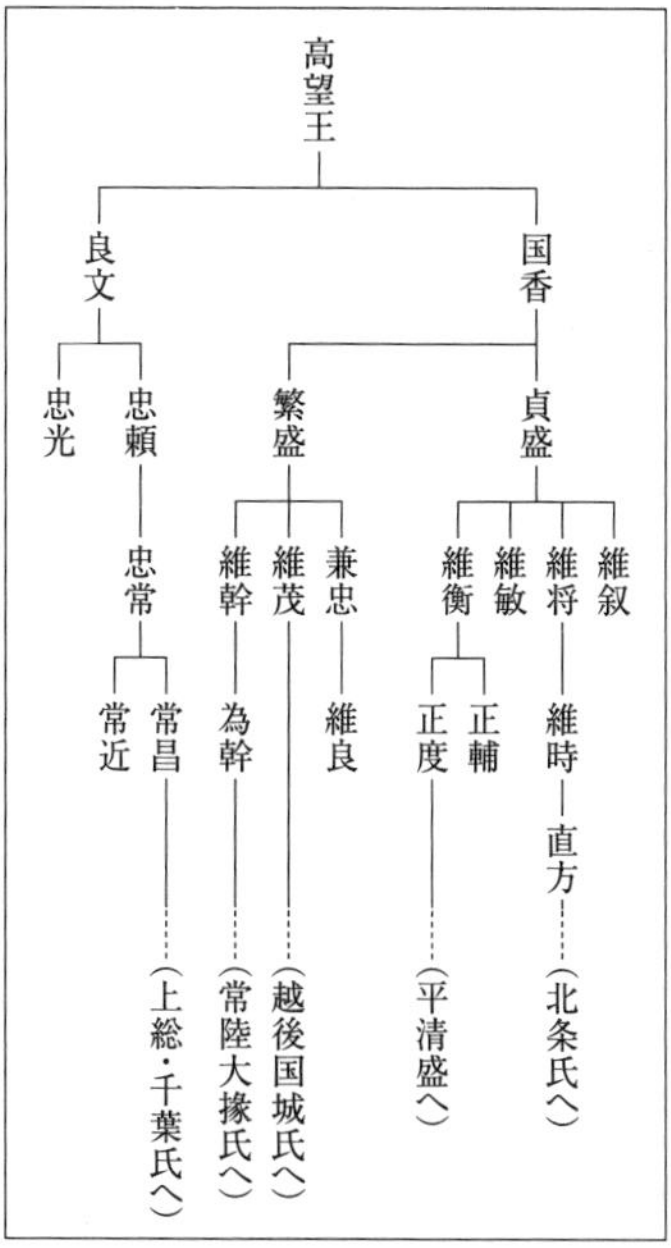

図Ⅲ-8-2
貞盛流平氏と良文流平氏

一方、将門は、坂東を掌握した後、宿敵平貞盛を探したが発見できず、諸国から徴発した兵士を帰郷させた。当時の兵士の多くは、農閑期の農民を徴発した者であり、農繁期には農作業のために、帰農させなければならなかったからである。この好機を待っていた藤原秀郷・平貞盛軍は下野国で挙兵し、将門軍に戦いをしかけた。最初、将門は戦況を有利に進めたものの、急に風向きが変わり、矢に当たってあっけない最期を遂げた。時に天慶三年二月一四日のことであった。

〔藤原純友の乱〕

最近、藤原純友の乱については、新説が相次いで現れ、従来の研究が大きく見直されてきた。ここでは、これらの新説を紹介しよう。

純友は、長良流藤原氏で、筑前守良範の子であった。承平二年（九三二）ころ、伯父の伊予守元名の推薦によって伊予掾に任じられたらしい。この一族は、もともと伊予国や瀬戸内地域の状況に詳しかった。

これまで、純友は、承平段階から海賊の首領であったと考えられてきた。『日本紀略』承平六年六月条に、「南海賊首藤原純友、党を結び、伊予国日振島に頓集し、千余艘を設け、官物・私財を抄却す」とあるからである。ところが、『本朝世紀』天慶二年一二月二一日条には、「前掾藤純友、去る承平六年、海賊を追捕すべきの由、宣旨を蒙る」とみえ、『本朝世紀』のほうが史料としての信憑性が高いことから、『日本紀略』の記事は後世に書き換えられたと考えられるようになった。承平段階の純友は海賊を追捕するために伊予掾となり、さらに伊予警固使に任命されたことが明らかにされたのである。これは従来とは正反対の解釈なのだ。

このような新研究を承けて、天慶段階での乱の原因についても新たな説が提出され、二つの

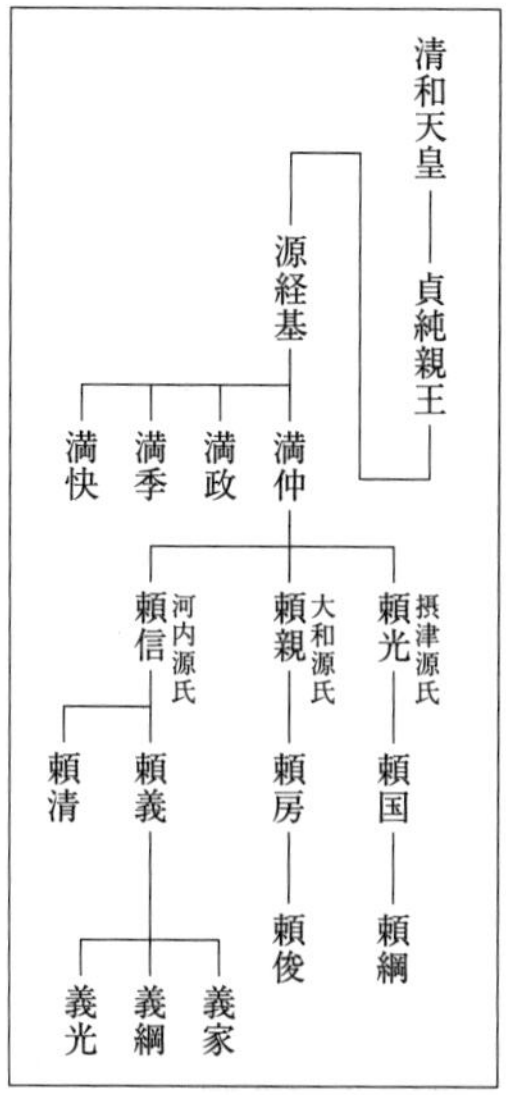

図Ⅲ-8-3
清和源氏系図

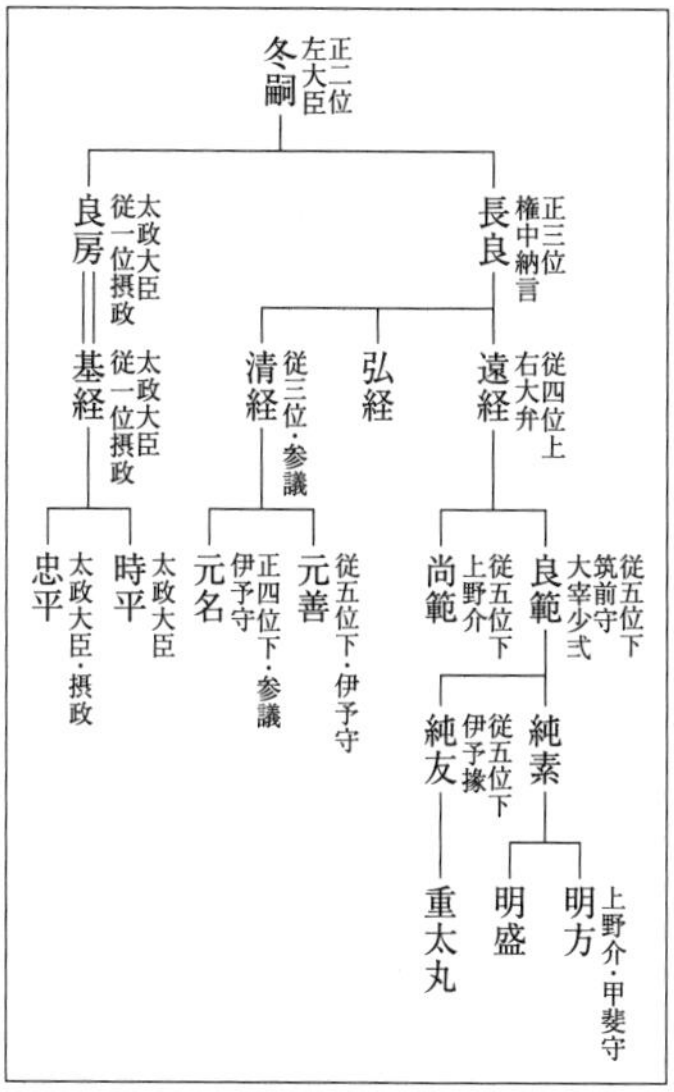

図Ⅲ-8-4
藤原純友系図

説が対立している。一つは、瀬戸内の海運業をも請け負っていた海賊たちが、純友を担いで新たな社会的位置づけを求めた、あるいは海運業の中心にあった純友が、承平段階の海賊を屈服・支配し、海運・交易権を政府に認めさせようとしたという説である。

もう一つは、下向井龍彦によるもので、承平段階の海賊の鎮圧に功績があった純友・藤原文元（ふみもと）・遠方（とおかた）・成康（しげやす）らが、その恩賞を与えられなかったことに不満をもち、文元と備前介藤原子高との軋轢（あつれき）を契機として、純友たちがついに蜂起したというもので、蜂起の目的は、承平段階の功績に対する恩賞への不満ということになる。

新しい史料の読みによって、天慶段階の純友の乱についても新しい説が生まれた。いずれの説も魅力的なだけに、今後の展開が待たれる。

9　藤原氏の繁栄

藤原氏の栄華

安和二年（九六九）、左馬助源満仲（源経基の子ども）と前武蔵介藤原善時が、左兵衛大尉源連と中務少輔橘繁延に謀叛の疑いがあるとして訴え出た。その結果、繁延らが捕まえられ、左大臣源高明が、娘婿の為平親王を皇位につけようとしているとの疑いにより、大宰権帥に左遷された。この政変を安和の変という。

安和の変は、太政大臣藤原実頼が、冷泉天皇の同母兄弟の為平親王と高明を追い落とし、弟の守平親王（後の円融天皇）を皇太子に立てるために起こされたらしい。当時、冷泉天皇は精神を病んでおり、為平・守平兄弟いずれかが皇太子に立つ可能性があった。順番からいけば、為平であったが、康保四年（九六七）、皇太子になったのは弟の守平であった。為平は高明の娘を娶っており、もし為平が即位すれば、高明が外戚になる可能性もあった。そこで実頼は、それを避けるために守平の立太子に踏み切ったとみられる。周辺の公卿たちもそれに同調した。すでに守平の立太子時点から、高明・為平の包囲網は完成していたといえるだろう。

安和の変後まもなく冷泉は退位し、守平親王が即位した。円融天皇である。そして、師貞（後の花山天皇）が皇太子に立った。ところが、藤原師輔の弟師尹は変の半年ほど後に死去、摂政となった実頼も翌天禄元年（九七〇）に亡くなった。また、師輔の子伊尹も、師尹の死後、

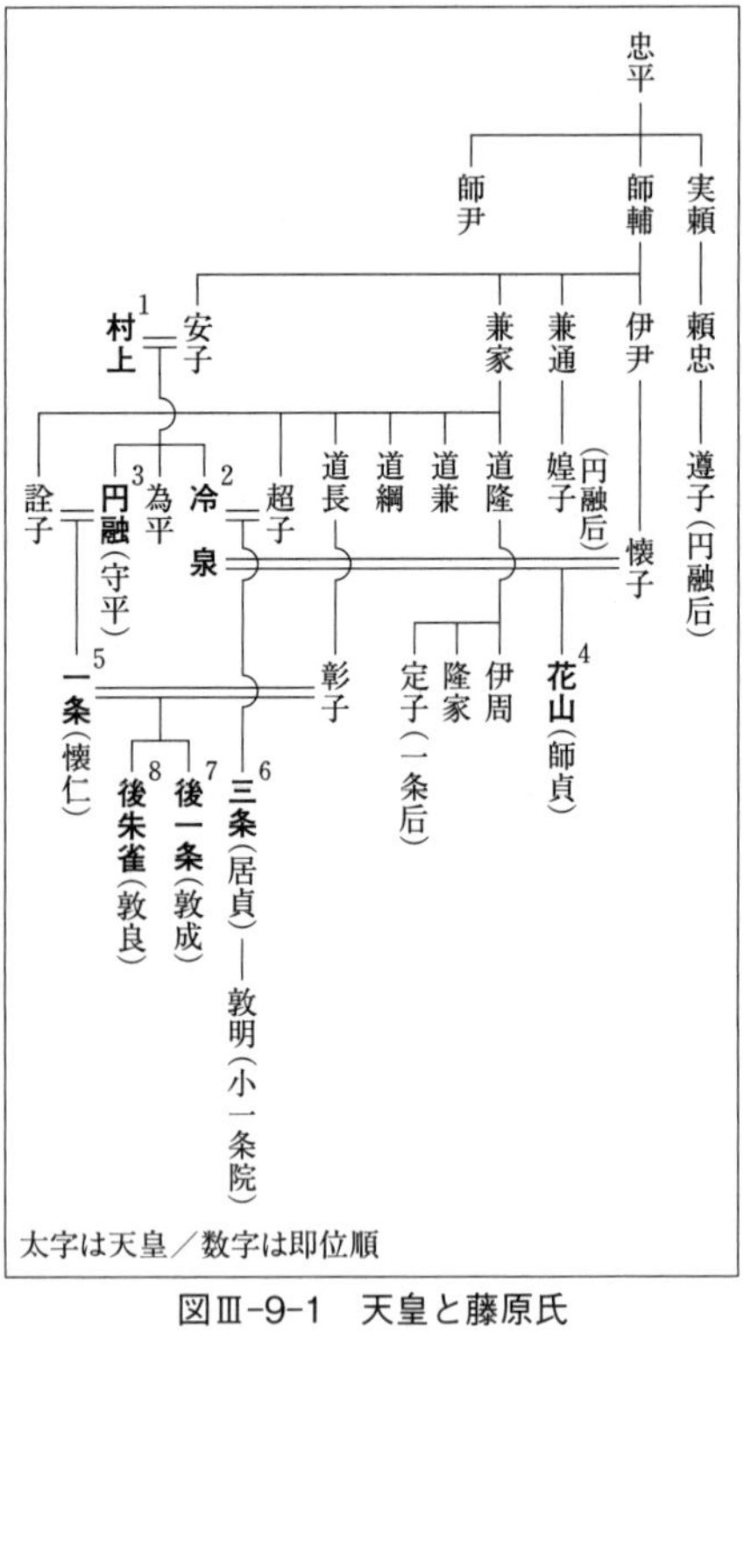

図Ⅲ-9-1　天皇と藤原氏

右大臣・摂政を経て天禄二年に太政大臣になったが、翌年に死亡した。円融天皇と師貞親王、二人を残して直系の親族はいなくなってしまった。

伊尹の死後、兼通は大納言を経ないで内大臣となり、内覧へと進んだ。そして、天延二年（九七四）に太政大臣となり、直後に関白に任じられた。また、兼通は、娘の媓子を円融のもとに入れ、彼女は皇后となった。一方、兼家は、娘を冷泉に輿入れさせ、居貞親王（師貞の弟、後の三条天皇）が生まれた。

権力者の相次ぐ死と娘の入内（じゅだい）、こうして始まったのが兼通・兼家兄弟の権力争いなのだ。天禄三年には円融天皇の前で、摂政の地位をめぐって両人が言い争った。また、どこまで史実なのかはわからないが、『大鏡（おおかがみ）』には、貞元（じょうげん）二年（九七七）、兼家は、重病となった兼通に代わって関白になるために参内（さんだい）しようとした。それを知った兼通は危篤にもかかわらず子どもの背にすがって参内し、兼家のもくろみを阻止したと伝えられている。貞元二年、兼通は、左大臣源兼明（かねあきら）を親王に復し、右大臣藤原頼忠（よりただ）（実頼の子）に左大臣を譲った。兼家を左大臣につけるよりはましという訳だろう。この直後、兼通は亡くなった。

花山院の出家

永観（えいかん）二年（九八四）、円融が譲位し、師貞親王が即位した。花山天皇である。花山天皇の在位期間は二年と短いが、倹約令、新立荘園の停止、武器の禁止、銭の強制流通、物価統制などを行なった。史料の残りがよくないためはっきりわからないのが残念だが、前記の政策は花山の代替わりにともなう新制であったとの説もある。だが、一方で花山は、かなりの「色好み」でもあったようだ。貴族の娘に次々と手をつけ、挙げ句の果てに捨てることを繰り返したという。

その花山にも心から愛していた女性がいた。弘徽殿（こきでん）の女御（にょうご）と言われた忯子（しし）である。彼女は花山の子を宿しながらも、突然亡くなってしまった。花山は深い悲しみに暮れた。ここに眼をつけたのが、円融上皇との関係を深めていた兼家であった。花山と兼家の子道兼（みちかね）はほぼ同世代。

寛和二年（九八六）、道兼は一緒に出家しようと花山を誘い、二人は月の内裏から山科まで逃げ、元慶寺に着いた。すると道兼は、父に挨拶してくるといって一人だけで逃げ出した。こうして、花山は道兼に騙され、出家することになってしまったと、『大鏡』は伝える。

一条天皇の即位

少し遡るが、兼通の死後、頼忠の娘遵子、そして少し遅れて兼家の娘詮子も円融に嫁いだ。そして、詮子は懐仁親王（後の一条天皇）を産んだ。ところが、円融は詮子ではなく、遵子を立后させた。兼家を抑えこもうとしたのかもしれない。

さて、花山の出家後に即位したのが、懐仁親王（一条天皇）であった。即位の翌年から三年間にわたって代替わりの新制が出され、借金の棒引きなどの徳政令も出された。花山の新制にならったのだろう。ちょうどこの時提出されたのが、「尾張国郡司百姓等解文」であった。新制をよりどころとして、不法行為をはたらく国司を解任させようとしたのかもしれない。

皇太子には、兼家の子超子と冷泉天皇の間に生まれた居貞親王（三条天皇）を立てた。このことは、兼家が次の世代でも外戚になれる資格を手に入れたことを意味する。そして摂政へ。しかも、この時、彼が右大臣を辞任していることが注目される。というのは、当時彼より上位の公卿として、太政大臣頼忠・左大臣源雅信がいたため、太政大臣になることができなかったからだ。そこで、律令的な官位秩序から離れ、准三宮（太皇太后・皇太后・皇后に準じる待遇）という新たな肩書きを得たのである。これにより、摂政は三公（太政大臣・左大臣・右大臣）を超える地位を獲得した（一座宣旨）。兼家の摂政就任は、摂関政治に大きな影響をもたらした。それは、①摂政・関白が律令官職を超越し、独自の地位を得たこと、②太政大臣の地位が下落し、以後太政大臣は公卿のなかの名誉職的な存在に転化したこと、③摂政・関白が藤原氏の氏長者を兼任すること、の三点である。兼家の摂政就任は、以後も「寛和の例」として先例化していく。

藤原道長の時代

摂政となった兼家は、自分の息子（道隆・道兼・道長）や孫（伊周）たちの官職を強引に引き上げていった。しかし、正暦元年（九九〇）、兼家は、関白を道隆に譲るとまもなく亡くなった。道隆も父にならって内大臣を辞め、ただの摂政になった。しかし、長徳元年（九九五）に流行した病により死去。この直前には、道隆の子伊周に内覧宣旨が下されたが、次の関白になったのは道隆の弟の道兼であった。ところが、彼も関白就任からわずか一〇日ほどで亡くなってしまった。その後をめぐって、三男の道長と伊周の権力争いが始まった。その年の五月、道長に内覧宣旨が下り、翌月には右大臣へ。伊周の上座に座ることになった。「右大臣（道長）と内大臣（伊周）、仗座（陣座）において口論す。さながら闘乱の如し」と藤原実資の日記『小右記』に書かれたのは、ちょうどこの時のことであった。

ところが、長徳二年、伊周の弟隆家（刀伊の入寇の際、大宰権帥として活躍する）が家臣に命じて威嚇のつもりで花山法皇に矢を射かけるという事件が起きた。さらに、東三条院（藤原詮子）を呪詛し、その呪物が発見されたとの噂、さらに伊周が調伏の祈禱を行なわせているとの知らせが相次いでもたらされた。その結果、伊周は大宰権帥に、隆家は出雲権守に左遷された。道隆の家系を中関白家というが、栄光の座からの転落であった。

ここに道長の栄華が出現した。道長は娘三人を歴代の天皇に嫁がせ、以後、息子の頼通とともに摂関政治の全盛期を招くことになった。

長女の彰子は、長保元年（九九九）、一条天皇に嫁いで中宮となり、敦成（後の後一条天皇）、敦良親王（後の後朱雀天皇）を相次いで産んだ。一条が寛弘八年（一〇一一）、三二歳の若さで亡くなると、居貞親王（三条天皇）が即位し、敦成が皇太子となった。三条は道長と対立し、道長も三条の眼が不自由なことを理由に譲位を迫ったという。三条は、譲位と交換に敦明親王（母は娍子）の立太子を要求し譲位した。そして、長和五年（一〇一六）には、敦成親王が即位。後一条天皇である。ところが、翌年、三条上皇が亡くなると、その直後敦明親王が皇太子を辞してしまった。敦明は小一条院となり、上皇と同じ待遇が与えられ、道長の娘寛子を妻に迎えた。皇太子には、後一条の弟敦良親王が立った。さらに、寛仁二年（一〇一八）、三女の威子が後一条の中宮になった。ここにおいて、道長の三人の娘は、長女彰子が一条の中宮として後の後一条・後朱雀を産み、次女妍子は三条の中宮、三女威子が後一条の中宮になる「一家三后」が現れた。威子が中宮に立った時の歌が、有名な「望月の歌」である。

道長の覇権が成立した背景には、彼自身の強運もあったが、父兼家の存在も忘れてはなるまい。

〔安和の変〕

左馬助源満仲（源経基の子ども）と前武蔵介藤原善時が、左兵衛大尉源連と中務少輔橘繁延に謀反の疑いがあるとして訴え出たのは、安和二年三月二五日のことであった。右大臣師尹ら公卿たちは直ちに参内すると、検非違使を派遣して繁延らを捕縛させ、満仲の弟で検非違使の源満季は、相模介藤原千晴らを捕まえて獄につないだ。左大臣源高明は、娘婿の為平親王を皇位につけようとしているとの疑いをかけられ、翌二六日には大宰権帥に左遷された。宮中は「ほとんど天慶の大乱の如し」というありさまであったという。天慶の乱とは、平将門と藤原純友が同時に謀叛を起こした天慶二年一二月のことを指す。二七日には、密告者に恩賞が下され、満仲は正五位下、善時は従五位下に叙された。四月には繁延は土佐国、千晴は隠岐国に配流されることに決まった。

それでは、安和の変は、なぜ起こったのだろうか。康保四年（九六七）五月、村上天皇が亡くなり、冷泉天皇が即位した。冷泉は、病弱で精神を病んでいたらしい。そして、藤原実頼が関白となった。しかし、冷泉の母は藤原師輔の娘安子であったから、実頼は冷泉の外戚ではなかった。当時、冷泉の皇太子になる可能性があったのは、冷泉の同母弟の為平と守平（後の円融天皇）の二人であった。為平は一六歳、守平は九歳。問題は為平である。歳は申し分なかったが、冷泉が病んでいただけに、すぐに即位してもおかしくなく、そのことが逆に実頼の警戒心を起こさせたらしい。しかも、為平には、高明と師輔の娘との間に生まれた女性が嫁いでおり、もし為平が即位すれば、高明が外戚になる可能性があったのだ。また、高明は臣籍降下して源姓を称したものの、醍醐天皇を父に、村上天皇を兄にもち、太政官では実頼に次ぐ左大臣という要職についていた。高明が著した『西宮記』という儀式書が現存しているが、その内容を見れば、高明の学識が高かったことは疑いない。

ここにおいて、実頼にとって、高明と為平は邪魔な存在になった。そこで、実頼は、康保四年、守平を皇太子に立て、師尹（師輔の兄弟）が皇太子傅となった。死の直前の村上天皇の意思でもあったという。守平親王の立太子を右大臣師尹が認めたのは、師輔流を抑え込みたいとの意図から、また師輔の子伊尹・兼家らも、冷泉が子どもをもうけた場合の対抗馬を少しでも少なくしたいとの思惑からであった。

安和の変で利益を得たのは、藤原氏ばかりではない。源満仲にも注意しよう。満仲は天慶の乱に功績があった源経基の息子で、摂津国に基盤を置く清和源氏であった。彼は、師尹など摂関家の家司をつとめながら、検非違使や諸国の受領に任じられた。彼が、最初に源連や橘繁延の謀反を訴えたのも偶然ではなく、兼家や師尹などと連絡を取りながら協力したのだろう。

また、当時、源氏とともに、天慶の乱の鎮圧者として幅を利かせていたのが、藤原秀郷を父にもつ藤原千晴であった。おそらく、軍事貴族として、源氏と秀郷流藤原氏は対抗関係にあり、変に便乗して秀郷流藤原氏の追い落としをもくろんだのだろう。

満仲にとって安和の変は、まさに一石二鳥の事件となった。この事件をきっかけとして、秀郷流藤原氏は、政治の表舞台から姿を消すことになる。そして、満仲の子どもの頼光や頼親らは、冷泉院などの有力者に仕え、力を蓄積していく。安和の変は、源氏そして秀郷流藤原氏にとっても大きな意味をもつ事件であった。

〔望月の歌〕

寛仁二年、藤原道長の三女の威子が後一条天皇の中宮に立った。すでに、長女彰子は一条天皇の中宮となり（現、太皇太后）、後の後一条天皇・後朱雀天皇を産んでいた。次女妍子も三条天皇の中宮になっていたから（現、皇太后）、ここに道長の三人の娘が歴代の天皇に嫁いだ「一家三后」が現れた。この時の歌が、有名な「望月の歌」である。

　此世（この）をば我が世とぞ思う望月の　かけたることもなしと思えば

時に道長五三歳、三年の後には、娘の嬉子（きし）が皇太子敦良親王（後の後朱雀天皇）に嫁ぎ、後冷泉天皇を産むことになる。また、男子の頼通（よりみち）は、この前年に道長に代わって後一条の摂政となり、治暦（じりゃく）三年（一〇六七）まで、後一条・後朱雀・後冷泉天皇三代の関白をつとめることになる。教通（のりみち）は、治暦四年から承保（しょうほう）二年（一〇七五）まで、後三条・白河（しらかわ）天皇の関白であった。道長、そしてその息子たちの栄華は、道長の娘たちと天皇の婚姻によってもたらされたものであった。

　また、道長は、三条天皇に圧力をかけて退位に追い込んで、後一条を即位させ、さらに皇太子敦明親王を引き下ろした。そして、長年の懸案だった、円融系と冷泉系に分かれていた皇統を一つにまとめ上げた。ここに、それまでになかった安定した政治権力を獲得したのであった。

さて、歌に戻ろう。道長自身の日記『御堂関白記』には、あっさりと「余（道長）、和歌を読む」と記すのみで、和歌自体も書かれていない。この歌を後世に伝えたのは、道長のライバル藤原実資であった。その日記『小右記』には、次のような経緯が記されている。祝宴の席上、酒も入った道長は、宿構の歌（予め考えた歌）ではないが、和歌をつくったので実資に唱和を命じ、和歌を披露した。これに対し、実資は、必ず唱和すると答えながらも、唐の詩人元稹の菊の詩があまりにすばらしかったので、白居易が唱和できなかった故事を引き合いに出し、唱和しない代わりに、満座の人々といっしょに詠うことを申し出て、許された。実資は、さして秀歌とも思えない和歌を道長の命令で詠うのを、自身の機転で免れたのだろう。実資の祖父は小野宮流の祖実頼。実資の家柄は、九条流の道長に劣らないものであったが、常に道長の後塵を拝した。この記事は、屈折した実資の心情がよく現れている一齣でもある。

Ⅳ　人々の生活と信仰・文化

Ⅳ　古代年中行事

月	朝廷儀礼	節会・宴	政　務	祭　祀
1月	1 元日朝賀 17 射礼 18 賭弓・射遺	1 元日節会 2 二宮大饗 2-5 摂関大臣家大饗・臨時客 7 白馬節会 16 踏歌節会 20頃 内宴	1 視告朔（毎月） 5 叙位議 7 叙位 8 女叙位・給女王禄 下旬 政始、県召除目	
2月			11 列見 中旬 位禄定 ＊ 一分召	4 祈年祭 上丁 釈奠 上申 春日祭 上卯 大原野祭 上か中丑 園韓神祭 ＊ 祈年穀奉幣
3月		3 上巳宴		中午 石清水臨時祭
4月	28 駒牽	1 孟夏旬 8 仏生会（灌仏）	7 擬階奏 15 位記召給 ＊ 郡司読奏、郡司召	4 広瀬・竜田祭 上卯 大神祭 上申 平野祭・松尾祭 上酉 梅宮祭 中子 吉田祭 中申・酉 賀茂祭
5月	5 騎射	5 端午節会	＊ 京中賑給	
6月			＊ 施米	10 御体御卜奏 11 月次・神今食祭 14 祇園御霊会 15 祇園臨時祭 晦 大祓
7月		15 盂蘭盆会 17 相撲節会		4 広瀬・竜田祭 ＊ 祈年穀奉幣
8月	15 駒牽		11 定考	上丁 釈奠 15 石清水放生会
9月		9 重陽節会	＊ 不堪佃田奏	11 伊勢例幣
10月		1 孟冬旬	5 射場始 ＊ 大粮申文	
11月		中辰 豊明節会	1 御暦奏 中巳 給女王禄	上申 平野祭・春日祭 中子 大原野祭 上か中丑 園韓神祭 中寅 鎮魂祭 中卯 新嘗祭 下寅 賀茂臨時祭
12月			13 元日擬侍従定・荷前使定 ＊ 司召除目	上卯 大神祭 10 御体御卜奏 11 月次・神今食祭 ＊ 荷前 晦 大祓

＊当月中を表す。

（『岩波日本史辞典』付表を改変）

1　ライフサイクル

〔年齢区分と成人式〕

人はこの世に生まれてから、その一生を終えるまで、年齢に応じた生活を送る。律令法の年齢区分では、図Ⅳ-1-1にあるように、数え年で三歳以下を「黄」（男は黄子、女は黄女。大宝令では「緑」）、四〜一六歳を「小」（男は小子、女は小女）、一七〜二〇歳を「中」（男は中男、大宝令では「少丁」）と呼ぶ。このうち一六歳以下は、律令法では課役対象外の「不課」となる（戸令戸主条）。課役は租税（公租公課）のことで、基本的には課が調・副物と田租、役が庸と雑徭である。

年齢	区分	記事		
1〜3	黄（緑）	不課（童子）		
4〜5	小	不課（童子）		
6	小	不課（童子）	授田	
8	小	不課（童子）	報服（喪服）	
13	小	不課（童子）	女結婚	
15	小	不課（童子）	男結婚	
16	小	不課（童子）		
17	中（少）	課口	成童の歳（軽徭）	**出身**
18〜20	中（少）	課口		
21	丁	課口	既冠の歳（正役）	**蔭位**
25	丁	課口		**授位**
60	丁	課口		
61〜65	老	課口		
66	耆	不課		
70	耆	不課	高年	**致仕**
80〜100	耆	不課		

図Ⅳ-1-1　年齢区分
（太字は官人関係の年齢画期）

成人男性である二一〜六〇歳を「丁」（正丁）というが、この「丁」はもともと課役負担者を意味する。六一歳以上が「老」で老人、六五歳で「耆」と呼ぶ（戸令三歳以下条）。

古代では、課役のうち田租は口分田等の田地に課税されるが、調庸・雑徭は正丁に課税された。中男と老丁が、その一部を負担した（そのため「老丁」と呼ぶ）。さらに、兵士は正丁のうち、三丁ごとに一丁を徴発する規定であった（軍防令兵士簡点条）。このように、中国で発達した律令法を受け継いだ年齢区分は、兵士制と課役制とに密接に関係していた。

ところで、七〇歳ないし八〇歳以上の人は「高年」と呼ばれ、食料などを与える賑給の対象となった。『続日本紀』には、「百歳」の人に対する賑給の記事もみえる。天平一一年（七三九）の「出雲国大税賑給歴名帳」の断簡によれば、神門郡（今の出雲市）には九〇歳以上が二名、八〇歳以上が二三名いた。また、集計部が残存していない出雲郡（今の出雲市付近）では、最高年齢は九七歳の女性であった。

宮都では、宝亀四年（七七三）三月頃の太政官符に平城京の賑給対象者が記載されている。左京では百歳以上の女性が一人、九〇歳以上は男性が五人で女性が一〇人、八〇歳以上は男性が二四八人で女性は二四〇人となっている。一方、右京は、百歳以上の女性が一人、九〇歳以上は男性が三九人で女性が五〇人、八〇歳以上は男性が一六一人で女性は三二一人（九条家旧蔵延喜式裏文書）。意外に高齢者が多いのである。

こうした年齢区分のなかで、子どもから大人になる成人式は重要な通過儀礼であったと思われる。ただ、直接の史料が残っておらず、その実態を明らかにすることは難しい。『古事記』におけるヤマトタケルの物語で、その一端をうかがうことができる。

クマソタケルの征討を命じられたヤマトヲグナ（小碓命。後のヤマトタケル）は、新嘗祭の当日、髪を垂らす童女の髪型で、女装して童女の姿になり、クマソタケルの兄弟を滅ぼした。死の直前、クマソタケルは負け態として「タケル」の名を献上した。その結果、ヤマトタケルを名のる。以上が、物語の筋である。

この物語には、試練を与えられて王になるという「王の物語」の性格もある。ヲグナ（童男のこと）が童女の姿で、天皇に従わない勇猛なクマソタケルを退治する話であるが、一種の「軍事的試練」を意味している。これは、共同体の通過儀礼である成人式としても想定できるだろう。そうした場で、ヤマトヲグナはヤマトタケルに名を改める。新たな成人名を賦与される儀式として、この場面はふさわしい。共同体では、なんらかの成人式が存在していたと思われる。

〔誕生と死〕

人の誕生と死の場面は、『記・紀』の物語に記されている。『古事記』の黄泉国神話において、イザナキが「愛しき我がなに妹の命（イザナミのこと）、汝しかせば（千人を絞殺するのなら）、吾一日に千五百の産屋を立てん」と述べる。子どもの出産には、新しく建てた産屋が用いられたのである。

その出産の場は、ホヲリ（山幸彦）が海神の宮を訪れる神話から知ることができる。ホヲリと海神の娘トヨタマビメ（豊玉姫）との間に、子どもが生まれそうになる。トヨタマビメは海辺に来て出産しようと、産殿（産屋）をつくる。ところが、産屋の屋根を鵜の羽で葺き終えぬうちに、産気づき出産の痛みに耐えられなくなる。そこで産屋に入り、ホヲリに対して、「凡そ他し国の人は、産む時に臨れば、本つ国の形を以ちて産生むぞ。故、吾今本の身を以ちて産まんとす。願わくは、吾をな見たまいそ」と述べる。

産気づいたトヨタマビメは、本国の身の形になって出産するので、他国の人は見ることを禁じて、子を産む。その言葉を奇しく思ったホヲリは、八尋ワニ（サメか）の姿になって出産するトヨタマビメを見てしまう。いわゆる「ワニ変身」の出産場面である。見られたトヨタマビメは「心恥し」と感じ、ホヲリとの別れを決心する。

この神話によると、母親が「本つ国の形を以ちて産生むぞ」というように、出身する氏族独特の儀礼によったらしい。その儀礼には、「他し国の人」になる他の氏族には「見るなの禁」が存在していた。このように各氏族集団には、それぞれ独自の出産習俗があったと思われる。

一方、死に際しては喪屋がつくられた。アメノワカヒコに関連する神話のなかに、「そこに喪屋作りて、河鴈は岐佐理持とし、鷺は箒持とし、翠鳥は御食人とし、雀は碓女とし、雉は哭女とし、かく行ない定めて、日八日夜八夜以ち遊びき」とある。喪屋の新造と喪葬儀礼のありさまが描かれている。

『隋書』倭国伝には、「死者は斂むるに棺槨を以てし、親賓、屍について歌舞し、妻子兄弟は白布を以て服を製す」とみえ、歌舞がともなっていた。古代では、招魂や鎮魂の喪葬儀礼に歌舞音曲が含まれ、「遊」という概念で捉えられていたのである。

このように生と死に際し、新たに別棟である産屋と喪屋が建造され、それぞれの儀礼が行なわれた。これらは神話のなかの話であるが、民衆の間でも産屋と喪屋が建てられたと思われる。なお、出産の場と遺体は、「穢れ」の意識とも結びついていた。『令集解』神祇令散斎条で大宝令の注釈を行なう古記説（天平一〇年／七三八ごろに成立）では、女性が子どもを産む場面を瞥見することを「穢悪」と捉えている。奈良時代には、産屋の建設と穢悪の感覚とは関連していたと思われる。

また、アメノワカヒコの父と妻から、本人と見間違われたアヂシキタカヒコネ神は、「何ぞ吾を穢き死人に比える」と怒り、喪屋を切り倒している。このように遺体も忌避されていた。中世の白不浄や黒不浄の端緒であろう。なお、大化薄葬令（一四〇頁）にも、「凡そ畿内より、諸の国ぐにに及るまでに、一所に定めて、収め埋めしめ、汚穢しく処々に散し埋むること得じ」とある。遺体をあちこちに埋めることを、「汚穢し」と捉えている。

〔恋愛と結婚〕

古代では、律令法では男子は数えで一五歳、女子は一三歳で結婚ができた（戸令聴婚嫁条）。大宝二年（七〇二）の美濃国加毛郡半布里（今の岐阜県加茂郡富加町付近）の戸籍で、古代の様子を垣間見てみよう。半布里では初産が一三歳の女性がいる。結婚の年に出産したとすれば、法令どおりである。

当時の結婚は、当初は男性が女性のもとに通う妻問い婚が多く、通いはじめて二、三年で子どもが生まれ、二人の共同生活が開始されたようだ。わかりやすくするために、およそ一年前に結婚して翌年に出産したとすれば、夫婦四三例のうち、女性の年齢は一〇代が一三例、二〇代前半が一五例、後半が八例、三〇代が七例となる。父親の年齢からみると、第一子の誕生は一九歳がいるが、ほとんどは二〇歳代である。なお、夫の年齢は、妻より一～八歳上が大半であるが、逆に一割強は妻のほうが年上である。

さて、婚姻は『万葉集』の相聞歌の研究から、村外婚（共同体を異にする男女の婚姻）が一般的と考えられている（古橋信孝説）。確かに相聞歌は、

他国によばひに行きて大刀が緒もいまだ解かねばさ夜そ明けにける（二九〇六）

（他国の土地へ妻問いに行き大刀の紐もまだ解かないうちに夜が明けてしまった）

のように、男性が、女性の家に行く通い道が遠いのが特徴的であり、村外婚説（村が異なる男女の婚姻）に立たないと理解できないものが多い。

ここで男性と女性の出会いの場である歌垣が、市・山・浜（海浜・川辺）などで行なわれることに注目しよう。市は、集団と集団とが経済的交流のために参会する場所であり、山と浜は集団間の境界に位置することが多い。歌垣は恋愛ないし結婚の相手を探す一つの機会であるが、この歌垣の場所の性格からいえば、市・山・浜などは村落を超越した異界の場であり、村外婚のほうが説明しやすい。

ところが、一部の古代史研究者は、民衆の通婚圏は狭い範囲だという。村内婚説は、『令集解』戸令結婚条「凡そ結婚已に定まつて、故無くして三月まで成らず（婚約してから三か月が

たっても正当な理由がなく結婚にいたらない）」における、法律家の議論を根拠にしている。それは、同じ里にいても妻問いしない場合は、女性側から離婚を申し立てることができるとする法理である。この法律家の説に基づいて、同じ里という狭い範囲の通婚説が主張されている。しかし、この説は女性側からみた極端な離婚条件を示した法解釈である。こうした離婚条件の法的例示から、一般的な婚姻圏の証拠とすることはできない。『万葉集』相聞歌にみられるように、村外婚を考えたほうが当時の実情にあっている。

〔家族と住居〕

人々は家族を構成し、氏族という社会関係のなかで社会生活を営んでいた。ただし、日本の氏族は、族外婚制をともなう中国のような氏族ではなかった。中央貴族や地方豪族は、氏（ウヂ）と呼ばれる日本的な氏族集団に属していた。ウヂは、第一義的には、ヤマト王権と一定の職能・社会的分業などで仕え奉る（仕奉という）関係を結んでいた。つまり、ウヂは政治的関係で組織された集団であった。こうしたウヂが在地社会に存在して、日本列島において日本的氏族社会を構築していた。

さて、家族のありさまは、戸籍から明らかにすることになる。大化の改新詔には「初めて戸籍・計帳・班田収授之法を造れ」とあるが、おそらく人口調査と田地調査の域をでないものであろう。戸籍としては、天智九年（六七〇）の庚午年籍、持統四年（六九〇）の庚寅年籍が全国的規模で作成された。しかし、残念ながら両戸籍とも現存していない。

今日残されている戸籍は、正倉院文書における大宝二年の美濃・筑前・豊前・豊後国戸籍、養老五年（七二一）の下総国戸籍である。戸籍は美濃国加毛郡半布里のように、五〇戸から構成される「里」ごとに作成されていた。養老元年（七一七）に、里は「郷」に改称され、郷の下に二、三の「里（「こざと」という）」が設置された（郷里制という）。

この改定にともない、従来の戸（戸主が統括する家族）のなかに、二、三の傍系親族を単位とする小家族を戸として区分した。この郷里制下の小家族の戸を、「房戸」という。そして、郷（それ以前の里を含む）を構成した五〇戸の戸を「郷戸」という。郷戸は、一八〜二五人規模の大家族であった。なお、郷里制は天平一一年（七三九）の末ごろに廃止された。

当時の家族の実際のあり方が、郷戸規模の大家族なのか、房戸の小家族なのかについて、いまだ議論が分かれている。しかし、両者とも基本的には五〇戸一里（郷）制の枠にある法制的な課税単位であり、そのままのかたちで家族の自然的ありさまを表すものではない。房戸単位に雑徭などが免除されている事実からいえば、房戸制は課役の収取をさらに強化したものであろう。

古代村落において社会的生活を営む単位を「単位集団」とすれば、その景観は数棟の家屋・倉などの建物と井戸からなり、周囲を垣などで区画されていた。古代住居の建物は、用途別に建てられるのが特徴である。この単位集団は、考古学では住居址、文献では「家一区」（イへと呼ぶ）として捉えられる単位である。こうしたイへにおいて、人々は生活していたと思われる。

なお、藤原京に居住した民衆の場合、一町の八分の一である六〇〇坪（約二〇〇〇平方メー

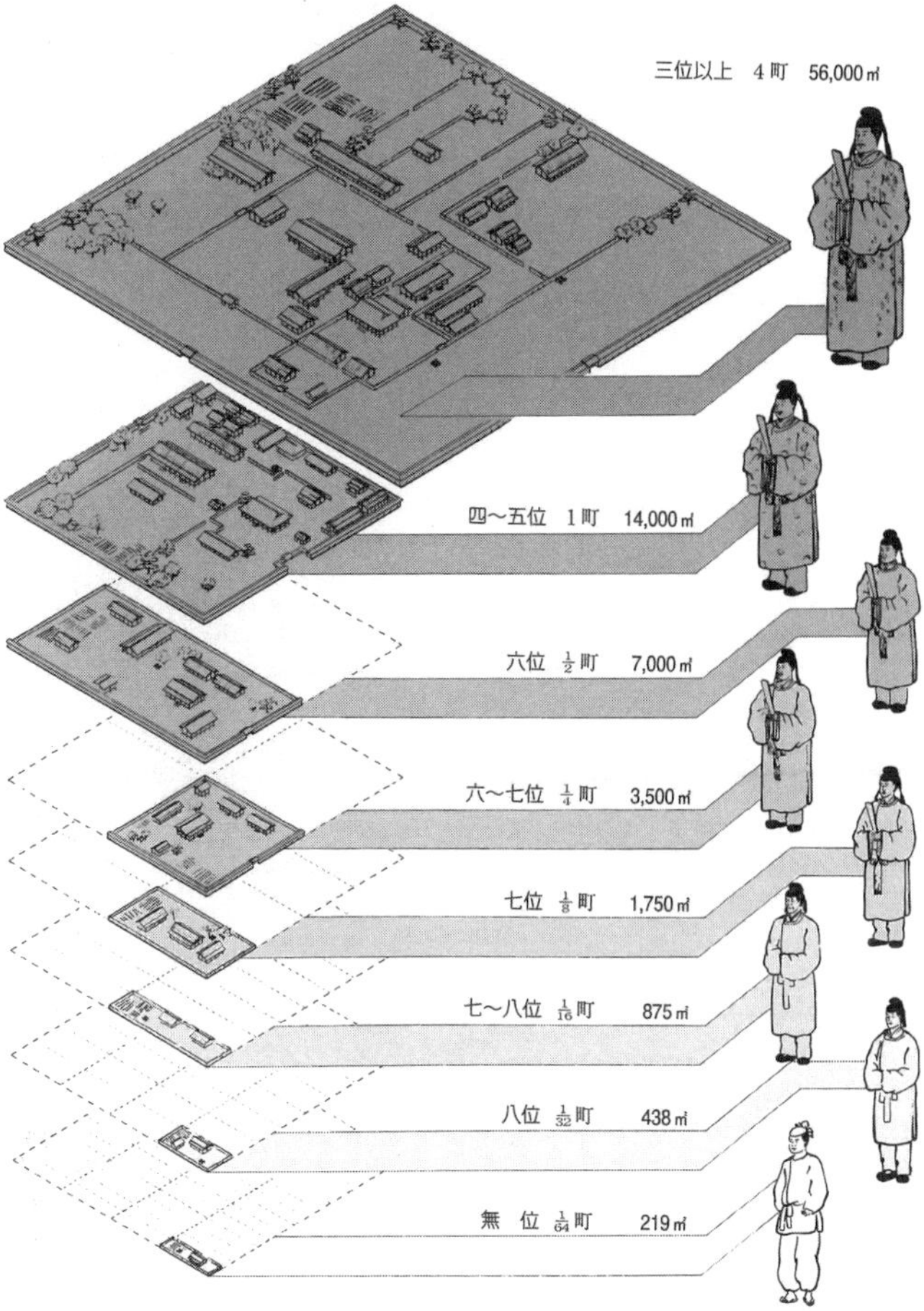

図Ⅳ-1-2　宮都の宅地割り当て（奈良文化財研究所）

トル）であったと想定されている。平城京では、宮から離れた場所に、三二分の一である一五〇坪（約五〇〇平方メートル）、ないし六四分の一の七五坪（約二五〇平方メートル）の宅地があった。こうした宅地を持ち、主屋一棟、付属屋二、三棟と井戸を保有していたことがわかっている。

これに対し、トップクラスの左大臣正二位の長屋王邸は、四町（約六万平方メートル）と推定されている。民衆の住居は、豪壮な貴族の邸宅とはまったく比較にならないが、現在の都市住民の宅地と比べればなお広い面積をもつ。

2　勤務と暮らしぶり

〔官人の勤務と休暇〕

古代で官人というと、原則的には男性である。律令官制では、内侍司・蔵司など後宮十二司に勤める女性の職員が存在し、「宮人」と呼ばれた（後宮職員令）。宮人は、法律家によれば、「婦人の仕官する者の惣号なり」（『令義解』）といわれ、いわゆる「女官」である。宮人には、位階に基づいて官職が決まる官位相当制がない。なお、「女官」の用語は、和銅元年（七〇八）には存在する。

古代の官人の勤務は、律令法には必ずしも具体的な規則がない。おそらく大化三年（六四七）の礼法を、基礎にしているらしい。この年、次のような命令が下された。

凡そ位有ちあらん者は、かならず寅の時に（今の午前三時～五時ごろ）、南門の外に、左右羅列りて、日の初めて出づるときを候いて、庭に就きて再拝みて、すなわち庁に侍れ。もし晩く参ん者は、入りて侍ること得ざれ。午の時（午前一一時～午後一時ごろ）に致るに臨みて、鐘を聴きて罷れ。（以下略。『日本書紀』大化三年是歳条）

このように、古代の官人は、有位者は日の出前に南門の外に並び、日の出と同時に朝庭に入って再拝し、庁（後の朝堂）で勤務に就く。遅刻者は、入ることはできない。そして、太陽が真上にくる正午ごろに帰路につくことになる。

期　　間	月平均出勤日数	
	昼	夜
天平　20・8 ～ 天平勝宝元・7	21.5	20.7
天平勝宝元・8 ～ 〃 2・7	22.1	20.3
〃 2・8 ～ 〃 3・7	23.0	21.6
〃 4・8 ～ 〃 5・7	21.8	19.5
〃 8・8 ～ 〃 9・7	25.6	24.6
天平宝字元・8 ～ 天平宝字2・7	23.2	21.8
〃 5・8 ～ 〃 6・7	17.6	13.4
〃 6・8 ～ 〃 7・7	26.4	25.4
〃 7・8 ～ 〃 8・7	21.6	17.9
平　　均	22.5	20.6

図Ⅳ-2-1　下級官人の出勤日数
（栄原永遠男／1987より）

ところで、宮衛令に宮の門の開閉時刻を定めた規則（開閉門条）がある。規則には、第一開門鼓で宮城の諸門が開かれ、第二開門鼓で朝堂院の南門を開ける。京官は第二開門鼓の前に出勤し、開門になれば朝堂に入り、退朝を知らせる鼓の後に退出する。第一開門鼓の鼓は「寅一点」、第二開門鼓の鼓は「卯四点」（午前六時半ごろか）で、『書紀』の記載と基本的に一致する。

このように日の出前に出勤して朝堂に出仕し、正午に仕事をやめる。後に、仕事場は庁（朝堂）から、宮内にある各役所の曹司に変化するが、いわゆる「半ドン」である。週休二日制によって半ドンはなくなったが、半ドンとは午後が休みという半分のドンタク（オランダ語で日曜日）の意である。今では、「博多どんたく」で言葉が残る。

それでは、休日の方はどうだろうか。古代の官人は、假寧令によって勤務日数と休暇の日が決まっている。法的には、京の官人（京官）は六日に一日の割合で休暇が与えられる（給休假条）。したがって、一月に五日の休みとなる。ただし、中務省や宮内省などは、六日に一日ではなく、まとめて五日の休暇をとることになっていた。

また、五月（田植え）と八月（収穫）の農繁期には田假があり、交替で一五日の休みをとることができた。なお、父母の喪にあえば官職を解かれ（解官という）、妻や兄弟の喪には二〇日の休暇が与えられた。さらに、特別の休暇申請で、京官の三位以上が五日、五位以上は一〇日与えることになっており、それ以上の申請は奏聞（天皇に直接申上）して承認をえることになっている。

しかし、これらは法の建前であって、実際には相当に厳しい現実が待ち構えていた。正倉院文書から実態が判明する造東大寺司に勤める写経生などの下級官人（図Ⅳ-2-1の例は、表具を担当した写経生能登忍人）は、二二・五日の出勤のほか、夜勤が二〇・六日もあることが明らかになっている。また、〔病気と治療〕で述べるように病気も多かった。

〔食事と酒〕

古代の食事は、朝夕の二回である。主食の米（粳米）は多くは炊く（煮る）が、糯米は蒸して食べた。なお、中世や近世社会においても米食は少ないとする見方から、古代の主食は米ではないとする考えもあるが、むしろ米を比較的多く食べたのではなかろうか。

食事の内容は、階層によってかなり異なる。博物館には、古代の官人の食膳が復元されている。貴族の食膳はかなり豪華であるが、下級官人は玄米の飯に、みそ汁・魚の煮付け・野菜の酢の物や塩漬け、そして塩と糟湯酒（酒の絞りかすを湯にとかした飲物）程度である。一般民衆の食事は、一汁一菜（プラス調味料の塩）が基本という。

貴族は金属器や漆器の食器を使用していたが、民衆の食器は土師器・須恵器などの土器であ

図Ⅳ-2-2　下級官人（上）と庶民（下）の食事
（奈良文化財研究所）

った。最近では、箸(はし)は飛鳥時代後半から使用されはじめたといわれ、平城宮跡からは大量に出土している。二〇～二一センチがもっとも多いという。それ以前は、手食（手づかみ）であった。長岡京・平安京からは出土するので、京に住んでいる官人は、宮内の宴会で使っていた箸を日常的に使用しはじめたという。

『魏志』倭人伝に「倭の地は温暖、冬夏生菜を食す」とあるように生の野菜をはじめ、魚や肉も生食であった。古代のトイレ遺構から寄生虫の卵がたくさん見つかるのは、生食と関係があるらしい。

肉については、天武四年（六七五）に「牛・馬・犬・猨(さる)・鶏の宍(しし)を食(くら)うこと莫(まな)。以外は禁(いさめ)の例(かぎり)にあらず」の法令がでる。この禁止令以外の鹿や猪の肉を食用にしていた。肉は干し肉で食べることが多かったようだが、細切りの肉を食す「なます（膾・鱠）」の語があるので、生食もあった。ちなみに「刺身(さしみ)」の言葉は、中世以降である。

酒については、『魏志』倭人伝の葬儀の記述に「歌舞飲酒」とみえる。縄文時代にも果実酒を想定する研究者もいるが、米づくりの稲作農耕の普及した弥生時代になって酒がつくられたのであろう。『播磨国風土記』には、「大神（伊和大神）の御粮（乾飯か）、沾れて梅（黴か）生えき。即ち、酒を醸さしめて、庭酒を献りて、宴しき」という庭酒村（後に庭音村）の地名起源譚を載せている（宍禾郡条）。長屋王家木簡には「御酒□（醸か）所充仕丁」と記した木簡がある。邸宅で醸造していたのであろう。

〔衣服と髪型〕

律令法には衣服令があり、各種の儀式で着用する皇太子・親王や文官・武官の衣服が決まっている。大祀（即位時の践祚大嘗祭）・大嘗（毎年の大嘗祭）・元日に着用するのが「礼服」、通常の朝庭公事に着るのが「朝服」であり、服色・冠・帯・襪（足袋のようなしたぐつ）・舄・袴などについて規定されている。無位の官人（職務はあるが、まだ授位されていない官人）は朝服といわず「制服」と

図Ⅳ-2-3　人物埴輪
（群馬県立歴史博物館、国〈文化庁〉）

呼ぶ。

このように位階に応じた服装が定まっていた。そのため、衣服は周囲の人々が、相手の地位を判断することができる身分標識となっている。ただし、ふだん着ているものは別であろう。橘奈良麻呂の乱に際して、小野東人は「素服（無地の白服か）」を着ていたが（『続日本紀』天平宝字元年七月条）、日常服であろうか。

ところで、持統七年（六九三）、「天下の百姓をして、黄色の衣を服しむ。奴は皁衣をきしむ」という詔が出された。詔にある「天下の百姓」という言葉からいえば、全国の百姓に対して命令したものである。この命令が、日常的な服装の規制をねらったものかどうかは、問題であろう。なお衣服令には、無位の制服が「黄の袍」、家人・奴婢が「橡、墨の衣」となっており、少なくとも配色は同じである。衣服令の服飾が「朝庭公事」における服装の規定であれば、日常的な服装とは考えづらい。宗教活動に参加した百姓が、「道服（僧服）」を着ていた例もある（『続日本紀』養老元年四月条）。

古墳時代の服装に関しては、人物埴輪からその様相を知ることができる。六世紀にみられる全身像では、男性・女性とも上半身は腰までおおう上着（衣）で、左前に着る。下半身は、男性は太いズボン（褌袴）、女性は裳（ロングスカート）をはいていることが多い。

男女の髪型についても、国家的規制があった。天武一一年（六八二）四月、男性の髻と女性の垂髪を禁止し、「今より以後、男女悉に髪結げよ」という詔を発布した。男性の髪型は人物埴輪では、髪を左右に分け、耳の前後で束ねる「上げ美豆良」と、肩までおろす「下げ美豆良」が多い。天武一三年閏四月には、圭冠（後の烏帽子にあたるか）の着用を奨励している。同時に、女性の四〇歳以上の垂髪を許可している。さらに朱鳥元年（六八六）七月には女性の結髪令を廃止し、垂髪に戻している。一般の習俗を改革することは、かなり難しかったのである。

〔病気と治療〕

奈良時代の伝染病は、なかでも天平七年（七三五）と九年に流行した豌豆瘡（疱瘡・天然痘）が著名である。天平七年は大宰府管内を中心に流行し、「夏より冬に至るまで、天下、豌豆瘡を患む。夭くして死ぬる者多し」（『続日本紀』天平七年是歳条）と記録されている。

この流行は翌年の八年には下火になったようだが、次の九年四月ごろから大宰府をはじめとして全国的に猛威をふるった。感染経路は新羅ないし唐のようだが、天平九年帰国の遣新羅使がその一端をになったともいわれる。

当時、六月一日の告朔（毎月一日、官司が天皇に前月の行政報告を朝堂院で行なう儀式）は、「百官の官人疾に患える」ため廃止されている。多くの官人が罷病し、政務が中止に追い込まれたのである。

藤原氏では参議房前（四月）・参議麻呂・左大臣武智麻呂（以上、七月）・参議宇合（八月）の四兄弟（すべて不比等の子）が病死している。また中納言多治比県守も没し、八人の議政官のうち五人が亡くなってしまった。このほか小野老・橘佐為らの貴族や、長田王・大野王らの諸王も死亡している。

この結果、『続日本紀』には「この年の春、疫瘡大きに発る。初め筑紫より来りて夏を経て秋に渉る。公卿以下天下の百姓相継ぎて没死ぬること、勝げて計うべからず。近き代より以来、これ有らず」（九年是歳条）と記されている。夏（四～六月）から秋（七～九月）がピークであったのだろうか。薬物の供与・祈禱など各種の対策にもかかわらず、多くの官人・百姓が死亡していった。

朝廷では、六月に官人の医療を管轄する宮内省典薬寮が、中国の医書を参考にして「傷寒後禁食」（激しい熱病時の飲食に関する治療法）・「傷寒豌豆病治方」（豌豆病の治療法。大半が薬の摂取）・「豌豆瘡滅瘢」（あばたの治療法）について上申している（『朝野群載』巻二一）。たいした効果はなかったといわねばなるまい。

なお、天平一三年に出された国分寺建立の詔に「このごろ、年穀豊かならず、疫癘頻りに至る」とみえ、天然痘の流行に衝撃を受けた聖武天皇が、国分寺建立に積極的に関与していたことが理解できる。

ところで、正倉院文書のなかに、写経生がさまざまな理由で休暇願いを出す「請暇解」が残されている。休暇を要請する理由として、病気・親族の死亡や洗濯・氏神の祭祀などが書かれている。栄原永遠男の整理によれば、複数の理由を含め、二四八件のうち九七件が病気による。率としては三九％。このうち妻子など親族の看病など一二件を除く、八五件が本人の病気で、全体の三四％となる。病気を理由にした休暇が三分の一ということである。

複数みられる病名の内訳は、①赤痢・疫痢・痢病・下痢が二一、②腹病が八、③瘡瘇が一一、④足病一四、⑤腰病二、⑥胸病四、⑦頭病三、⑧身瘦・不堪身力・身疲痛苦（身体疲労）三である。写経生は、宿舎に泊まり込み、先に述べたように長時間にわたり写経事業を行なっていた。机に向かって作業に従事した写経生の職業病として、④・⑤の病気が出たのであろう。

3　税と貨幣

〔富本銭〕

一九九九年一月、奈良国立文化財研究所（現、独立行政法人奈良文化財研究所）から、衝撃的なニュースが発信された。富本銭の発見である。それまで、最古の銭は和同開珎とされてきたが、銭の歴史を塗り替える出来事であった。富本銭が発掘されたのは、奈良県明日香村の飛鳥池遺跡（飛鳥寺に隣接）で、鋳型をはじめとする大量の鋳銭関係遺物とともに出土した。検討の結果、富本銭は、唐の開元通宝を模していることが判明した。

『日本書紀』天武一二年（六八三）四月一五日条には、「今より以後、必ず銅銭を用いよ。銀銭を用いることなかれ」とあり、古来、この銅銭がなにを指すのか議論が絶えなかった。また、大宝・養老律に、私鋳銭に関する罰則規定があったのか否かという点についても議論が分かれていた。とくに、大宝律の制定は、和同開珎の発行前であり、論理的に矛盾するとの説が大勢を占めていた。しかし、ここに富本銭が発見されたことにより、天武紀の銅銭は富本銭を指し、大宝律に私鋳銭に関する罰則が存在していてもなんら不思議ではなくなったのである。

ところが、富本銭の出土により、新たな謎も生まれてきた。まず、第一は、富本銭は単なる厭勝銭（まじない銭）ではないかとする説である。しかし、出土枚数や鋳銭関係の遺物の多さからみて、単なる厭勝銭とは考えにくいだろう。だが、富本銭は、平城京などから少数発見されているものの、飛鳥池遺跡を除けば発見例は少なく、あまり流通していなかったと考えられる。この点は、さらに後で触れるとしよう。

もう一つの疑問は、富本銭が本当に最古の貨幣なのかというものである。というのは、以前から、無文銀銭（直径三センチメートル、厚さ二ミリメートルほどの銀の円盤で、中央に小さな孔があけられている）と呼ばれる銀製の円盤が、畿内ならびにその周辺地域から百数十例ほど出土しており、富本銭より古い銭なのではないかと指摘されたからである。ここで再び天武紀に眼を転じよう。そこには「銀銭」とあり、さらにこの三日後「銀をもちいること止めることなかれ」との奇妙な詔が下された。おそらくこの銀銭が無文銀銭にあたり、一度は富本銭に切り換えようとしたものの、反対が多く、すぐさま取り消したというのが真相らしい。

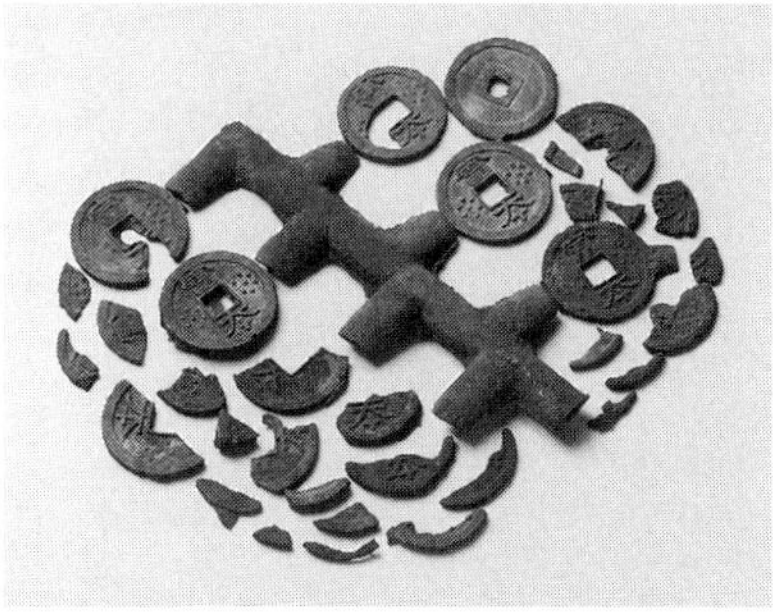

図Ⅳ-3-1　富本銭とその銭棹
（奈良文化財研究所）

貨幣には、地金自体に価値がある物品貨幣と、法定価値に比べて製作コスト（地金の価値も含む）がはるかに安い名目貨幣がある。前者には金貨・銀貨が、後者には紙幣や高額硬貨が相当する。富本銭は明らかに名目貨幣に属する。

富本銭の発行目的は、藤原京の造営やその都市住民を支えるためであったろう。しかし、中国的な貨幣制度に慣れていない人々は、地金にあまり価値のない名目貨幣を簡単に信用することはできず、引き続き物品貨幣としての無文銀銭が人気を集めたらしい。その結果、富本銭は広く流通しなかったと考えられる。だが、わが国初の名目貨幣が富本銭であったとの位置づけに変わりはない。

〔和同開珎〕

和銅元年(七〇八)五月、藤原京で富本銭に次ぐ銭が発行された。和同開珎の銀銭である。しかし、和同開珎についてもいくつもの疑問がある。まず、「ワドウカイチン」なのか「ワドウカイホウ」なのかという問題だ。どうして二つの異なった読みがあるのかといえば、「珎」が、「珍」の俗字なのか、それとも「寶」(「宝」の旧字)の省画(文字の一部を省略した字)なのか見解が分かれていたからなのだ。第二に、「和同」は吉祥句(おめでたい言葉)なのか、それとも年号の和銅の省画なのかという問題がある。第三に最大の疑問。なぜ和同開珎には銀銭と銅銭があり、そもそもなんのために発行されたのかという根本的な問いである。以下順を追ってみていこう。

第一の読みの問題。奈良時代の文章から「珎」という文字を捜してみると、「珎宝(チンポウ)」などがあり、例外なく「チン」と発音することがわかる。したがって「珎」は「珍」の異体字で、「ワドウカイチン」と発音していたことがわかる。それでは第二の問題はどうか。これも奈良時代の文献にあたってみると、「和銅」という年号を「和同」と表記した例がないことがわかる。したがって、「和同」とは、年号の「和銅」の影響を受けたかもしれないが、基本的には、吉祥句と考えるべきである。

ではいよいよ第三の難問である。和同開珎の銀銭の発行目的は、「銀銭を頒ちて、前の銀に代え」ることにあった（『続日本紀』和銅二年正月壬午条）。ここでいう「前の銀」とは、無文銀銭のことである。では、政府は、なぜ無文銀銭と交換しようとしたのだろうか。それは、和同銀銭の重さに秘密がある。和同銀銭の重さは六・五グラムほどで、無文銀銭の半分から三分の一しかない。これを等価で無文銀銭と交換すれば、銀の地金に換算して三割から五割の差益を手に入れることができる、と政府は踏んだのだ。だが、そのもくろみは、あっさりと看破されてしまった。後に残ったのは、無文銀銭を使用しないで死蔵することと、差益に目をつけた私鋳銭（偽造の銭）の横行であった。そのため、偽造に対する罰則も強化されたが効果は薄く、和同銀銭は和銅三年には廃止に追い込まれた。わずか三年の命であった。

図Ⅳ-3-2
無文銀銭・富本銭・和同開珎
（奈良文化財研究所）

だが、これだけでは、なぜ銀銭の三か月後に銅銭が発行されたのかを説明できない。そこで当時の状況を振り返ると、銅銭発行の半年前に平城遷都の詔が出されていることが注目される。おそらく、地金を含む製作コストより高い法定価値を和同銅銭に与えることにより、平城京の莫大な造営費用の支払いにあてようとしたと推測される。たとえば、成人男子一日の雇役労働に対し、従来対価として与えられていた現物の庸布に代えて、銅銭一枚が支払われた。この場合も、和同銀銭と同じく、差益を手に入れようとしたのだ。しかし、銅銭もすぐには流通しなかった。そこで、蓄銭叙位令をはじめとする銭貨流通奨励策を実施したのであった。こうした政策によって、和同開珎は徐々に流通するようになっていった。

量は多くないとはいえ、全国の遺跡から和同開珎が発掘されている。和同銭が全国各地に散らばるようになった背景には、銭をめぐるこうした熱い攻防が繰り広げられていたのだ。

〔律令税制〕

六年に一度班田が行なわれ、六歳以上の公民・官戸・公奴婢には二段、女子にはその三分の二、家人・私奴婢には公民男女の三分の一の口分田が与えられた。また、死んだ者の口分田は収公された。これは、中国の均田法を基にした班田収授法と呼ばれている。口分田からは、一段につき二束二把（後に一束五把。収穫の約三パーセント）の租が徴収された。

また、公民の基本台帳として、六年に一度戸籍が、毎年計帳が作成された。計帳には名前・性別・年齢・体の特徴などが記され調や庸を取る台帳とされた。調とは、成年男子（二一歳から六〇歳）に課されたその土地の特産物で、絹・絁・糸・布などの繊維製品、塩・鰒・堅魚などの海産物であった。調副物としては、紫草・紅花などの染料、麻などの繊維、胡麻油・荏油などの油、その他薬物、塗料、海の幸・山の幸などを貢納することが義務づけられた。ちなみに、木簡に記された物品と現在の特産品は驚くほど変わらない。

庸は、年に一〇日、都へ出て労働する歳役の代納物で、布が多かったものの、塩・綿・海産物・米などでも納められた。これらの物品が実際に平城京に運ばれていたことは、出土した多量の木簡からうかがうことができる。これらを都まで運上したのは、食料自弁の農民たちであった。これを運脚といい、食料が尽きて帰路に餓死する者もいた。

さらに、正丁が年間六〇日以内、国司のもとで肉体労働を行なう雑徭、五〇戸につき正丁二人が都での雑役に服する仕丁もあった。

一方、種籾を農民に強制的に貸し付け、収穫時に五割（後に三割）の利子をつけて返済させる出挙もあった。また、正丁の三・四人に一人の割合で兵士が徴発され、諸国の軍団や都の衛士として配属された。とくに、東国の場合、兵士の三分の一は、三年間にわたって北九州で海岸防備を行なう防人となった。

古代の民衆にとって、租・庸・調などの物納よりも、雑徭・兵役・運脚をはじめとする力役や、出挙のほうが重い負担となっていた。

〔出挙〕

古代における利息つきの貸し出し制度。雑令に規定される。主として稲を対象とするが、財貨・粟・銭の場合もある。国家が行なう公出挙と、富裕層が私的に行なう私出挙があり、私出挙は再三の禁止にもかかわらず存続した。全国各地から、出挙に関する木簡が出土しており、私出挙の実態が判明しつつある。公出挙・私出挙いずれの場合も、返済できなければ債務者を使役して負債を償わせることができた。

出挙の起源については、種籾の貸し出しと不作への備えに求める説、ミヤケで食料などの営田料を下したことに求める説がある。すでに、大化二年（六四六）紀には、「貸稲」として見え、その起源はかなり古くまで遡る。

公出挙は、律令地方財政の主要部分を占め、国衙が保有する頴稲（穂付きの稲）を春秋の二度貸し出し、秋に五割（後に三割）の利息をつけて返済させるもので、その利息は、国衙運営の諸経費のみならず、都に交易進上する物品の購入費用にもあてられた。奈良時代初期には、正税（大税）出挙・郡稲出挙など、いくつかの種類の出挙に分かれていたが、天平一一年（七三九）までに正税出挙に統一され、天平一七年には、論定稲（諸国が毎年出挙すべき正税の量を定めた稲）と公廨稲（正税から割いた稲を出挙し、利稲を正税出挙の未納・欠損の補塡にあて、余りを国司の俸給にあてる稲）が定められた。このことは、出挙を受けるか否かを自由に決めることができた雑令の意図を離れて、強制貸し付けの性格がいっそう明確になったことを意味する。こうした出挙の性格変化を受けて、弁済のために田地や宅地を手放す例もみられるようになった。

4　交通と流通

〔駅制〕

古代の都と地方を結んでいたのが、東海道・東山道・北陸道・山陽道・山陰道・南海道・西海道のいわゆる七道であった。その道に一定の間隔で置かれたのが駅家である。令の規定によれば、駅家は三〇里（約一六キロメートル）間隔で置かれ、駅馬は、大路（山陽道および大宰府までの西海道）に二〇疋、中路（東海道と東山道）に一〇疋、小路（北陸道・山陰道・南海道・西海道）に五疋ずつ置かれることになっていた。一方、伝馬は郡ごとに五疋の規定であった。全国の駅家と伝馬は、延喜兵部式に載せられているが、必ずしも当初の姿を伝えているとはかぎらない。

そもそも、駅制では、緊急事態を知らせる飛駅（早馬）がもっとも重視されていた。また、公文書の伝達や地方へ派遣される使者も利用した。使者は、駅鈴と呼ばれる乗用できる馬の数を示した鈴を携行し、必要があればそれを提示しなければならなかった。駅家の遺跡としては、山陽道播磨国野磨駅に比定される落地飯坂遺跡（兵庫県上郡町）や、山陽道布施駅家に比定される小犬丸遺跡（兵庫県たつの市）が有名で、山陽道に面して、柵列や築地によって囲まれる駅家遺構が出土している。

一方、伝馬は、国司の離着任などの公的な旅、罪人の護送などにはば広く利用され、その使用にあたっては伝符が必要であった。駅制と伝制をあわせて駅伝制という。

従来、延喜兵部式などにより、伝馬は駅家のある郡にのみ置かれ、伝馬も駅馬と同じ道を使っていたと考えられてきた。しかし、本来、伝馬は、すべての郡家に配置され、郡家どうし、さらに遡れば大化前代の国造どうしを結んでいた連絡経路を再編したものではないかと考えられるようになった。当然、駅路と伝路は別の路をとる場合が多かったということになる。現在にたとえるならば、さながら駅路は高速道路、伝路は在来国道といったところであろうか。

〔四度使〕

律令制下の諸国が、行政状況を毎年政府に報告するための四種類の使者。当時もっとも重視された公文は、大（計）帳（調・庸の基本台帳）・正税帳（国衙の年間収支報告書）・調帳（政府に納入する調庸物の品目を記載した台帳）・朝集帳（国郡官人の考文）で、これらを総称して四度公文と呼んだ。それぞれの公文を持参するのが、大帳使（大計帳使ともいう）・正税使（税調使ともいう）・貢調使（調使・調庸使・調進使ともいう）・朝集使であった。これを四度使と総称し、一番重視されたのが朝集使であった。国家は、四度使がもたらす公文により、地方の実状を把握した。

また、大帳使は、隠首括出帳・雑戸帳・陵戸帳など、正税使は、神税帳・国分寺帳・定額寺帳・義倉帳・官田地子帳・輸租帳・出挙帳など、貢調使は、庸帳・租帳など、朝集使は、僧尼死亡帳・兵士歴名帳・国郡器仗帳・計会帳（大宝令制下では朝集使が持参）などの枝文（付属帳簿）も持参した。四度使には、国司のうち、目以上が任命されるのが原則であった。大帳使は八月三〇日まで、正税使は翌年二月三〇日（大宰府は五月三〇日）まで、貢調使は現物とともに近国一〇月三〇日、中国一一月三〇日、遠国一二月三〇日まで、朝集使は一一月一日までにそれぞれ進上することになっていた。平安時代には、しだいに派遣されなくなった。

〔市〕

『魏志』倭人伝に、「国国市あり。有無を交易す」とみえるように、市は古くから発生していた。人間の交流が始まった時から、存在したというほうが正しいだろう。市には、臨時的なものから、定期的なもの、さらには恒常的なものまであった。阿倍比羅夫が日本海を北上し、粛慎（辺境の異民族の名）を討とうとした時、彼は浜辺に布や武器を並べて交易を行なったことがみえるが（斉明六年紀三月条）、これは沈黙交易あるいは無言交易などと呼ばれる市の原初的なあり方であった。『記紀』『万葉集』には、大和国の軽市（奈良県橿原市）や海石榴市（桜井市）などがみえる。市は交通の要衝、とくに路と路がぶつかったり、陸路と津が交差する地、そして国境・郡境などに営まれた。

地方でも、『常陸国風土記』には常陸国高浜市、『出雲国風土記』にも忌部神戸市などがみえる。たとえば、高浜市は信筑川（恋瀬川）の河口にあり、霞ケ浦水運と国府へつながる河川・陸上交通の接点に位置していた。農民が小船に農産物や水産物を積んで市に集まる姿が描かれている。

一方、高浜市は国府市の性格ももっていた。国府市とは、国府の近くに開かれた市のことで、都に納める物品の不足を補うために、国府がいろいろな物品を買いそろえる場でもあった。こうした国府市などで交易によって調達され、貢進される品物を交易雑物という。

都城にも市は設けられていた。藤原京・平城京・平安京には、東市・西市があり、布類・食物・日用雑貨・薬など多用な商品が扱われていた。東西市は、東西市司によって管理され、その規定は関市令にみえる。

市には多くの人々が集まったから、物品の売買のほか、歌垣（歌をともなう男女の自由な性交渉の場）が催されたり、市の聖空也のような布教僧も集まった。市がこのような多様な機能をもっていたのは、本来人力がおよばない聖なる世界（アジール）と考えられていたためだ。しかし、しだいに公権力が介入するようになると、権力誇示の場として、刑の執行、さらにはさらし首などの見せしめ行為も行なわれた。

〔旅〕

古代の一般の民衆は、籍帳に登録された土地（本貫地）に住むことが義務づけられていたために、行楽のために旅するなどということはなかった。調庸の運搬、仕丁・防人など移動する必要がある場合は、原則として集団で移動することになっていた。食料も自弁であり、なかには食料が尽きて途中で亡くなる者もあった。

また、公用によって個人で移動する場合には、過所（過書）と呼ばれる出身・目的地などが

表　裏

図Ⅳ-4-1　平城京出土過所木簡（奈良文化財研究所）

書かれた身分証明書を携行する必要があり、不破関（ふわのせき）などの関において提示する必要があった。過所の書式は公式令（くしきりょう）、関に関する規定は関市令にみえ、過所木簡も出土している。

一方、国司の離着任には、七道沿いの郡家に設置される伝馬、海上交通の便利な西日本の場合には船を用いることが許されていた。また、緊急事態や公文書の伝達、都からの使者などには、駅の利用が許された。伝馬を用いるには伝符（でんぷ）、駅馬の場合には駅鈴（えきれい）が必要で、通過する国郡から食事などの供給を受けた。都から下ってくる貴人は、古くからの慣習でマレビトとして「たてまつりもの（供給）」を受け、手厚く遇された。

〔古代の直線道路〕

古代の官道に関する知見は大幅に増えてきた。その最大の収穫は、発掘調査によって、道路幅が広く、直線的な道路であったことが判明したのだ。古代の官道は道路幅が狭く、地理的環境に左右されていたという従来の通説を突き崩すものであった。

図Ⅳ-4-2　東山道武蔵路
(国分寺市教育委員会)

日本で直線道路が建設されるようになるのは、推古朝からと考えられる。その初期の道路は、飛鳥から放射状に建設されたと考えられ(放射状道路網)、飛鳥と難波を結んだ、いわゆる「太子道」も含まれる。次の段階になると、壬申の乱の際にみえる「上ツ道」「下ツ道」などと呼ばれる、碁盤の目状に正方位に走る道路が現れる(正方位道路網)。前者から後者にいつ、なぜ変わったのかはよくわかっていない。

その後、全国的に計画道路が敷設されるようになった。今、東山道の武蔵国(武蔵国は宝亀二年までは東山道に属していた）を例にとれば、東京都国分寺市や埼玉県、所沢市などで道路幅約一二メートル程の直線道路跡が発掘されている。築造年代についても不明な点が多いが、七世紀後半から八世紀初頭ごろと考えられている。道路遺構から、時期を特定できる遺物が発掘される場合は少なく、また、しばしば修理が行なわれているため、建設年代や建設当時の姿を復原することが困難なのだ。古代道の実態を明らかにする研究は、今後に残された課題である。

それでは、なぜ大きな道幅をもつ直線道がつくられたのであろうか。それは、古代道路の特質と大きく関係する。古代道は、民衆が移動するために建設されたものではない。天皇の命令をなるべく早く支配地域の隅々まで行き渡らせ、反対に地方の情報をいち早く王権のもとに集約させるための情報の道であった。伝達時間をできるだけ短縮し、王権の権威を誇示するためには、大きな道幅をもち、最短距離をとる直線的な道路が必要であった。したがって、王権が変質する九世紀になると、道幅は狭まり直線性も失われていった。古代的な直線道路も、一〇世紀には大きく衰退していったと推察される。

5　信仰と宗教

〔神祇信仰〕

古来、日本では一木一草にいたるまで、すべての物に神が宿っていると考えられていた。原初的な神信仰では、建築物がともなわず、神が降臨する山や岩・大木などを祀る形態であった。こうした信仰形態は、現在でも、奈良県の三輪山にみることができる。

神を祀るには、神の声を聞き、それを人々に伝える巫女（シャーマン）が必要になる。彼女らは、稲作の豊穣を祈るとともに、共同体の外部との戦争を含む交通を司っていた。邪馬台国の女王卑弥呼はその典型的な例で、政治と宗教が未分離な状態を示している。おそらく初期ヤマト王権でも、同様の状況が展開していたと推察される。

しかし、強大な軍事力をもち、王権の規模が大きくなると、祭祀と政治は密接な関係を保持しつつも分離した。ヤマト王権は、新たに祭祀集団を編成し（中臣・忌部など）、王権の祭祀面を担当させた。

律令制が導入されると、祭祀は、太政官と並ぶ神祇官が担当するようになり、律令のなかにも神祇令が組み込まれた。神祇令には、一年間に行なわれる個別の祭祀と、天皇の即位と同時に行なわれる践祚大嘗祭が規定されている。本来、その年に実った新穀を地域の神に捧げ感謝し、来年の豊作を祈る民間の祭儀を新嘗といったが、ヤマト王権がそれを吸収・再編成し、毎年天皇が神に新穀を捧げて共食する新嘗祭と、即位時の践祚大嘗祭とに分離させたのである。なお、践祚大嘗祭は、室町以降廃絶していたものを明治以後復活させたもので、連綿と続けられてきた儀礼ではない。

一方、民間においても、共同体を中心として、穀物の豊作や厄（やく）を祓（はら）う多くの祭祀が行なわれていた。とくに地方豪族の場合、国家の意図に反して、政教未分離の状態が奈良時代およびそれ以降にまで続き、郡司の一族が神職を兼ねる例も少なくなかった。民間祭祀については、文献史料が不足してなかなかわからないのが現状だが、最近の考古学的調査によって徐々に明らかになりつつある。

国家は、地方の神社を統制下に置くため、一定の社格以上の神社に幣帛（へいはく）を配分する頒幣（はんぺい）制をとった。また神社を格づけし、神祇官が管理する官社（かんしゃ）制を導入した。頒幣制は、各神社の神官が幣帛を中央まで受け取りに出向かねばならず、九世紀中頃には廃絶したが、官社制は、最終的に『延喜式（えんぎしき）』に継承された。地方の神社については、頒幣制に代わって、国司に任国の神社管理を委任するようになり、惣社（そうじゃ）や一宮（いちのみや）制が成立した。

九世紀頃から、仏教と神祇が習合した神仏習合思想が盛んになり、神宮寺（じんぐうじ）も建造された。さらに、神祇の本地（ほんじ）を仏菩薩（ぼさつ）に求める本地垂迹（ほんじすいじゃく）説も一〇世紀頃から見られるようになった。また、神祇信仰と道教的信仰が結びついた、人面墨書土器（じんめんぼくしょどき）祭祀や人形（ひとがた）祭祀は、八世紀頃から行なわれはじめ、各地の遺跡から遺物が数多く出土している。

最後に、伊勢神宮（いせじんぐう）について触れておかなければならない。一般に神社の成立がどこまで遡るのかはほとんど不明である。伊勢神宮ですら、天皇（大王）との関係を古墳時代に求める説がある一方、天武朝に求める説もあり、見解の一致をみていない。神祇信仰を扱う場合、当人の主義主張が影響をおよぼす場合が少なくないが、できるだけ科学的な立場から研究する姿勢が求められる。

〔仏教〕

古代の仏教をどのように分類するのかは難しい問題だが、①仏教伝来、②氏族仏教、③国家仏教、④密教の興隆、⑤貴族仏教の興隆、に分けて述べてみよう。

仏教伝来の年次については、『日本書紀』に基づき欽明一三年（五五二）とする説、『上宮聖徳法王帝説』により、戊午年（五三八）とする説があり、後者が通説となっていることはよく知られている。しかし、いずれかに決めることは困難で、古代人にとって、仏教は欽明朝に伝わったという程度の認識しかなかったようだ。なお、これはあくまで公伝の話であって、私的にはもっと早くから伝来していたらしい。

仏教が伝わると、蘇我氏が中心となって受容したが、神祇にかかわっていた中臣氏や物部氏は受容に反対した。いわゆる崇仏・排仏論争である。結局、物部本宗家が蘇我氏に滅ぼされたことにより、推古朝を境に仏教は興隆していくことになる。こうして飛鳥寺をはじめとする氏寺が、畿内を中心に建立された。推古三二年（六二四）紀は、四六か寺、僧尼一三八五人がいたと伝える。

この後、舒明朝には、官寺として百済大寺（奈良県桜井市吉備池廃寺か）が建てられ、列島各地にも白鳳寺院が建立されるようになった。これは、天智・天武・持統朝に官寺を次々と建立していったことに呼応し、国造や評の官人たちが中心となって建立した結果であった。仏教が急速に広がった理由には、国家との関係のほか、古墳時代以来の祖霊信仰と仏教が融合したこともあげられる。持統六年（六九二）には、南は九州、北は東北まで、全国に五四五か寺が建立されていたという。

天武朝以降、官寺が整備されるなか、仏教経典により天災を防ぎ、五穀豊穣を祈る法会も盛んに催されるようになった。こうして国家仏教が形成された。国家仏教では、仏教を保護する反面、僧侶や寺院に戒律や統制を求めたため、大宝令のなかに僧尼令が組み込まれた。律令は中国の影響を強く受けているが、中国には僧尼令という編目はなく、道僧格で取り締まることになっていた。日本の仏教がいかに王権と密接に関係していたかがわかるだろう。

聖武天皇は、自身も仏教を篤く信仰し、諸国に国分寺・国分尼寺を建立することを命じた。平城京には、東大寺・興福寺をはじめとする大寺院が並び立ち、南都六宗と呼ばれる学解集団も生まれ、仏教の都というにふさわしい状況が生まれた。

一方、この時期には、民衆宗教も盛んになった。行基は人々に仏教を説き、灌漑用の池や溝の修造や役人を宿泊させる布施屋などを各地につくり、人々の信仰を集めていった。しかし、律令国家にとって、大きな仏教集団が生まれることは脅威であったから、弾圧が加えられた。以後、行基は、国家に協力するようになり、東大寺大仏の造営を手助けするまでになった。

ところが、仏教が王権と密接な関係を形成すると、玄昉や道鏡のように天皇に取り入って政治を動かそうとする僧も現れた。そこで、光仁天皇以降、国家が仏教を統制する体制が復活し、桓武天皇もこの政策を継承した。そのため、長岡京・平安京には原則として大寺院は営まれなかった。

奈良時代、すでに雑密と呼ばれる密教系の経典が伝来していたが、体系的な密教を中国からはじめてもたらしたのは、遣唐使の一員として入唐した最澄と空海であった。最澄は天台宗を開き、比叡山に延暦寺を建立した。彼は、南都の僧綱と厳しく対立し、独自に延暦寺に戒壇を設けようとし、死の直後大乗戒壇として実現した。一方、空海は真言宗を開いたが、既存の宗派とも良好な関係を保ち、高野山に金剛峯寺を建て、宮中の仏事にも重用されていった。最澄の死後、円仁は入唐求法の末、三部大法を将来し、仁明天皇の病気平癒を祈願し、以後、王権に用いられるようになった。また、円珍も入唐、帰朝後園城寺を開き、清和天皇を灌頂して以後、宮中に地歩を築いた。円仁流と円珍流は、天台宗におけるその正統性を競い、時に関係が悪化した。前者を山門派、後者を寺門派という。

九世紀後半以降、摂関体制が確立すると、仏教行事は年中行事化し、密教は天皇や貴族の除病・延命を祈る現世利益の手段となった。彼らは、御願寺などを建立し、大規模な荘園を抱えるようになった。

しかし、こうした動きに批判的であった文人貴族は、個人的な救済を求め、また、上流貴族たちも末法の世を意識するにつれて、浄土教を信仰するようになった。源信は、寛和元年（九八五）に『往生要集』を著し、浄土教の教えを広めた。一方、ほぼ同時期、空也は、社会事業を行なって民衆と結びつき、民間に浄土教を広めた。このように極楽往生を願う人々によって浄土教は支持され、極楽を模した華麗な寺院が数多く建立されるようになった。平等院鳳凰堂は、その代表例である。

〔道教的信仰〕

道教とは、不老長寿を目的とした中国の宗教のことで、『老子』『荘子』にみられる老荘思想、そして、易、医学、天文なども取り入れた多岐の内容をもつ。

古代日本では、宗教としての道教は意図的に取り入れなかったらしい（三五六頁）。このように書くと、文学作品をはじめ、道教の影響をみることができるのではないかと反論する方もあるかもしれない。確かに、古代日本のなかに道教の影響をみることはそれほど難しいことではない。しかし、宗教としての道教を修めた道士と、道教の本尊「天尊像」を祀った道観は、日本にみることはできない。古代日本には、道教の影響を受けた物や信仰はあっても、宗教と

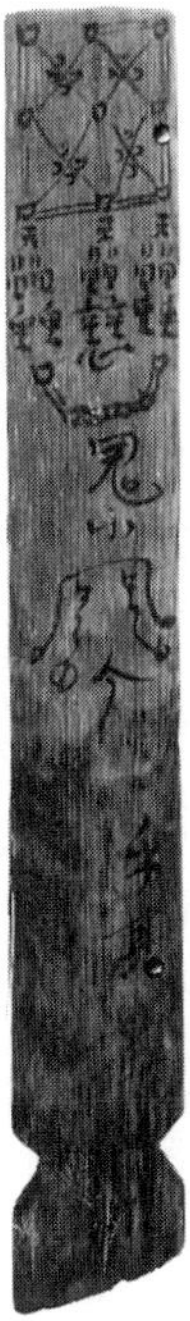

図Ⅳ-5-1　藤原京出土呪符木簡（奈良文化財研究所）

しての道教はなかったのだ。本項目を「道教信仰」とせず「道教的信仰」としたのもこのためである。

道教的信仰については、皇極三年（六四四）紀の常世神事件、人面墨書土器と冥道信仰、呪符木簡の使用など、民間信仰に多くの事例が指摘できる。一方、長屋王の思想、天武天皇の和風諡号「天渟中原瀛真人」（道教の三神山の一つ「瀛州」と奥義を悟った神仙「真人」の影響）、「天皇」号など、王権自体にもその強い影響をみることができる。とくに天武天皇と道教の関係は深かったらしい。また、酒船石遺跡（奈良県明日香村）の亀形石造物なども道教との関係が指摘されている。さらに、中務省の陰陽寮や宮内省の典薬寮には、道術の影響が色濃く見え、とくに典薬寮の呪禁師や呪禁博士にはその影響が顕著である。道教的信仰は、天皇や貴族、そして律令国家にも深い影響を与えたのだ。

しかし、国家は、宗教としての道教が日本に入ることに反対したらしい。鑑真の伝記『唐大和上東征伝』によれば、玄宗皇帝は、日本に道士を連れて行くことを遣唐使に命じたが、遣唐使は、日本では道教を信仰していないと回答し、道教の法を学ぶ人物を唐に置くことで折り合いをつけたという。道士を連れ帰ることを婉曲的に断ったのだ。唐では「道僧」と並び称されたように（たとえば道僧格）、道教と仏教の関係は強かったが、日本では、長屋王の変あたりを境にして、道術と僧尼が結びつくことを警戒しはじめていったらしい。

〔陰陽道〕

安倍晴明が火付け役となり、陰陽師がブームになった。ところが、陰陽道については、思いのほかわかっていないというのが実情である。秘密主義的で神秘的な祭祀方法や占法などが伝存していないからである。

陰陽道については、中国の陰陽五行説がもとになり、その将来によって生まれたとする説と、中務省陰陽寮の陰陽師や陰陽博士が発展したとみる見解がある。陰陽道は、道教をはじめとして、密教修法・神祇祭祀・儒教の祭祀など多くの要素を取り入れた総合的な技術である。

当初、神祇官の卜部が呪術祭祀を、陰陽寮が占術を担当して職務分担していたが、陰陽師や陰陽博士は、陰陽寮の暦・天文などを取り込み、活動の範囲を拡大した。九世紀半ばには、滋岳川人が現れて陰陽道の基礎を築き、一〇世紀後半の賀茂忠行・保憲親子とその弟子安倍晴明が大きく発展させた。

陰陽道には、占申・勘申・祭祀などの職務がある。占申とは、神祇官の卜部とともに、神や山陵の祟り、自然災害、伝染病や兵乱などを、六壬式盤などの道具で占うこと。勘申とは、太政官の諮問を受け、外記・明法博士など専門の職務をもつ者たちが、前例や意見を述べるもので、陰陽寮や陰陽師は、行事を行なう日時や方角などを占って報告した。また、諮問を受けず、陰陽寮が自ら行なう勘申もあり、天文密奏や三合（陰陽道でいう厄年の一つ）などを主な対象としていた。祭祀は時代によって異なるが、鬼気祭・泰山府君祭（人の生死を司る泰山府君を祀り、延命などを祈願する祭祀）・属星祭など五〇以上の種類があり、国家的祭祀から御体御占など天皇に関する祭祀、貴族個人を対象とする祭祀など、さまざまなものがあった。

また、邪気を払う反閇や呪符による呪いなどもあり、平安時代の宮廷生活では具注暦が重用されて、物忌や方違などが人々の日常生活を強く規制していた。

このように陰陽道は、多様な存在形態をもちながら、貴族から庶民までの生活に深く浸透していた。陰陽道の解明が当時の人々の生活文化解明の鍵になると考えられ、今後の研究の進展が求められる。

〔犯罪・祓え・刑罰〕

記紀神話によれば、スサノヲが高天原で犯した各種の不法行為に対し、神々は制裁を加えた。彼の犯罪とは、公共的な機能をもっていた灌漑施設の破壊、他人の土地に対する侵害、アマテラスが行なっていた重要な宗教行事の妨害である。その制裁とは、祓物の弁済、神やらいであった。神やらいとは追放のこと。祓物とは、具体的な犯罪行為そのものではなく、神やらいによって罪を償ってもそのあとには災気が残り、それを祓えで消滅させるための代償である。

この神話は、神意によって裁判を行ない、宗教的贖罪が科された時代の記憶に基づいていると考えられる。同様の裁判には、被疑者の手を熱湯に入れさせ、手がただれるか否かで真偽を判定した盟神探湯がある。一般的に、刑罰・裁判は、神法（神意による裁判）から俗法（成文法、とくに律による刑罰）へという変遷がたどれる。

ところが、推古朝のようすを描いた『隋書』倭国伝には、殺人・強盗・強姦を犯した者は皆死罪、盗みを犯した者は盗品の量に応じて被害者に賠償し、財物がなければ身分を剝奪して奴隷とする。そのほかの罪はその軽重にしたがって、ある者は流罪、ある者は杖罪（棒打ちの刑）に処すとみえる。推古朝には、中国の五刑（死・流・徒・杖・笞）がすでに知られていたらしいが、当時の中国ではみられない賠償制や、支弁能力がない者を奴隷にする債務奴隷制もみられ、それらは日本の固有法に起源があるとみられている。固有法から中国法への変遷が垣間見えるのだ。

　刑罰の固有法的要素は、律の導入、そして律令国家の成立とともに急速に消えていく。しかし、近親相姦や、采女など宗教的タブーをもつ女性との姦通が起こった場合には、奈良時代でも流罪が用いられた。これは、追放刑という律導入以前からの固有法が顔をのぞかせているのではないかとも考えられる。

6　役所と寺社

〔国府〕

国府(こくふ)とは、諸国の政治の中心として設置された役所全体を指す。国府に類似した言葉に国庁(こくちょう)や国衙(こくが)があるが、国庁とは国司が政務を執る庁舎のこと、国衙とは国府と国庁を含める場合、さらには国司の地方行政機構全体を意味する場合もある。一般的に、国衙は平安時代以降に多く用いられる。所在地は、水陸の交通の要衝にある場合が多く、移転した例も知られている。

発掘調査により、国府の具体的様相も明らかになってきた。多くの国府には正殿(せいでん)（場合によっては前殿(ぜんでん)も）があり、脇殿(わきでん)が左右対称に配されて、そのまわりを掘立柱塀(ほったてばしらべい)がめぐっている。こうした景観は、都の朝堂院(ちょうどういん)をもとにして設計されたと考えられ、理念的には、正殿は天皇が出御(しゅつぎょ)する大極殿(だいごくでん)に、脇殿が官人が政務を行なう朝堂に、そして国司の官長(かんちょう)が天皇に対比されていたらしい。国司はもともと「クニノミコトモチ」といわれ、天皇の命令（御言(みこと)）をもって赴き、郡司(ぐんじ)などの在地豪族に伝えることが任務であった。国府は単なる諸国の政務を行なう機関ではなく、国家の威信・権威を在地に誇示する機能ももち合わせていたのだ。

そのほか、国庁のまわりには、倉庫（正倉(しょうそう)）、国司の私的住居である国司館(たち)、食事を弁備した国厨(くにくりや)などが配置されていた。これらの建物は、部分的に発掘された事例はあるが、全体像が明らかにされた例はまだない。しかし、下野(しもつけ)国府（栃木県栃木市）や筑後(ちくご)国府（福岡県久留米(くるめ)

市）などでは、考古学的解明が進んでおり、国府の実態解明に寄与している。国府が本格的に整備されるようになるのは八世紀前半頃で、国庁は前述したようにほぼ全国的に定型化している。

一方、近年、七世紀後半まで遡る国府（初期国府）も常陸国・日向国などで確認されるようになった。この段階の国庁はまだ定型化しておらず、国府と八世紀前半の律令国家の整備が密接な関係にあったことがわかる。一方、国府の遺構上の消滅は一〇世紀代に集中する。これは、受領国司制が成立し、国家体制や郡司制が変質したことと関係するためであろう。

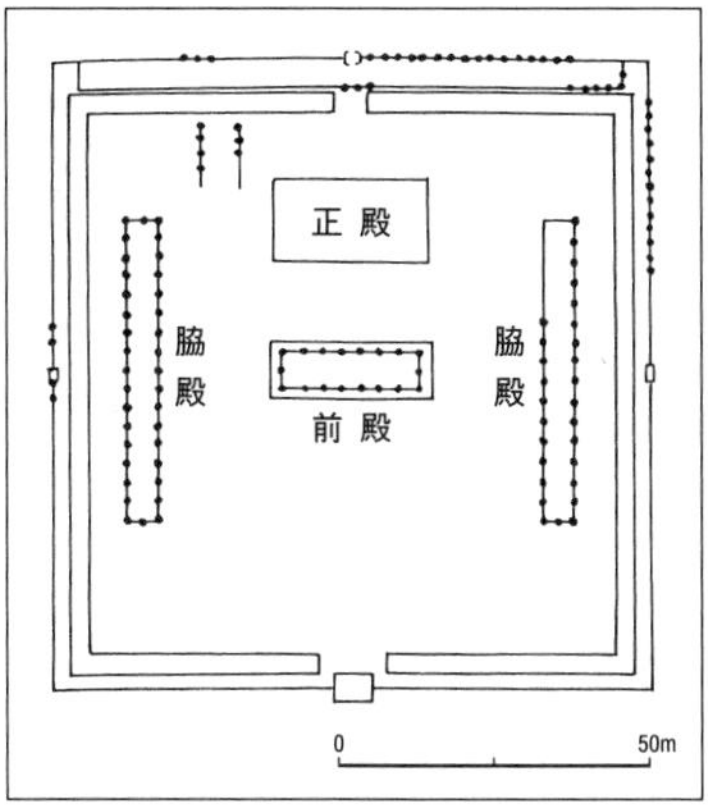

図Ⅳ-6-1　下野国府（Ⅱ期）
（狩野 久／1985 を一部改変）

〔郡家〕

郡の役所。郡衙という場合もある。立地場所は、水陸の交通の要衝に位置する。前代の国造の本拠地に営まれる場合も多いが、そうでない場合もあり、設置場所の選択理由は一様ではなかったらしい。

考古学的発掘調査により、郡家遺跡が数多く発見されている。遺構の配列にはいくつかの類例があり、正殿を中心に長細い長殿が「ロ」字型をとるもの、正殿を中心に脇殿を東西に置くもの、正

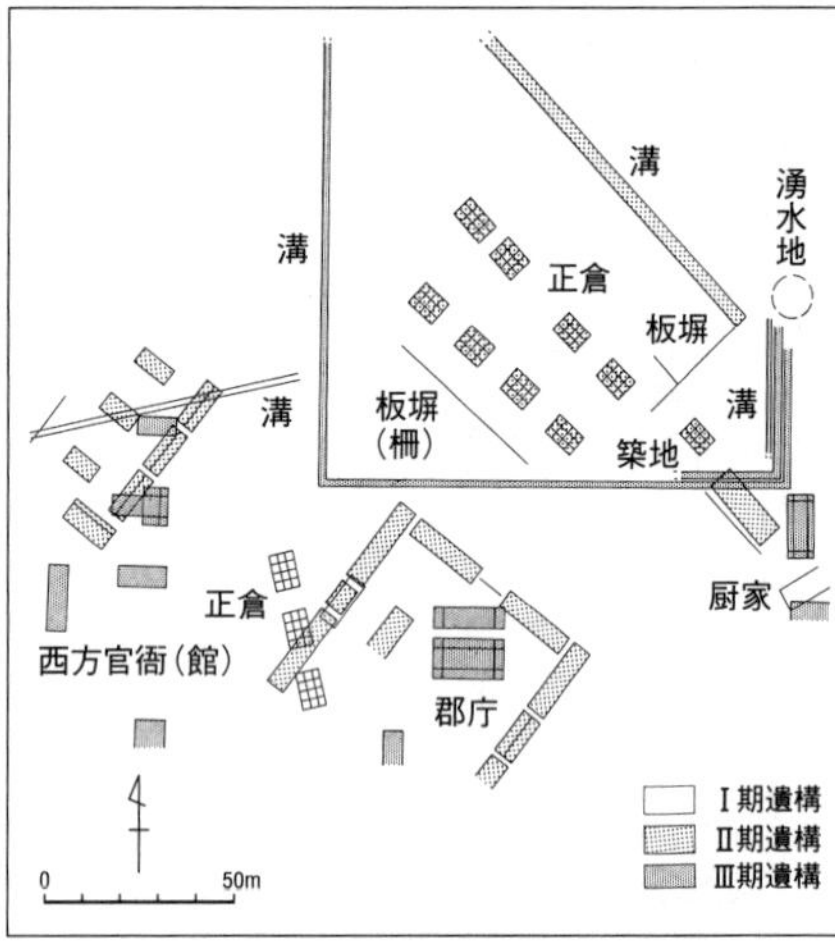

図Ⅳ-6-2　筑後国御原郡家(小郡遺跡)
(報告書／1989より一部改変)

殿がなく長殿を「品」字型に配するものなどがある。その他、左右非対称型をとる場合もあり、国庁とは大きく異なり、様相は一様ではない。多くは建物のまわりを柵列(さくれつ)がめぐる。左右対称型は、国庁を模したと考えられ、正殿では郡司が里長(りちょう)（郷長(ごうちょう)）以下の民衆に対峙(たいじ)し、脇殿や長殿では郡司が郡務を執ったらしい。左右非対称型は、在地における古くからの豪族居館の系譜を引くと推定される。

　郡家の周辺には、倉（正倉）・宿舎・厩(うまや)・厨(くりや)などが存在した。多くの郡家遺構からは、焼米が発掘されるが、郡の正倉の火事（稲の横領を隠すために人為的に火をつけた場合もある）にともなうものである。郡家が整備されるのは、国府と同じく八世紀前半であるが、七世紀代に遡る郡家（評家）遺構も確認されるようになった。郡家成立の具体的ありようが知りたいところである。郡家遺跡の代表的なものには、岐阜県関(せき)市弥勒寺(みろくじ)官衙(かんが)遺跡群、群馬県太田(おおた)市新田(にった)郡家(ぐうけ)跡(あと)など、現在、八〇例ほどが知られている。

　遺構のうえで、七世紀後半代に遡る評家が確認される一方、一〇世紀まで存続した例は少なく、おおむね九世紀代でなくなる傾向にある。これは、受領国司の成立、国家体制の変換、郡司自体の変質などと関係すると考えられる。

〔国分寺〕

国分寺とは、聖武天皇が、天平一三（七四一）年二月に詔を下し、諸国に建立を命じた国分僧寺（金光明四天王護国之寺）と国分尼寺（法華滅罪之寺）の総称である。この詔は『続日本紀』と『類聚三代格』に収められており、諸国に僧寺と尼寺および七重塔を建て、『金光明最勝王経』『法華経』を写すことなどが記載されている。当時の建築物は一つとして現存しないが、礎石をともなった寺院跡はほとんどの国で確認されている。

文献史学の研究では、国分寺建立の理由や政治的背景、中国の仏教制度との関係、女性史の視点による国分尼寺の思想的背景などが研究されてきた。とくに、国分寺建立については、天平九年三月、諸国に釈迦三尊の造像ならびに『大般若経』の書写が、同一二年六月、諸国に『法華経』の書写ならびに七重塔の建立が、同年九月、諸国に観音像の造像と『観音経』の書写がそれぞれ命じられているところから、天平一三年の建立の詔との関係をめぐって、多くの議論がある。

一方、考古学研究としては、瓦当文様と中央寺院との関係、瓦当文様の編年、礎石・塔心礎の分類、伽藍配置、瓦窯跡と所用瓦の関係、文字瓦とその意味（郡郷名の比定）など多様な研究があるが、多くは寺院の中枢部（七堂伽藍）のみに限定されていた。ところが、大規模な発

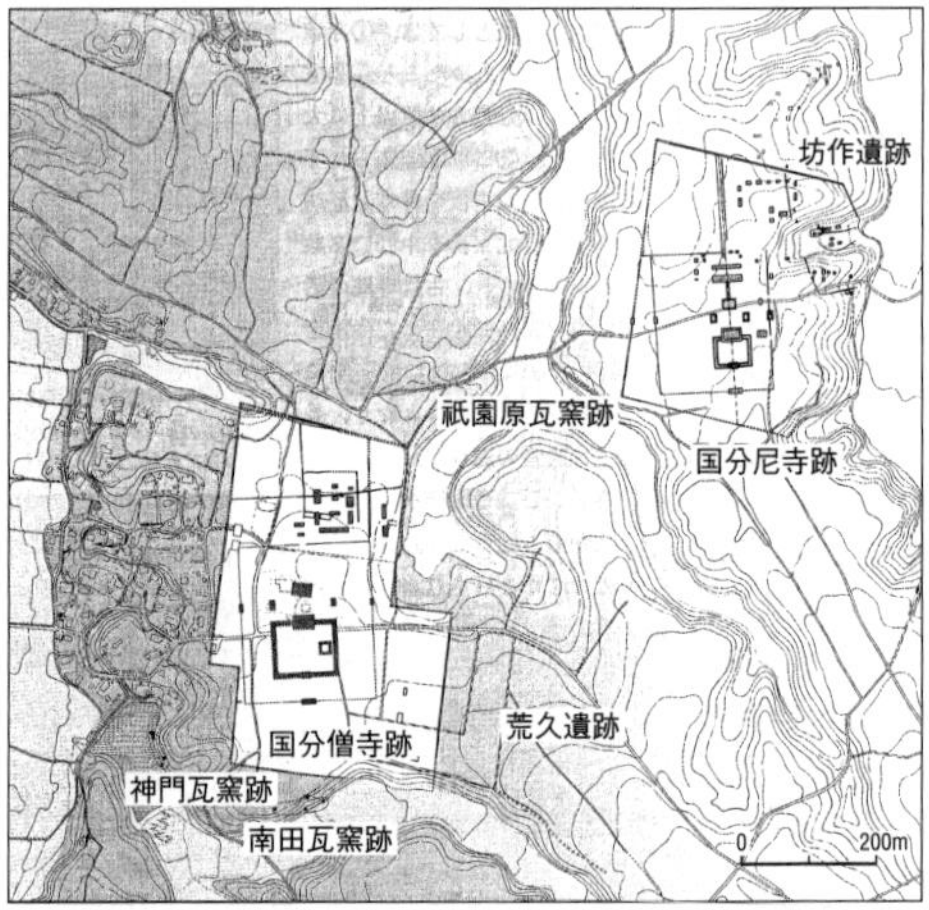

図Ⅳ-6-3　上総国分僧寺と上総国分尼寺
（千葉県の歴史／1998より一部改変）

掘がはじまり、周辺部にも手がおよぶようになると、上総国分僧寺・上総国分尼寺のように、大衆院や雑舎など周辺までが判明する事例が現れ、付属雑舎の配置や機能についても判明してきた。また、武蔵国分寺のように官道（東山道）や国府との有機的関係が明らかになってきた場合もある。現在、国分寺研究は、歴史考古学の主要研究テーマの一つとなっている。

現段階では、どちらかというと考古学研究が盛んであるが、文字瓦や但馬国分寺・安芸国分寺出土の木簡の分析など、考古学と文献史学の協業による新たな研究段階を迎えている。

〔定額寺〕

奈良・平安時代の寺格の一つ。定額寺の定義については、「額」を寺額の意味に解し、寺額を国家が定めた寺（国家から建立の許可を受けた寺）とする説、「定額」を一定の数の意味に取り、国家が寺院数に一定の制限を設け、そのなかに含まれる寺とみる説などいくつかある。霊亀二年（七一六）五月格が指摘するように、氏寺が乱立し、寺領の不法所有など弊害が多くなったことに対処するため、国家が寺院統制のために設けた寺院制度である。定額寺になると、燈分稲などの経済的支援や年分度者も置かれ、国司の修理も義務づけられた。

奈良時代の定額寺については不明な点が多いが、延暦期になると、資財管理や資財帳進上など定額寺に対する統制が厳しくなった。ついで、承和ごろから、定額寺で各種経典の転読や諸法会を行なわせる命令が出されたり、焼失・倒壊した国分寺に代えて、定額寺を国分寺に格上げする、いわゆる転用国分寺が現れるようになる。これは、国分寺の破壊・破損が進行するなかで、国分寺に代えて定額寺に鎮護国家の役割を期待するようになったためと考えられる。

しかし、定額寺は官寺に準じていたものの、もともと氏寺であったから、律令制の変質とともに建立主体の郡司などの有力氏族が解体されると、定額寺を維持していくことが困難となり、破損が進んでしだいに衰退した。一一世紀前半の不与解由状案と考えられる『上野国交替実録帳』からは、当時の定額寺の破損がかなり進んでいたことがうかがえる。

なお、定額寺には皇族や藤原氏が建立した寺も含まれるが、これらは御願寺もしくは御願寺と性格を共有する寺院であり、定額寺の後発的なあり方を示しているにすぎない。

〔村落寺院〕

『日本霊異記』を繙くと、そこには、比較的小規模な堂がしばしばみえる。また『出雲国風土

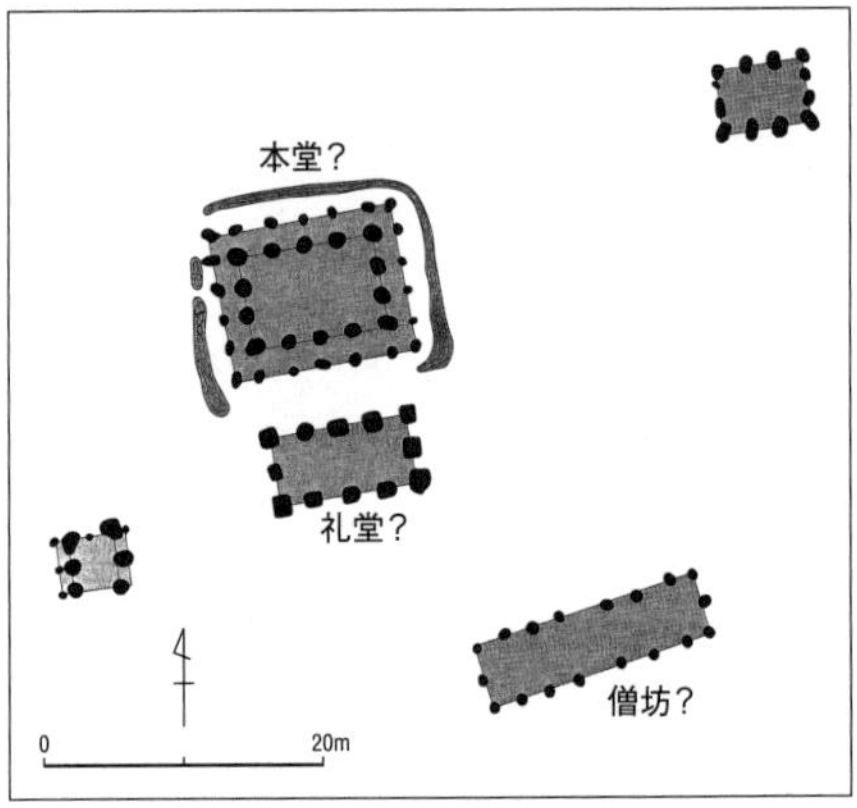

図Ⅳ-6-4　大網山田台No.3地点の村落内寺院跡（9世紀前半～中頃）
（千葉県の歴史／1998より一部改変）

記』にも、郡や郷ごとに新造院と呼ばれる小規模な宗教施設が散見される。そうした粗末な仏堂を草堂と呼んでいる。草堂は一様ではなく、建立の契機には、氏によるもの、地縁によるものなどがあり、建てる目的も氏の結合の紐帯(ちゅうたい)、地域住民の精神的支柱などさまざまである。また、僧侶が常住する場合も常住しない場合もある。

従来、こうした草堂の実態は不明であったが、近年、考古学的にも確認されるようになった。須田勉(すだつとむ)は、千葉県内の集落遺跡にある庇(ひさし)付きの掘建柱建物を「村落寺院」と命名し、集落の有力者が建立主体で、法会などを行なうことにより村落の紐帯となったとみる一方、私出挙(しすいこ)も行ない、収奪の機能も有していたのではないかと考えた。その後、「村落寺院」は、それ以外の都県でも見つかるようになり、寺院名を記した墨書土器(ぼくしょどき)、また僧侶が持ち歩いた銅鋺(どうわん)や鉄鉢(てっぱつ)を模した土器、僧侶名が書かれた墨書土器も発掘され、村々を渡り歩いた遊行僧(ゆぎょうそう)の存在も推測されるようになった。

ただし、そこでは、仏教だけではなく道教的(どうきょう)信仰や神祇(じんぎ)信仰も混ざった多様な信仰が存在し

図Ⅳ-6-5　鳥羽神社（復元）
（群馬県埋蔵文化財調査事業団）

ていたことが推定され、「寺院」という名称が適当か否かという問題も浮上してきている。

〔神社〕

祭祀にかかわる遺跡や遺物は、全国的にみても多数みつかっているが、明確な古代の神社遺跡は数えるほどしかない。その理由は、神社建物は土に穴を掘って直接柱を立てる掘立柱建物であり、特徴的な遺物が少ないことに由来する。奈良時代の風土記には、神社の記載がみられるが、どのような施設なのかその実態は不明である。日本のカミ信仰は、もともと山や巨石など自然物を対象としているから、その実態を知ることは難しい。

そもそも、神社建築といえば、弥生時代の神殿と呼ばれる建物から連続しているように思われるかも知れないが、最近の研究では、寺院建築の影響を受けて成立した可能性も指摘されている。

神社の遺跡として著名なのは島根県出雲市の青木遺跡である。ここからは二間×二間の九本柱の建物が発掘され、大社造（出雲大社の建て方）に相当するのではないかと推測されている。発掘担当者によれば、遺構は八世紀後半から九世紀初頭の間に営まれ、付近からは「美社」と書かれた複数の木簡や墨書土器（出雲郡の式内社「美談社」のことか）、「佐位宮」と書かれた「売田券」木簡、絵馬・土馬などの神祇祭祀に関わる遺物、遺構にともなうかどうか不明ながら神像も発見された。また、近くには石敷きの井戸、二棟の礎石建物もあり、関連が注目される。

もう一つは、上野国府と関連すると推測される前橋市鳥羽遺跡である。堀で区切られた中に、切妻造妻入りの神社風の建物と鳥居が復元されている。

7　地震と火山噴火の災害

〔地震〕

日本列島は、地震列島とも火山列島とも呼ばれている。列島は、陸のプレート（北米プレート・ユーラシアプレート）に対し、海のプレート（太平洋プレート・フィリピン海プレート）が沈み込む場に位置しており、多くの地震と火山活動が今日まで続いている。こうした災害に、当時の人々がどのように向きあってきたのか、描かれた記録を通じて、その姿を見ることにしたい。

日本語では、地震のことを「なゐふり」（「なゐ」とも）というが、「地（なゐ）」「震（ふ）り」のことであろう。また、地震には「（大）地動」という表記もある。『日本書紀』の初見は允恭五年条であるが、推古七年条（五九九）では「地動りて舎屋ことごとくに破たれぬ。すなわち四方に令して、地震の神を祭らしむ」（『理科年表』ではM〈マグニチュード〉七）と記されている。地震の神についてはよくわからないが、神が起こしたと考えられたのであろうか。

天武朝には大地震の記述がある。天武七年（六七八）に「筑紫国、大いに地動る。地裂くること広さ二丈（約六メートル）、長さ三千余丈（約九キロ）。百姓の舎屋、村毎に多く仆れ壊れたり」（M六・五〜七・五）とある。『豊後国風土記』日田郡条には、「山崗裂け崩えき（崩れた）。此の山の一つの峡（山間）、崩え落ちて、慍れる湯の泉、処々より出でき。湯の気は熾りて熱く、飯を炊ぐに早く熟れり（飯が早く炊ける）」とある。これは阿蘇山の噴火活動の関係といわれていたが、活断層による地震らしい。いずれにせよ大地震であり、地すべりも起こっている。

天武一三年一〇月条には、

> 人定（人が寝静まる午後九～一一時ころ）に逮りて、大きに地震る。国挙りて男女叫び唱いて、不知東西いぬ。すなわち山崩れ河涌く。諸国の郡の官舎、及び百姓の倉屋、寺塔・神社、破壊れし類、勝て数うべからず。是に由りて、人民及び六畜、多に死傷わる。時に伊予湯泉、没れて出でず。土左（土佐）国の田苑五十余万頃（約一二〇〇ヘクタール）、没れて海となる。古老の曰わく、「是のごとく地動ること、未だ曾より有らず」という。（M八・二五）

夜に起きた大地震であり、山が崩れ河が湧出した。さらに役所をはじめ民衆の建物、そして寺の塔と神社が倒壊した（白鳳地震）。また、伊予温泉（道後温泉）が埋没し、土佐国（現高知県）では田畠が沈降して海になったという。この時、伊豆大島でも大きな地殻変動があったと伝えられた。

翌月には、土佐国から「大潮高く騰りて、海水飄蕩う。是に由りて、調運ぶ船、多に放れ失せぬ」と、大津波が押し寄せ、調を運ぶ船が流失したとの報告が来た。昨今、対策が強化されている南海トラフ地震の記載である。

また、平安時代の貞観一一年（八六九）五月二六日、陸奥国を襲った大地震（陸奥国大地震）の記載がリアルに地震と津波の実状を伝えている。

陸奥国の地、大いに震動す。流光、昼の如く隠映し、しばらく人民叫呼び、伏して起つこと能わず。或は屋仆れて圧死す。或は地裂けて埋れ殪にき。馬牛は駭き奔り、或は相昇り踏む。城・倉庫、門櫓・墻壁の頽れ落ち顚覆るものは、其の数を知らず。海口は哮吼し、声は雷霆に似る。驚濤は涌潮り、泝洄り漲長りて、忽ちに城下に至る。海を去ること数十百里。浩々として其の涯涘を弁えず。原野・道路、惣て滄溟となり、船に乗る遑もあらず、山に登るも及び難く、溺れ死ぬる者千許なり。資産・苗稼、殆ど孑遺無し。（『日本三代実録』、Ｍ八・三）

冒頭に「流光」とあるが、天空を飛び走る光のことであろうか。さて、地震の発生時間には一部に昼説もあるが、「昼の如く隠映し（盛んに輝くこと）」という記述からいえば、夜起こったと思われる。人々は叫んだが起きることができず、建物の崩壊で圧死した。地割れが起き、飲み込まれることもあった。この時、海口（河川の海への注ぎ口）の吠える音響は雷音に似て、津波が湧き上がり（驚濤は涌潮り）、さかのぼって満ちあふれ、たちまち城下（国府の多賀城）に到達した。

海岸から「数十百里」（数十〜百里の意味か。一里は約五三五メートル）の距離に津波が押し寄せ、千人余（千許）が溺死したという。「数十百里」の理解をめぐっては解釈が分かれているが、台湾の中央研究院の漢籍電子文献を検索すると、「数十百人」「数十百巻」「数十百家」など多くの用例があり、「数十百里」の表記はまちがいではない。このように確かな数値はわからないが、かなり内陸部まで津波に襲われ、原野・道路を覆い尽くし、一面が大海原になったのである。溺死者は千余人といい、資産や植え付けた苗（苗稼）も、少々の余り（孑遺）もなくなってしまったという、悲惨なものであった。

〔火山の噴火〕

火山による古代の災害は、六国史に多く残されている。富士山の噴火は、天応元年（七八一）七月に駿河国（現静岡県）から伝えられた。「富士山の下に灰を雨らせり。灰の及ぶ所は、木葉彫萎えぬ」（『続日本紀』）が、その報告内容である。山麓が中心の噴火であった。

『万葉集』には富士山が多く歌われているが、なかには「燃ゆる火を 雪もて消ち 降る雪を 火もて消ちつつ」（三一九）というように降雪と関連づけたものもある。また、「妹が名も わが名も立たば 惜しみこそ 富士の高嶺の 燃えつつ渡れ」（貴女の名も 私の名も立ったら 惜しいからこそ 富士の高い峰のように 燃え続けながら生きていく。二六九七）などのように、愛の情感を噴火と結びつけた歌詞もある。これらは実景を背景にしたうえでのフィクションであろうが、当時の人々には富士山の噴火は認識されていた。そうでなければ、歌詞にはならなかったからである。

さて、奈良時代以降の富士山の大噴火は、延暦一九年（八〇〇）に起こる。

> 去んぬる三月十四日より、四月十八日に迄るまで、富士山の巓自ら焼く。昼はすなわち烟気暗瞑（噴煙で暗いこと）にして、夜はすなわち火光天を照す。其の声雷のごとく、灰の下ること雨の如し。山下の川の水、皆紅色なり。（『日本紀略』同年六月癸酉条）

とあり、一か月以上噴火が続いた。昼は噴煙で暗く、夜は噴火の光が天を焦がした。雷鳴がとどろき、雨のように降灰があったと記されている。二年後の延暦二一年一月にも噴火し、「昼夜に烜燎し（噴火の火炎が盛んなことか）、砂礫霰の如し」（同二一年正月乙丑条）と描写されている。砂礫や火山灰の堆積により、いったん東海道の足柄路を廃止し、筥荷途（箱根路）のルートを使用している（同五月甲戌条）。この時の噴火を「延暦大噴火」と呼んでいる。

さらに、貞観六年（八六四）の「貞観大噴火」では、「光炎の高さ廿許丈（六〇メートル前後）、大いに声有り雷の如し。地震は三度。十余日を歴て、火なお滅えず。岩を焦し嶺を崩す」と伝える。この時、甲斐国（現山梨県）側に流れた溶岩流で「八代郡の本栖幷びに剗の両水海を埋め、水、湯の如く本栖水海を熱す」とある（『日本三代実録』貞観六年五月二五日、七月一七日条）。この時の溶岩流によって、現本栖湖のほか、今の精進湖と西湖が生まれた。またその後、溶岩流の上に長い年月をかけた植生が、青木ヶ原樹海になったという。

富士山以外では、今日まで続く桜島の噴火がリアルに記録されている。

> 西方に声有り。雷に似て雷に非ず。時に大隅・薩摩の両国の堺に当りて、烟雲晦冥して奔電去来す。七日の後すなわち天晴る。麑島信尓村の海に沙石自ら聚り。化して三つの島と成る。炎気露見るること、冶鋳の為の如くなること有り。形勢相連り望めば四阿の屋に似たり。島の為に埋めらるるは、民家六十二区、口八十余人。（『続日本紀』天平宝字八年一二月是月条）

噴火の轟音がここでも「声」として表記されているが、「雷に似ているようで、雷ではない」

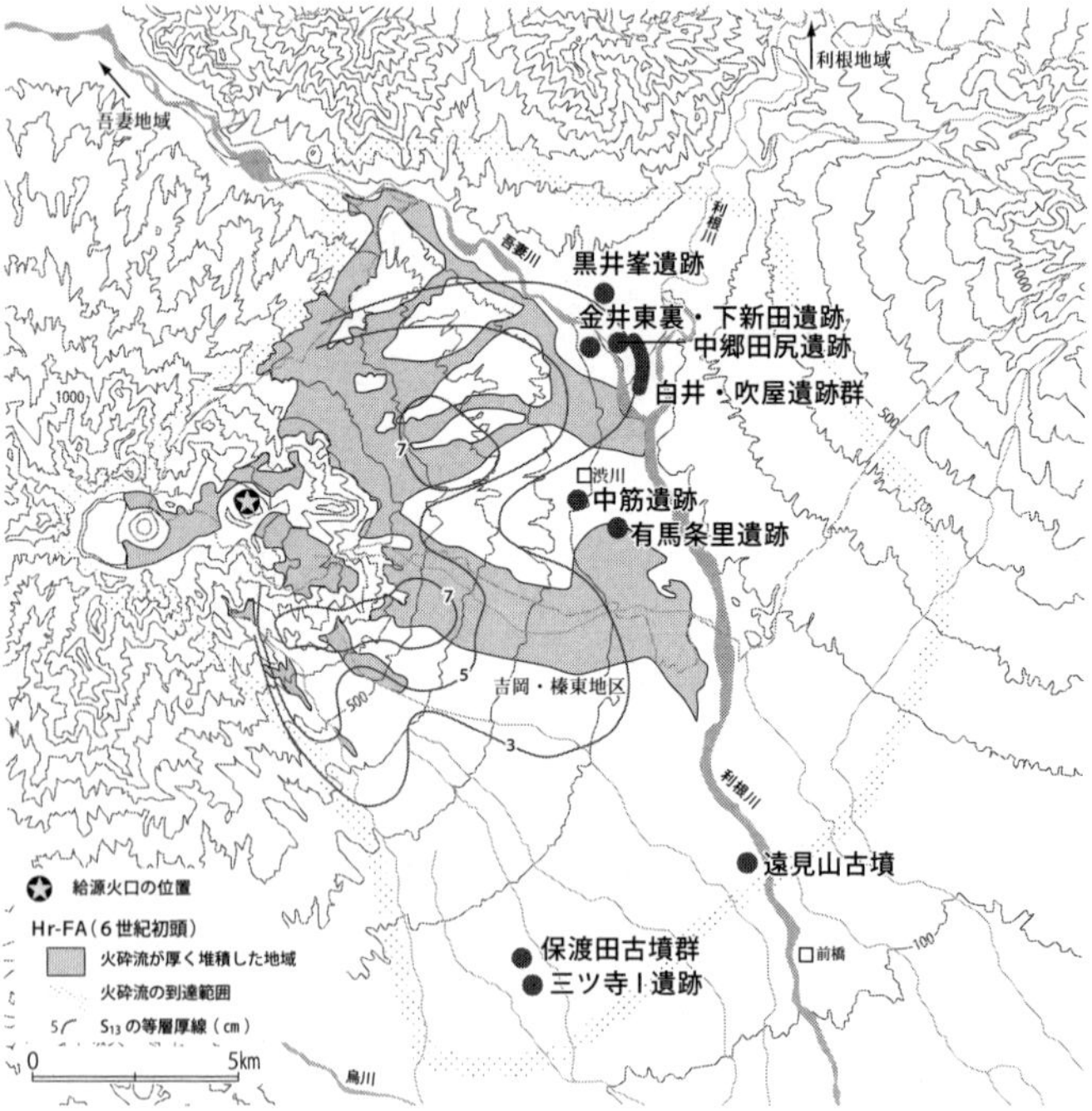

図Ⅳ-7-1　榛名山二ツ岳　火砕流　（上毛新聞社事業出版部／2013）

という。噴煙は一週間続き、溶岩流は海岸に達して海底に流入したことが確認されている。「四阿の屋」とされた山は、南岳の東山麓に位置する鍋山とされる。文には「三つの島と成る」と記され、新島が造られた。一年半後に、「大隅国の神造の新島、震動りて息まず」（天平神護二年六月己丑条）とあり、群発地震が続いていた。なお現在、三島は不明とされている。近年では、この噴火は「天平宝字噴火」と呼ばれている。

ところで、考古学の発掘調査の事例では、群馬県の榛名山二ツ岳の噴火によって残された遺跡がある。火山噴火による水蒸気爆発と火山灰、そして火砕流によって当時の生活状況がそのまま、パックされた遺跡として残された。これらの遺跡が、「日本のポンペイ」といわれる由縁である。

六世紀初頭の噴火による火山灰によって、多くの水田が埋没した。当時の水田面がそのまま覆われたので、水田の状態から五月か六月の初夏のころの噴火と考えられている。水田面からは耕作に従事する大人の足跡や、子どもの足跡も見つかっている。水田以外には畝のある畠も発見された。さらに古墳も発掘された。半田南原遺跡の二六号墳で、直径一〇メートルの円墳であり、築造後まもなくの姿を現した。

渋川市の金井東裏遺跡は、六世紀初頭の噴火で三〇センチ（渋川テフラ）、その上に六世紀半ばに噴火した二メートルの伊香保テフラの軽石が堆積している。最初の噴火による火砕流の下から、鉄製の小札の甲をつけた四〇歳代の男性武人をはじめ四人の古墳時代人が見つかっている。渋川市の黒井峯遺跡は、六世紀半ばの集落遺跡であるが、平地式建物・竪穴建物や作業小屋・倉庫・家畜小屋などが発見された。それぞれ研究の途次にあるが、当時の人々の実際のありさまが復元できる貴重な例である（『自然災害と考古学』）。なお、本書第I章7節の「古墳時代の上野地域」参照、六五頁）。

調査報告書によれば、甲を着た武人は「渡来系の人物で、馬の飼育・鉄器生産などの当時の最新の知識・情報・文物を持ち、朝鮮半島の影響が想定される製品と、地元製作の製品で飾られた祭儀的な持ち物を所持していた西からの移住者」と想定されている。大変な噴火災害であったが、現代に古代の武人の生きざまを残したのである。

〔河川の氾濫〕

河川の流路が変わることは、豪雨の影響であると災害を伴うが、一般的に起こりうることである。そのため、予知ができない地震や火山噴火とは異なり、律令法のなかに規定がある。水田稲作においては治水が重要であるが、河川の流路変更にともなう水田管理も政治的課題であり、善後策が求められるからである。

田令のなかに「凡そ田、水の為に侵食せられて、旧の派に依らずして、新に出でむ地は、先ず侵されたらむ家に給え」（為水侵食条）とあり、河川の流路の変化を前提とし、新たな水田管理の規定が存在する。災害を起こす水流は「暴水」（営繕令近大水条など）とされ、河川の堤防などを破壊する（『令集解』賦役令雑徭条「古記」）。暴水は、「甚しき雨を暴となすなり」（『令集解』営繕令近大水条「義解」）とされ、台風や集中豪雨による「霖雨」のことだろう。

霖雨の影響は、「畿内霖雨ふりて苗を損う。使を遣して賑貸せしむ」（『続日本紀』慶雲四年五月条）、「隠岐国に霖雨ふりて大風ふく。使を遣して賑恤せしむ」（和銅元年七月条）、「佐渡国、去んぬる六月より今月に至るまで霖雨ふりて止まず。民の産を傷うこと有り。当年の田租・調庸を免す」（天平一三年八月条）とあるように、稲作などの栽培や産業に打撃を与えた。そのため賑貸（借貸）・賑恤（金品を与えること）を施したり、田租・調庸を免除して民衆の救援と負担の軽減を図ったりした。賑貸とは、正税（諸国が管理する稲）などの稲を無利子で貸し付けることである。

ただし、田令為水侵食条があるからといって、ことが簡単に収まるものではない。流路変更は、各国・各郡の田地面積の増減が発生するからである。そのため、河川の改修が行なわれることもあるが、地域の利害が衝突し紛争になることもある。その一つが、神護景雲二年（七六八）の毛野川改修である。

下総国言さく、「天平宝字二年、本道の問民苦使正六位下藤原朝臣浄弁ら、具に毛野川を掘り防ぐべき状を注して官に申し、聴許すこと已に訖りぬ。その後已に七年を経たり。常陸国の移を得るに曰わく、「今、官符を被りて、方に川を掘らんとす。その水道を尋ぬるに神社を決すべし。しかのみならず百姓の宅の損わるる、少からず。是を以て状を具にして官に申す。掘ること莫からしむべし」といえり。此れ頻年洪水ありて、損決すること日に益す。若し早に掘り防かずは、恐るらくは渠川崩埋して、一郡の口分二千余田（町か）、長く荒廃せん」ともうす。是に両国に仰せて掘らしむ。下総国結城郡少塩郷少島村より常陸国新治郡川田郷受津村に達るまで一千余丈なり。その両国の郡堺も、また旧川を以て定とす。水に随いて移し改むること得ず。(『続日本紀』神護景雲二年八月庚申条)

これは下総国と常陸国の国境を流れる毛野川が、蛇行するため洪水が多く、新たな河川を開削して流路変更するという政治問題である。下総国が、中央の太政官の承認を取り付けてから七年が経過していた。その間、常陸国側では河道予定地に神社があり、また多くの百姓宅地に損害を与えることを太政官に申し出、掘削の中止を認められていた。

しかしながら、下総側で洪水が頻発するので(洪水ありて、損決すること日に益す)、開削しなければ河川が崩埋し(別の流路になるので)、郡の口分田二千余町が荒廃化の危険がある。そのため、最終的には下総国結城郡少島村(現茨城県結城市南部の山王・水海道付近か)から常陸国新治郡受津村(現茨城県下妻市桐ケ瀬付近か)間の千余丈(一丈は約三メートル)の新河道(運河)を開くが、国郡界は旧河道とするという決定であった。

このように河道を国境とすることから、新たな流路変更は、国郡界をまたぐ事態になり、神社・宅地を損なう場合も存在したのである。河川の蛇行は、災害として政治問題化していた。

8　文字の世界

〔東アジア世界と文字・言葉〕

日本列島は、中国大陸の東方海上に弧状に位置し、大陸との橋脚部に朝鮮半島がある。このような列島・大陸・半島の地理的環境から、列島社会における思想・宗教・文化は、常に先進的な中国文化と朝鮮文化の影響を大きく受けてきた。

さて、戦後の中国古代史研究を主導した西嶋定生（にしじまさだお）は、古代の東アジアに対して「東アジア世界論」を提起した。地域としては、中国を中心に朝鮮・日本・ベトナムを対象とした。この地域に共通する指標として、中国で発明された漢字、政治思想としての儒教、政治制度の基礎となった律令法、中国で翻訳された漢訳仏典に基づく仏教をとりあげ、「東アジア世界論」を展開したのである。この西嶋の指摘は、各地域における歴史文化の発展を理解するうえで興味深いものがある。

かつて内藤湖南（ないとうこなん）は、「日本文化というものの系統は、全体からいうと東洋文化に属する」と主張していたが、二人の考え方は共通する。なお、内藤は「東洋」全体の文化的一体性を強調したものの、日本文化の独自性は必ずしも否定していない。この点が、どちらかといえば、構造的な世界観を主張する西嶋説と異なるところであろう。

西嶋説のなかで重要な論点は、言葉としての漢字（漢語・漢文を含んで考える）の受容問題である。もともと中国語と日本語とでは、言葉の内容や文法の構造が異なっている。こうした言語と言語構造を異にする中国の周縁地域に、漢字・漢語・漢文が伝わって、東アジアに共通する世界言語として機能するようになった。この事実は、きわめて重要である。

日本列島の言葉（日本語）は、日本語独自の内容と構造を有しており、中国語とは明らかに文法体系が違っている。しかも列島では、漢字の受容以前に独自の文字を発明するまでにいたらなかった。漢字を使用することによって、中国の思想・文化の受容が可能になったばかりか、国家ないし個人の意思を文字として表現することが可能になった。そして、漢字は中国およびその周縁地域間の意思伝達の手段となり、国家意思の相互交換が可能となった。このように漢字を受容した結果、文字を使用して意思を可視化できるようになった。後には万葉仮名などの表記から独自の平仮名と片仮名をつくり、日本語のとおりに書き記すことが可能になった。

ところで、日本では文字言語（書くことと読むこと）として、中国の漢語・漢文をそのまま使用する方法（中国的表記）と、和文を基本として漢字・漢語を利用する方法（日本的表記）という二重構造を採用することになった。律令法を法的支配の要（かなめ）とする国家運営では、律令・格（きゃく）式（しき）の法令や『日本書紀』をはじめとする六国史などが漢文で書かれた。しかし、和歌や宣命（せんみょう）の表記としては、和文（日本語文）の表記法が使われるようになった。

その結果、言語表記の手段としては、漢文と和文、そして漢語を取り込んだ混淆（こんこう）文というかたちになった。また、漢語は文章語だけではなく、話し言葉（音声言語）にも用いられた。このようにして、漢字・漢語・漢文の利用は、倭国人・日本人の言語認識の拡大に大きく寄与し、その表現能力を高めていったのである。

〔日本列島の文字使用〕

中国の文献では、正史である『前漢書』地理志が、倭人についての最初の情報である。

　それ楽浪海中に倭人有り、分かれて百余国となす。歳時を以て来たり、献見すと云う。

である。日本列島の倭人と、中国とが直接交流していたことがわかる。

さて、福岡県にある奴国（中心は春日市の須玖岡本遺跡）と伊都国（中心は糸島市三雲・井原遺跡群）の首長墓（王墓）から紀元前一世紀頃の前漢鏡が出土しており、倭と中国とが実際に交流していたことが判明する。

中国から弥生時代に列島にもたらされた銅鏡には、銘文が記されていた。少なくとも弥生時代の首長クラスの人は、漢字に接していたのである。このほかに、前漢を滅ぼした王莽が建国した新の「貨泉」（貨幣）が、列島各地から出土している。

ここでは、糸島市の平原一号墳から出土した鏡に注目したい。鏡のなかには、二〇〇年前後につくられた多くの仿製鏡（中国鏡を見本にして、列島で製作された鏡）がある。銘文には、「鏡」を「竟」と表記する「減筆」（省画）、「金」を同じ発音の「今」と表記する「換字」の事例がある。森浩一は、こうした用例は倭人がすでに文字を知っていたからだという。こうした考え方が正しければ、鏡を製作した渡来系の工人は、文字を理解していたのだろう。しかし、当時の倭人が文字の背後にある思想や文化まで認識していたかどうかは、見本とした中国の画

図Ⅳ-8-1　平原一号墳出土鏡
（報告書／2000より）

像との間に混乱が認められ、不明というほかない。

ところで、日本列島において文字が主体的に使用された場は、外交関係の文書である。この文書に関係するのが印である。後漢から、五七年に賜与された「印綬」は、福岡県志賀島出土の「漢委奴国王」の金印である。倭国から文書が差し出されたとする記述がないので、実際に使われたかどうかはわからない。

『魏志』倭人伝では、卑弥呼に与えられた金印のほか、難升米や牛利らに銀印等が授与されている。正始元年（二四〇）条に「倭王、使に因って上表し、詔恩を答謝す」とあり、倭国から上表文が出されていた。上表文の提出にあたり、印が使われた可能性がある。日本列島において、文字が確実に使用されていたことを示している。

なお近年、墨書や刻書の「漢字体」が発見されている。三重県津市の大城遺跡から「奉（?）」の刻書土器、三重県松阪市の貝蔵遺跡から「田」の墨書土器、福岡県糸島市の三雲遺跡群から「竟（鏡）」の刻書土器、千葉県流山市の市野谷宮尻遺跡から「久（?）」の墨書土器である。三雲遺跡群の「竟」の字は鏡銘との関係が推測されるが、これら弥生土器に記された「漢字体」が文字として正しく認識され、その意味が理解されていたかどうか、疑問があるといわねばならない。

〔五世紀の文章〕

五世紀になると、倭国で製作された確かな同時代史料が残っている。①千葉県市原市の稲荷台一号墳出土の「王賜」銘鉄剣、②埼玉県行田市の稲荷山古墳出土の金錯銘鉄剣、③熊本県和水町の江田船山古墳出土の銀錯銘大刀である。このなかで、②と③の銘文には「獲加多支鹵大王」（雄略天皇）という固有名詞が音仮名（仮借）で表記されていた。両者とも、ヤマト王権の中枢部である近畿中央部で製作されたものだろう。

このなかで、①はヤマト王権から地方豪族に賜与された下賜刀であるが、おそらく全文が漢文であり、固有名詞の表記はない。「辛亥年」（四七一）の干支をもつ②金錯銘鉄剣では、「獲加多支鹵」「斯鬼宮」など固有名詞は音仮名表記である。②と③とも、漢文である。

③銀錯銘大刀には、「作刀者」と「書者」の名前が刻まれている。「作刀者」は、「伊太加（あるいは和）」という倭人であるが、「書者」は渡来系の「張安」。張は中国ないし朝鮮の姓であるが、銘文における典曹人「无利弖」の「弖」字の用法、「八月中」の「中」の用法に朝鮮漢文の影響がみられ、半島から渡来した「書者」の可能性が高い。この「書者」の文案によって、「作刀者」が刀を作ったものである。

これら五世紀の金石文には、いずれも「王」「大王」の表記がみえる。その理由を考えてみよう。今日、出土した剣・大刀は数多くあるが、文字が記されたのはごくわずかである。ということは、文字が刻まれるのには、特別の事由があったことになる。この時代の特別な事由と

②稲荷山古墳出土金錯銘鉄剣（一〇一頁）訓読文

辛亥の年七月中、記す。ヲワケの臣。上祖、名はオホヒコ。其の児、（名は）タカリのスクネ。其の児、名はテヨカリワケ。其の児、名はタカハシワケ。其の児、名はタサキワケ。其の児、名はハテヒ。其の児、名はカサハヨ。其の児、名はヲワケの臣。世々、杖刀人の首と為り、奉事し来り今に至る。ワカタケルの大王の寺、斯鬼の宮に在る時、吾、天下を左治し、此の百練の利刀を作らしめ、吾が奉事の根原を記す也。

③江田船山古墳出土銀錯銘大刀実測図と釈文・訓読文

治天下獲□□□鹵大王世奉事典曹人名无利弖八月中用大鉄釜并四尺廷刀八十練九十振三寸上好刊刀服此刀者長寿子孫洋々得□恩也不失其所統作刀者名伊太和書者張安也

天の下治らしめしし獲□□□鹵大王の世、奉事せし典曹人、名は无利弖、八月中∨大鉄釜を用い、四尺の廷刀を并わす。八十たび練り、九十たび振つ。三寸上好の刊刀なり。此の刀を服する者は、長寿にして子孫洋々、□恩を得る也。其の統ぶる所を失わず。刀を作る者、名は伊太和、書する者は張安也。

図Ⅳ-8-2　金錯銘鉄剣と銀錯銘大刀

は、特別な功績をあげるなど国王との密接な関係から起こったことだろう。そのため、「王」や「大王」の文字が記されることになる。

一方、『宋書』倭国伝には、倭王武（獲加多支鹵）の上表文がある。この文書は、倭国の外交に関係する担当者によって作成された。この上表文にみえる漢語は、『春秋左氏伝』『毛詩』や『淮南子』などの語句と関連しているほか、『史記』『論衡』などに頻繁に使用されている言葉が多い。つまり、上表文は特定の古典籍に典拠を求めるのではなく、上表文作成者の優れた能力に基づいている。こうした理由により、『宋書』の編纂者は東夷の上表文に高い価値を認め、倭国伝に記載したのであろう。

〔和文の表記〕

近年にいたるまで、学界では日本語の語順で文字を書き記すことは、容易なことと思われていた。しかし、「話すこと」と「書くこと」には明確な違いがあり、日本語を表記することは必ずしも簡単ではなかった。最近では七世紀後半になって、やっと書くことができるようになったといわれる。

六世紀の欽明朝には、山部・額田部などの部民が成立するが、これは訓字が用いられた。訓字とは、「海」を「うみ」と訓読するような漢字の読み方である。ただし、文章表記は別であった。木簡などの同時代史料が出土し、そのプロセスがようやく解明されつつある。

律令制が成立すると、公式令にみられるように、各種の文書によって政治が行なわれた（文書主義という)。律令をはじめ詔・勅などの天皇の命令の文章は、漢語・漢文で表記された。『日本書紀』『続日本紀』などの六国史も、漢文で書かれている。

和歌については、第Ⅱ章における〔前期難波宮から出土した歌木簡〕(一三八頁)で七世紀後半の表記法について述べた。和歌の歌詞に訓字が用いられるようになったのは、天武・持統朝前後と考えられている。やがて『万葉集』の歌詞では、「吾妹子之　吾呼送跡　白細布乃袂漬左右二　哭四所念」(二五一八)というように「之」「乃」などの補助語が用いられるようになり、「吾妹子が我を送ると白たへの袖漬つまでに泣きし思ほゆ」と、読み誤ることがないようになる。

ところで、漢字・漢語・漢文や和文表記の習得は、自然にできるものではない。テキストとともに、学習が必要である。『古事記』応神段には、百済から和邇吉師と『論語』一〇巻と『千字文』一巻が献上されたという記述がある。『千字文』の作者は梁の周興嗣の可能性が高く、四世紀末~五世紀前半の応神朝に伝来することはありえない。『論語』や『千字文』は、六世紀代の百済との交流によって、日本列島にもたらされたのであろう。

近年、『論語』と『千字文』を手本にして文字を習書した木簡(習書木簡)が、全国の遺跡から出土している。習書という性格からみて、役人の漢字・漢語や漢文の習得という意味があったのではなかろうか。『論語』は学而篇が習書されることが多く、暗誦されていた可能性がある。習得に必要な漢語・漢文を暗誦することは、学習のプロセスとして必要なことであろう。

9　日本の国号と天皇

〔日本の国号と成立時期〕

外国旅行に行かれた人ならパスポートをお持ちであろう。そこには「日本国旅券」と書かれている。このように正式な日本の国号は、「日本国」である。日本国憲法第一条には、「天皇は、日本国の象徴であり日本国民統合の象徴であつて、この地位は、主権の存する日本国民の総意に基く」と記載されており、今日の国号は日本国である。ただし、日常的には日本列島と南西諸島における「くに」を「日本」と称しており、「日本国」とほぼ同義に使っている。

この国号の成立については、『国史大辞典』（吉川弘文館）には「わが国の国号としての「日本」は「ひのもと」の意の漢字表記から生じた。国号として定められた時期は明らかでないが、大化のころから後で、大宝のころまでのある時期に定められたと考えられる」と書かれている。また、『日本史大事典』（平凡社）には「いつから倭に代えて日本を国号とすることにしたのかは、「日出処」が「日本」に転化していったことはまず確かだとしても、実は明らかでない」と記されている。つまり、日本史の大辞典の類(たぐい)には、日本の国号の成立時期ははっきりしないとされている。

ところが、大宝令には「日本」の語が確認されるので（『令集解』公式令詔書式条「古記(こき)」。「古記」は大宝令の注釈書）、大宝元年（七〇一）に完成した大宝律令において、「日本」の国号が制度的に成立していることはまちがいない。

それでは、「日本」の国号は、どのように発音するのだろうか。呉音では「にっぽん」と読むが、漢音では「じっぽん」となる。律令法は呉音で読むので、「にっぽん」でいいだろう。「日本」の訓読みは「やまと」。公式令詔書式条「古記」の注記に「日本、此耶麻騰と云う」とある。また、『万葉集』には「日本之山跡国」(三一九)という歌詞があり、「ひのもとの(日本之)」の言葉は「やまと(山跡)」にかかる枕詞である。

〔外交交渉と日本国号〕

国号は、自称しているだけではなく、周辺諸国が承認しているかどうかが問題となる。対外交渉において、正式に日本の国号を使用した例は、大宝二年六月に出発した遣唐使である。任命されたのは、大宝元年正月で粟田朝臣真人。遣唐執節使であった。四月に拝朝し、五月に節刀が授与された。その後、筑紫に赴いて出航したが、暴風浪で渡れず、翌年六月に改めて渡海した。楚州塩城県(今の江蘇省塩城地方)に着いた際のやりとりが、『続日本紀』に記述されている。「何処の使人ぞ」と質問されて、「日本国の使なり」と答えたこと。こうした問答の後、「海の東に大倭国有り。これを君子国と謂う」と述べたことが、書かれている。

この記述によれば、七世紀最後の遣唐使である天智八年(六六九)以前には、「日本国使」の呼び方を使っていなかった可能性が高い。『旧唐書』の東夷伝には、倭国条と日本条とがあり、後者の日本条には、日本国は、倭国の別種也。其の国、日の辺に在る(あ)を以ての故に日本を以て名となす。或いは曰く、「倭国自ら其の名の雅やかならざるを悪み(にく)、改めて日本となす」。

という説明が加えられている。そして、長安(ちょうあん)三年（七〇三）の「朝臣真人」（粟田朝臣真人のこと）の朝貢を記す。

これは大宝二年出航の遣唐執節使のことであり、『旧唐書』の記事はこの時の国名改定を説明したものであろう。『続日本紀』の楚州での記事とは場所を異にするが、都でも同様な質疑があったのではなかろうか。

一方、朝鮮半島の新羅(しらぎ)・百済(くだら)・高句麗(こうくり)のことを記述した『三国史記(さんごくしき)』新羅本記の孝昭王(こうしょうおう)七年条（六九八）と聖徳王(せいとくおう)二年（七〇三）条に「日本国使」の記述がある。

日本の国号は大宝令で法制化されていたが、それ以前に「日本」の名称があったのだろうか。『三国史記』は一二世紀半ばの編纂書で厳密な史料批判が必要である。記事が正確であれば、すでに大宝令直前に「日本」の名称が使われていたことになる。

ところで、七世紀初頭の遣隋使は、「日出処天子」を名乗っていた。「日出ずる処」は、思想的には太陽が現れる最初の場所を意味する「日の本」を意味する言葉であり、「日本」の観念と関連している。こうした「天子」の称号を踏まえて、西方の中国を意識した東方「日本」の国号が設定されたと思われる。

なお、二〇一一年に中国で発表された「禰軍(ねぐん)墓誌」（正式には、「大唐故右威衛(ういえい)将軍上柱国(じょうちゅうこく)祢公墓誌銘」）に記された「日本」について述べておきたい。銘文に「時に、日本の余噍（残った民）、扶桑に拠りて以て誅（誅伐）を逋れ、風谷（風の生じる谷）の遺甿（残された民）、盤桃（桃の木）を負いて阻み固む」とあり、「日本」の語が見えるからである。ちなみに墓誌の人物は来日しており、『日本書紀』に「右戎衛郎将 上柱国百済禰軍」（天智四年九月条）として登場する。百済人の禰軍は白村江の敗戦後、唐に仕えていたのである。

文章は「（1）日本余噍、拠扶桑以逋誅。（2）風谷遺甿、負盤桃而阻固」というように、（1）と（2）とが対句となっている箇所である。「日本・扶桑」の語は、その後ともに日本国を意味することになる。しかし、銘文の時期にはどのような意味であったのか、という問題である。「風谷・盤桃」の語は中国の東方地域を指すので、「日本・扶桑」とともに東方の場所を意味する言葉である。

銘文全体には具体的な国名がいっさい記載されておらず、「日本」などが東方地域を指す言葉であることからいえば、列島の「日本国」の国号ではないだろう（東野治之説）。たとえ日本国の地域を指すと解釈できても、正式な日本の国号を意味しない。したがって、「禰軍墓誌」の時期には、日本の国号は成立していないとみるべきであろう。

〔中国と日本における天皇号〕

君主号の「天皇」については、これまで推古朝成立説から天武朝成立説まで、いくつかの学説がある。現在、有力な学説は天武朝説と思われ、中学校・高校の教科書も天武朝説を採用している。

天皇号の成立問題は、単に日本国内だけではなく、漢字・漢語が「世界語」である東アジア地域においてどのような意味をもつのか、国際的な視点から議論が行なわれてきた。天皇の称号が日本だけではなく、中国の唐でも使用されていたからである。

唐の時代の六七四年（上元元年、天武三年）、高宗は自らの君主号を「皇帝」から「天皇」に変えた。もし東夷の小帝国である倭が、すでに天皇号を君主号として使用し、唐に伝えていたならば、唐の皇帝があえて使用することはないだろう。天皇号問題は、こうした大国・唐の対応が問題となる。東夷の朝貢国が使用していた称号であっても、あえて大唐帝国が採用したという立場をとれば別である。しかし、この考え方は無理であろう。

こうした日中関係を前提にすれば、天智八年以前に中国に遣わされた遣隋使と遣唐使は、天皇号の採用を中国に伝えていない。遣隋使や遣唐使が朝貢すると、中国皇帝から倭国の「風俗」が問われる。たとえば『隋書』倭国伝の開皇二〇年（六〇〇）条には、「上（文帝）、所司をしてその風俗を訪わしむ」とあるとおり。したがって、東夷の君主号として倭国で天皇号が使われていれば、当然のこと唐に伝わっているはずである。そうした天皇号を、唐の皇帝があえて使うことはないだろう。

図Ⅳ-9-1 「天皇」銘木簡（奈良文化財研究所）

現在のところ、同時代の史料として確実な天皇の使用例は、奈良県明日香村の飛鳥池遺跡から出土した「天皇」の語を示した木簡である。同所で出土した別の木簡には、

「丁丑年十二月」（六七七年。天武六年）の干支が墨書されており、「天皇」銘の木簡も天武朝の可能性がいちばん高いという。天皇号が天武朝で使用されており、天武は天皇と呼ばれていただろう。

もう一つ問題となるのが、「丙寅年」（六六六年。天智五年）の紀年銘をもち、台座銘に「天皇」と記された野中寺弥勒菩薩半跏像である。最近、蛍光X線分析調査を含む弥勒菩薩半伽像の研究によって、「丙寅年」が製作ないし銘記した時期である可能性が高くなった（藤岡穣説）。この説が正しければ、天皇号は天智朝に成立していたことになる。慎重な検討が要請されるのはいうまでもないが、客観的史料の増加を期待せざるをえない。

いずれにせよ、制度としては飛鳥浄御原令で天皇号が定まったことはまちがいない。また、正妃の称号が「皇后」となり、「太子」も「皇太子」と規定された。このように、天皇・皇后・皇太子の称号が一体として法制化された。

〔天皇陵古墳〕

天皇は、どのような古墳に埋葬されていたのであろうか。ヤマト王権の「初代の天皇」が崇神天皇とすれば、すでに前方後円墳に埋葬されていた（行燈山古墳、前方後円墳、墳丘長二四二メートル）。巨大な前方後円墳が、天皇陵である可能性は高い。ヤマト王権が成立して以来、定型的な前方後円墳として継続的に採用されてきた。ただし、巨大な前方後円墳がすべて天皇陵とはかぎらない。

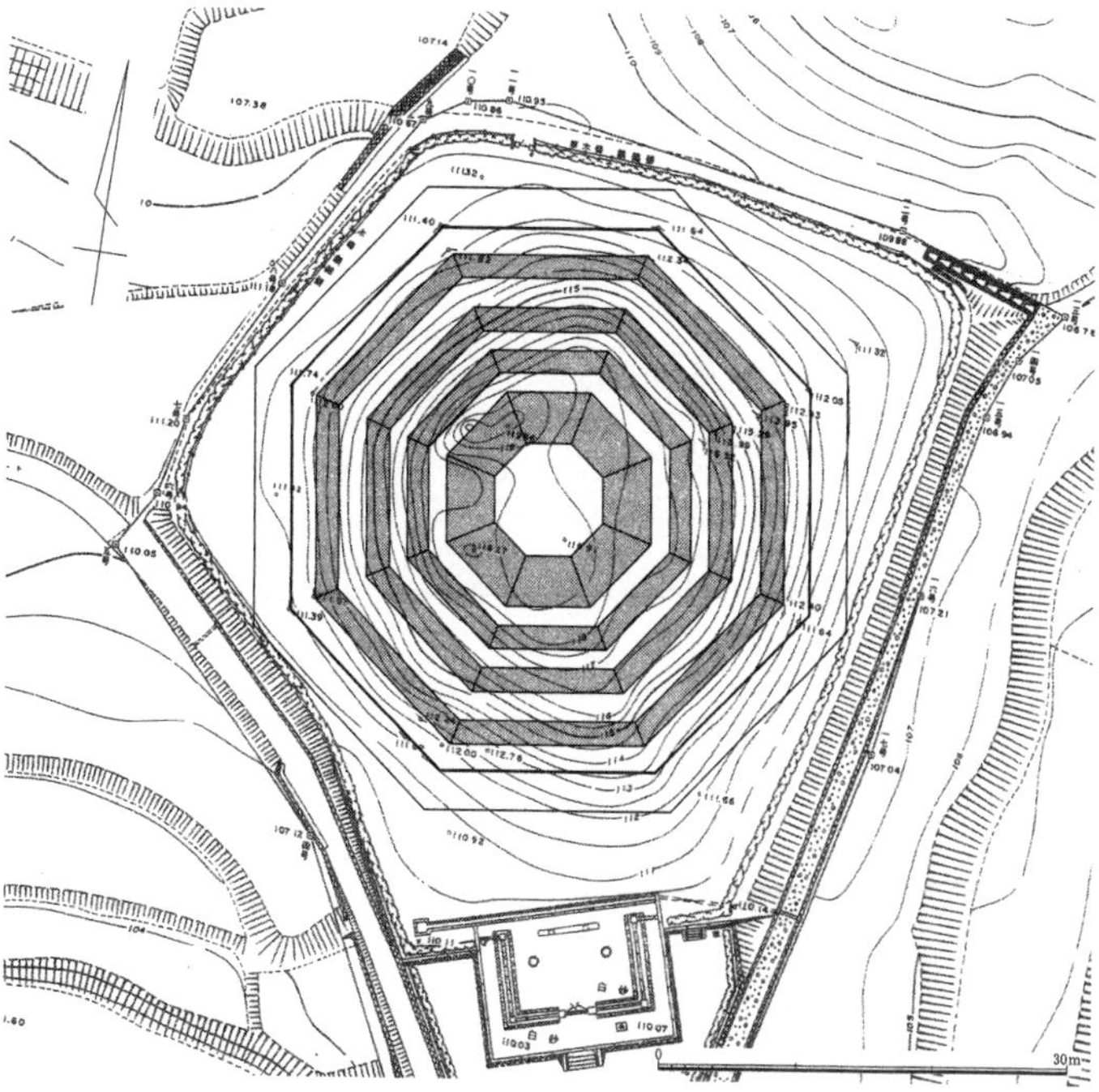

図Ⅳ-9-2　野口王墓古墳　八角墳図（報告書／2013より）

六世紀後半に、欽明陵古墳と想定される五条野（見瀬）丸山古墳（三一〇メートル、奈良県橿原市）を最後に、前方後円墳は縮小する。天皇陵である最後の前方後円墳は、敏達陵と考えられている太子西山古墳（大阪府太子町）である。その後、用明陵（春日向山古墳、同太子町）推古陵（山田高塚古墳、同太子町）と天皇陵は方墳となる。そして、舒明陵（段ノ塚古墳、奈良県桜井市）、斉明陵（牽牛子塚古墳、奈良県明日香村）、天武・持統陵（野口王墓古墳、同明日香村）などが八角墳の形態である。

なお、宮内庁が指定（治定）している天皇陵は必ずしも正確ではない。継体陵は太田茶臼山古墳が指定されているが、古墳の築造時期が合わない。真の継体陵は、今城塚古墳である（第Ⅰ章〔今城塚古墳〕七八頁参照）。したがって、宮内庁の指定にかかわらず、考古学研究の成果に基づいて考察する必要がある。

〔律令制時代の天皇権力〕

養老令には、天皇即位に際する践祚大嘗祭の祭祀（神祇令即位条）、天皇の尊称（儀制令天子条）、詔書における天皇の表記（公式令詔書式条）、文章中の天皇関係用語の扱い（同、平出条）、天皇の喪服着用規定（喪葬令服錫紵条）に天皇の用語がみえる。しかし、即位の条件などの規定は存在しない。天皇は律令法を超越した存在であり、原則的には律令法に拘束されない、とみなければならない。

天皇は国家意思の最高権力者として、第一に、国家機構に関係する①官制大権、②官吏任命権、③刑罰に対する勅断権をもっている。文書主義といわれる行政を採用している律令制国家では、天皇の意思を表す天皇御璽（印鑑）が重要である。第二に、対外的な国家意思を執行する、④軍事大権と⑤外交権を保持している。この場合、大権事項を直接行使できないような征夷には征夷大将軍、外国に赴く遣唐使らの外交使節に、節刀などを授与して天皇の権限を委譲する。そして第三に、王権を自律的に再生産するため、⑥皇位継承に関する大権をもつ。律令法には、皇位継承に関する規定も存在しない。

　律令制のもとで天皇大権は以上のような特徴をもつが、現実には天皇と太政官との政治的力関係によって動くことがある。その一例が、藤原宮子に関係する「大夫人」称号事件であった。

　神亀元年（七二四）二月、即位した聖武天皇の母正一位藤原夫人（藤原宮子、不比等の娘）を尊んで「大夫人」とする勅が出された。ところが、その翌月の三月、長屋王らから「大夫人」の名称について疑問が投げかけられた。その趣旨は、

> 　世の中では勅の指示に従って、「大夫人」と称している。しかし、臣らが公式令を検討すれば「皇太夫人」である。勅に従えば、「皇」の字がいらない（しかし、令に違反する違令罪となる）。令文のとおり「皇太夫人」とすれば、勅に違反する（違勅罪）。どのようにすれば、いいのだろうか。

というものである。つまり、勅にいう「大夫人」では違令罪となり、令のとおり「皇太夫人」とすれば違勅罪となる、という上奏文であった。太政官構成メンバー全員ではなく、議政官トップである長屋王らの上申であった。

その結果、「文字では皇太夫人と書き、言葉では大御祖(おおみおや)と話しなさい」という詔が出て、「大夫人」の呼び方を決めた二月の勅は撤回されることになった。この措置は、政治的には妥協的なものである。なぜなら、律令法に拘束されない聖武天皇の勅断権に対し、貴族の上奏文によって変更させることになったからである。本来ならば、長屋王らが異議をはさんでも却下できたのであるが、宮子の出自した藤原氏に対する強い牽制(けんせい)になった。こうした事件も、奈良時代には起きたのであった。

なお、天皇は譲位すれば「太上(だいじょう)天皇」と称されるが、死亡して諡名(おくりな)を献上されるまでは「大行(たいこう)天皇」と呼ばれる。

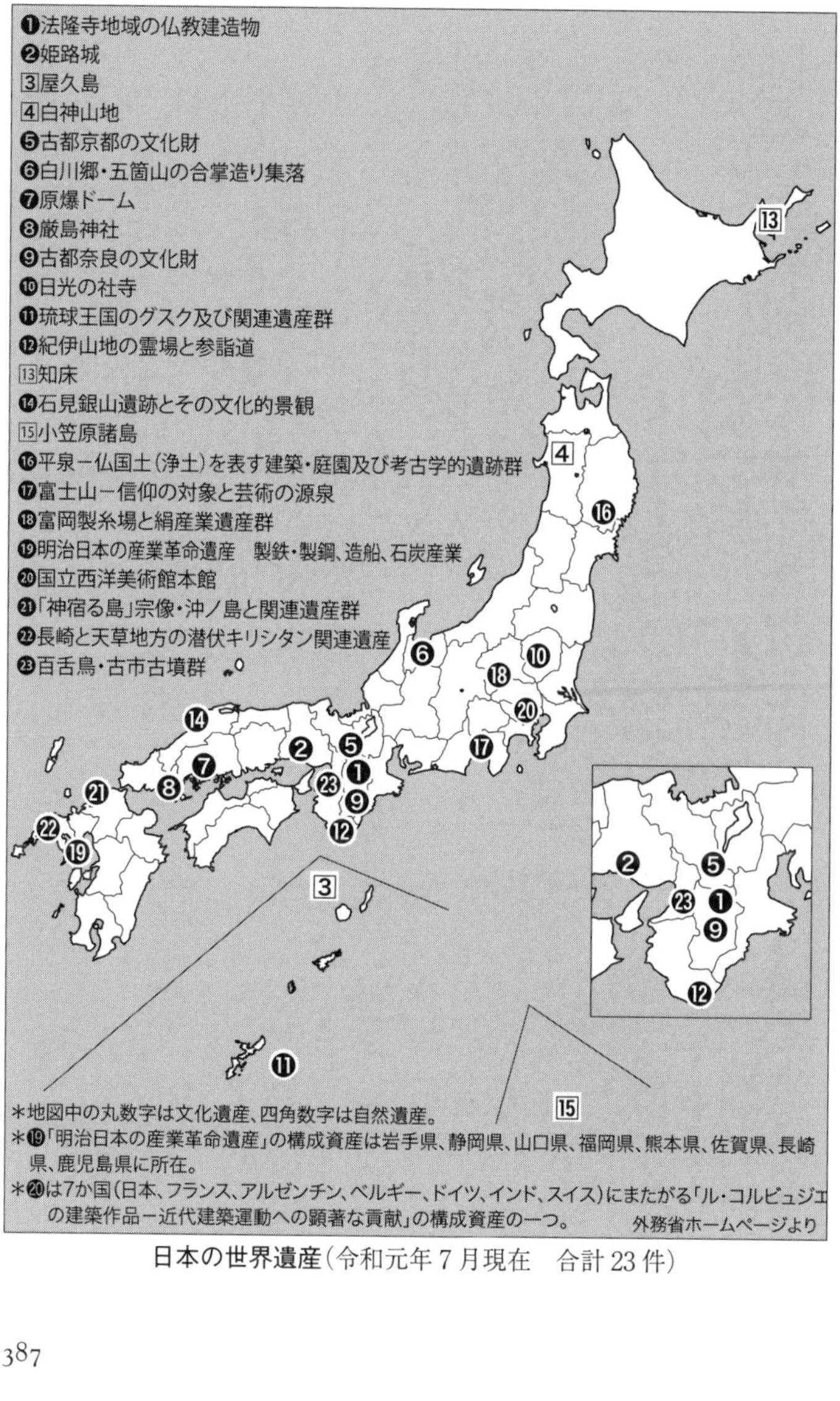
❶法隆寺地域の仏教建造物
❷姫路城
3屋久島
4白神山地
❺古都京都の文化財
❻白川郷・五箇山の合掌造り集落
❼原爆ドーム
❽厳島神社
❾古都奈良の文化財
❿日光の社寺
⓫琉球王国のグスク及び関連遺産群
⓬紀伊山地の霊場と参詣道
13知床
⓮石見銀山遺跡とその文化的景観
15小笠原諸島
⓰平泉ー仏国土(浄土)を表す建築・庭園及び考古学的遺跡群
⓱富士山ー信仰の対象と芸術の源泉
⓲富岡製糸場と絹産業遺産群
⓳明治日本の産業革命遺産　製鉄・製鋼、造船、石炭産業
⓴国立西洋美術館本館
㉑「神宿る島」宗像・沖ノ島と関連遺産群
㉒長崎と天草地方の潜伏キリシタン関連遺産
㉓百舌鳥・古市古墳群
＊地図中の丸数字は文化遺産、四角数字は自然遺産。
＊⓳「明治日本の産業革命遺産」の構成資産は岩手県、静岡県、山口県、福岡県、熊本県、佐賀県、長崎県、鹿児島県に所在。
＊⓴は7か国(日本、フランス、アルゼンチン、ベルギー、ドイツ、インド、スイス)にまたがる「ル・コルビュジエの建築作品ー近代建築運動への顕著な貢献」の構成資産の一つ。
外務省ホームページより

日本の世界遺産(令和元年7月現在　合計23件)

参考文献

Ⅰ

沖縄考古学会編『南島考古入門』ボーダーインク　二〇一八
大塚初重・吉村武彦編『古墳時代の日本列島』青木書店　二〇〇三
金関　恕・佐原　真編『弥生文化の研究』２（生業）雄山閣　一九八八
金関　恕監修『弥生時代の集落』学生社　二〇〇一
川西宏幸『古墳時代政治史序説』塙書房　一九八八
木下尚子『南東貝文化の研究　貝の道の考古学』法政大学出版局　一九九六
工藤雄一郎・国立歴史民俗博物館編『ここまでわかった！縄文人の植物利用』新泉社　二〇一四
小林謙一『縄文社会研究の新視点』六一書房　二〇〇八
小林達雄『縄文人の世界』朝日選書　一九九六
小林行雄『古墳時代の研究』青木書店　一九六一
近藤義郎『前方後円墳の時代』岩波書店　一九八三（岩波文庫　二〇二〇）
酒井龍一『弥生の世界』講談社　一九九七
佐原　真編『古代を考える　稲・金属・戦争―弥生―』吉川弘文館　二〇〇二
佐々木憲一監訳・設楽博己訳『複雑採集狩猟民とはなにか―アメリカ北西海岸の先史考古学』雄山閣　二〇一六（原著 Ames, Kenneth M. and Herbert D.G. Maschner *Peoples of the Northwest Coast: Their Archaeology and Prehistory*. London: Thames and Hudson, 1999）
佐々木憲一・小杉康・菱田哲郎・朽木量・若狭徹『はじめて学ぶ考古学』有斐閣　二〇一一
下垣仁志『古墳時代の王権構造』吉川弘文館　二〇一一

下垣仁志『古墳時代の国家形成』吉川弘文館　二〇一八
白石太一郎編『古代を考える　古墳』吉川弘文館　一九八九
白石太一郎『古墳と古墳群の研究』塙書房　二〇〇〇
白石太一郎『古墳と古墳時代の文化』塙書房　二〇一一
清家　章『埋葬からみた古墳時代』吉川弘文館　二〇一八
高倉洋彰『弥生時代社会の研究』東出版寧楽社　一九八一
高倉洋彰・田中良之編『AMS年代と考古学』学生社　二〇一一
田中晋作『百舌鳥・古市古墳群の研究』学生社　二〇〇一
田中良之『古墳時代親族構造の研究』柏書房　一九九五
朝鮮学会編『前方後円墳と古代日朝関係』同成社　二〇〇二
都出比呂志『日本農耕社会の成立過程』岩波書店　一九八九
都出比呂志『前方後円墳と社会』塙書房　二〇〇五
勅使河原彰『縄文時代史』新泉社　二〇一六
寺沢　薫『王権誕生』講談社　二〇〇〇
寺前直人『文明に抗した弥生の人びと』吉川弘文館　二〇一七
戸沢充則編『縄文人の時代』（増補版）新泉社　二〇〇二
奈良県立橿原考古学研究所編『大和前方後円墳集成』学生社　二〇〇一
西嶋定生『邪馬台国と倭国』吉川弘文館　一九九四
土生田純之『日本横穴式石室の系譜』学生社　一九九一
土生田純之『古墳時代の政治と社会』吉川弘文館　二〇〇六
春成秀爾・今村峯雄編『弥生時代の実年代』学生社　二〇〇四

菱田哲郎『古代日本　国家形成の考古学』京都大学学術出版会　二〇〇七
平野邦雄編『古代を考える　邪馬台国』吉川弘文館　一九九八
藤田和尊『古墳時代の王権と軍事』学生社　二〇〇六
北條芳隆「墳丘に表示された前方後円墳の定式とその評価」『考古学研究』第三二巻第四号　一九八六
森田克行『よみがえる大王墓・今城塚古墳』新泉社　二〇一一
吉田　晶『倭王権の時代』新日本出版社　一九九八
吉村武彦ほか編『前方後円墳』岩波書店　二〇一九
若狭　徹『東国から読み解く古墳時代』吉川弘文館　二〇一五
若狭　徹『前方後円墳と東国社会』吉川弘文館　二〇一七
和田晴吾『古墳時代の葬制と他界観』吉川弘文館　二〇一四
和田晴吾『古墳時代の生産と流通』吉川弘文館　二〇一五
和田晴吾『古墳時代の王権と集団関係』吉川弘文館　二〇一八
渡辺　仁『縄文式階層化社会』六興出版　一九九〇

Ⅱ

網　伸也『平安京造営と古代律令国家』塙書房　二〇一一
石井正敏『日本渤海関係史の研究』吉川弘文館　二〇〇一
石上英一「古代東アジア地域と日本」『列島内外の交通と国家』岩波書店　一九八七
井上和人『古代都城制条里制の実証的研究』学生社　二〇〇四
井上光貞『日本古代国家の研究』岩波書店　一九六五
井上光貞「雄略朝における王権と東アジア」『天皇と古代王権』岩波現代文庫　二〇〇〇

小澤　毅『日本古代宮都構造の研究』青木書店　二〇〇三
小澤　毅『古代宮都と関連遺跡の研究』吉川弘文館　二〇一八
粕谷興紀「大草香皇子事件の虚と実」『皇学館論叢』一一―四　一九七八
狩野　久『日本古代の国家と都城』東京大学出版会　一九九〇
狩野　久『発掘文字が語る古代王権と列島社会』吉川弘文館　二〇一〇
川尻秋生『平安京遷都』岩波新書　二〇一一
川尻秋生編『古代の都城と交通』竹林舎　二〇一九
岸　俊男『日本古代宮都の研究』岩波書店　一九八八
岸　俊男「画期としての雄略朝」『日本古代文物の研究』塙書房　一九八八
岸本直文「7世紀後半の条里施行と郷域」『条里制・古代都市研究』三〇、二〇一五
木下正史編『飛鳥史跡事典』吉川弘文館　二〇一六
埼玉県教育委員会『稲荷山古墳出土鉄剣金象嵌銘概報』一九七九
坂上康俊『律令国家の転換と「日本」』日本の歴史　五　講談社　二〇〇一
坂上康俊『平城京の時代』岩波新書　二〇一一
坂本賞三『日本王朝国家体制論』東京大学出版会　一九七二
酒寄雅志『渤海と古代の日本』校倉書房　二〇〇一
末松保和『任那興亡史』吉川弘文館　一九五六
杉本一樹「正倉院宝物はなぜ国際色豊なのか」『新視点　日本の歴史』三　新人物往来社　一九九三
鈴木靖民『倭国史の展開と東アジア』岩波書店　二〇一二
鈴木　靖民ほか編『日本古代交流史入門』勉誠出版　二〇一七
武田祐吉『古事記研究一　帝紀攷』青磁社　一九四四〔『武田祐吉著作集』二　角川書店　一九七三〕

田島　公「遣唐使はなぜ派遣されたか」『争点日本の歴史』三　新人物往来社　一九九一
田中史生編『古代文学と隣接諸学一　古代日本と興亡の東アジア』竹林舎　二〇一八
舘野和己「ヤマト王権の列島支配」『日本史講座』一　東京大学出版会　二〇〇四
舘野和己「歴代遷宮考」『ヤマト王権とその拠点　政治拠点と経済拠点』大阪府立近つ飛鳥博物館　二〇一九
津田左右吉『日本古典の研究　上』岩波書店　一九六三
東野治之『遣唐使と正倉院』岩波書店　一九九二
仁井田陞著・池田温編集代表『唐令拾遺補』東京大学出版会　一九九七
藤岡　穣「古代寺院の仏像」『古代寺院』岩波書店　二〇一九
松村恵司「富本七曜銭の再検討」『出土銭貨』一一　一九九九
村井章介「王土王民思想と九世紀の転換」『日本中世境界史論』二〇一三
山内晋次『奈良平安期の日本とアジア』吉川弘文館　二〇〇三
吉岡眞之「幼帝が出現するのはなぜか」『争点日本の歴史』三　新人物往来社　一九九一
吉川真司『飛鳥の都』岩波新書　二〇一一
吉村武彦「古代の文化と思想」『日本史講座』一　東京大学出版会　二〇〇四
吉村武彦『女帝の古代日本』岩波新書　二〇一二
吉村武彦『大化改新を考える』岩波新書　二〇一八
吉村武彦ほか編『古代の都』岩波書店　二〇一九
吉村武彦ほか編『都城　古代日本のシンボリズム　飛鳥から平安京へ』青木書店　二〇〇七
和田　萃『日本古代の儀礼と祭祀・信仰』上　塙書房　一九九五
佐竹昭広ほか編　新日本古典文学大系『萬葉集』四　岩波書店　二〇〇三

Ⅲ
安倍辰夫・平川　南編『多賀城碑　その謎を解く』雄山閣出版　一九八九
大津　透『律令国家支配構造の研究』岩波書店　一九九三
大津　透『道長と宮廷社会』講談社　二〇〇一
加藤友康「摂関政治と王朝文化」『摂関政治と王朝文化』日本の時代史　六　吉川弘文館　二〇〇二
川尻秋生『古代東国史の基礎的研究』塙書房　二〇〇三
川尻秋生『日本古代の格と資財帳』吉川弘文館　二〇〇三
川尻秋生『平将門の乱』吉川弘文館　二〇〇七
川尻秋生『平安京遷都』岩波新書　二〇一一
川尻秋生『坂東の成立』吉川弘文館　二〇一七
工藤雅樹『東北考古学・古代史学史』吉川弘文館　一九九八
熊谷公男『古代の蝦夷と城柵』吉川弘文館　二〇〇四
熊田亮介『古代国家と東北』吉川弘文館　二〇〇三
坂上康俊『律令国家の転換と「日本」』講談社　二〇〇一
坂上康俊『平城京の時代』岩波新書　二〇一一
佐藤信編『律令国家と天平文化』吉川弘文館　二〇〇二
佐藤泰弘『日本中世の黎明』京都大学学術出版会　二〇〇一
下向井龍彦『武士の成長と院政』講談社　二〇〇一
関　晃『日本古代の国家と社会』吉川弘文館　一九九七
高橋昌明『武士の成立　武士像の創出』東京大学出版会　一九九九
土田直鎮『王朝の貴族』中央公論社　一九六五

寺崎保広『長屋王』吉川弘文館　一九九九
虎尾俊哉『延喜式』吉川弘文館　一九六四
西本昌弘『日本古代儀礼成立史の研究』塙書房　一九九七
野口　実『武家の棟梁の条件』中央公論社　一九九四
橋本義則『平安宮成立史の研究』塙書房　一九九五
橋本義彦『平安貴族社会の研究』吉川弘文館　一九七六
福井俊彦「承和の変についての一考察」『日本歴史』二六〇　一九七〇
福井俊彦編『弘仁格の復原的研究』民部上篇・中篇・下篇　吉川弘文館　一九八九〜九一
古瀬奈津子『日本古代王権と儀式』吉川弘文館　一九九八
古瀬奈津子『摂関政治』岩波新書　二〇一一
村井康彦『古代国家解体過程の研究』岩波書店　一九六五
元木泰雄『武士の成立』吉川弘文館　一九九四
山本信吉『摂関政治史論考』吉川弘文館　二〇〇三
吉川真司「天皇家と藤原氏」『岩波講座　日本通史』五　岩波書店　一九九五
吉川真司『律令官僚制の研究』塙書房　一九九八
吉川真司編『平安京』吉川弘文館　二〇〇二
吉田　孝『日本の誕生』岩波書店　一九九七
吉村武彦ほか編『古代の都』岩波書店　二〇一九
渡辺晃宏『平城京と木簡の世紀』講談社　二〇〇一

Ⅳ

池邊　彌『古代神社史論攷』吉川弘文館　一九八九
石母田正『日本の古代国家』岩波書店　一九七一
伊集院葉子『日本古代女官の研究』吉川弘文館　二〇一六
伊藤和明『地震と噴火の日本史』岩波新書　二〇〇二
稲岡耕二『人麻呂の表現世界』岩波書店　一九九一
井上光貞「隋書倭国伝と古代刑罰」『日本古代思想史の研究』岩波書店　一九八六
小笠原好彦「郡家はどのような景観をもつか」『新視点日本の歴史』三　新人物往来社　一九九三
岡田精司『古代王権の祭祀と神話』塙書房　一九七〇
小倉慈司「八・九世紀における地方神社行政の展開」『史学雑誌』一〇三―三　一九九四
川尻秋生編『古代の都城と交通』竹林舍　二〇一九
木下　良編『古代道路』吉川弘文館　一九九六
群馬県埋蔵文化財調査事業団編『自然災害と考古学』上毛新聞社事業局出版部　二〇一三
群馬県埋蔵文化財調査事業団編『金井東裏遺跡《古墳時代編》』同事業団　二〇一九
小坂眞二「平安時代の陰陽道はどういうものか」『新視点日本の歴史』三　新人物往来社　一九九三
栄原永遠男『奈良時代流通経済史の研究』塙書房　一九九二
栄原永遠男『日本古代銭貨流通史の研究』塙書房　一九九三
栄原永遠男「平城京住民の生活史」『都城の生態』日本の古代九　中央公論社　一九八七
坂本太郎「朝集使考」『律令制度』吉川弘文館　一九八九
佐々木虔一ほか編『日本古代の輸送と道路』八木書店古書出版部　二〇一九
佐原　真『食の考古学』東京大学出版会　一九九六

新川登亀男『道教をめぐる攻防』大修館書店　一九九九
須田　勉「古代村落寺院とその信仰」『国士舘大学考古学会編　古代の信仰と社会』六一書房　二〇〇六
鈴木靖民ほか編『日本古代の道路と景観―駅家・官衙・寺―』八木書店　二〇一七
薗田香融『日本古代財政史の研究』塙書房　一九八一
舘野和己『日本古代の交通と社会』塙書房　一九九八
田中　琢・佐原　真編集代表『日本考古学事典』三省堂　二〇〇二
坪井清足『飛鳥の寺と国分寺』岩波書店　一九八五
角田文衛編『新修　国分寺の研究』一〜七　吉川弘文館　一九八六―九七
東野治之『史料学探訪』岩波書店　二〇一五
内藤湖南『日本文化史研究』上・下　講談社学術文庫　一九七六
中村太一『日本古代国家と計画道路』吉川弘文館　一九九六
西嶋定生『古代東アジア世界と日本』岩波現代文庫　二〇〇〇
早川庄八『日本古代の財政制度』名著刊行会　二〇〇〇
速水　侑『日本仏教史　古代』吉川弘文館　一九八六
藤岡　穣「野中寺弥勒菩薩像について」（『Ｍｕｓｅｕｍ』六四九、二〇一四）
古橋信孝『古代の恋愛生活』ＮＨＫブックス　一九八七
保立道久『歴史のなかの大地動乱』岩波新書　二〇一二
村尾次郎『増訂版　律令財政史の研究』吉川弘文館　一九六四
松村恵司「富本七曜銭の再検討」『出土銭貨』十一　一九九九
村山修一『日本陰陽道史総説』塙書房　一九八一

参考文献

森　浩一『僕の古代史発掘』角川選書　二〇〇三
山中敏史『古代地方官衙遺跡の研究』塙書房　一九九四
山中敏史・佐藤興治『古代の役所』岩波書店　一九八五
吉村武彦『日本古代の社会と国家』岩波書店　一九九六
吉村武彦『新版 古代天皇の誕生』角川ソフィア文庫　二〇一九
和田　萃『日本古代の儀礼と祭祀・信仰』上・中・下　塙書房　一九九五

図Ⅳ-6-4：千葉県史料研究財団編『千葉県の歴史　資料編考古3』1998より一部改変

図Ⅳ-6-4：公益財団法人群馬県埋蔵文化財調査事業団提供

図Ⅳ-7-1：上毛新聞社事業局出版部『自然災害と考古学』2013より転載（早田　勉2007『高崎市史通史編1』P144·148を編集・作図）

図Ⅳ-8-1：前原市教育委員会『平原遺跡』前原市文化財調査報告書・第70集　2000、図版32より

図Ⅳ-8-2　吉村武彦作図

図Ⅳ-9-1：奈良文化財研究所提供

図Ⅳ-9-2：明日香村教育委員会文化財課編『牽牛子塚古墳発掘調査報告書　本文編』2013 P288

周年記念論文集刊行会編『大宰府の研究』高志書院　2018、P201（山村信榮作図）
図Ⅱ-9-1：川尻秋生作図
図Ⅱ-10-1：川尻秋生作図
図Ⅱ-11-1：吉村武彦ほか編『争点日本の歴史3　古代編2　奈良～平安時代』新人物往来社　1991、田島公作図を一部改変
〈Ⅲ〉
図Ⅲ-1-1：関晃著作集編集委員会編『関晃著作集4　日本古代の国家と社会』吉川弘文館、1997、P372（関晃作表）
図Ⅲ-1-2：吉村武彦作表
図Ⅲ-1-3：吉村武彦作表
図Ⅲ-2-1：川尻秋生作図
図Ⅲ-3-1：川尻秋生作図
図Ⅲ-3-2：宮城県多賀城跡調査研究所編『研究紀要1』1974
図Ⅲ-6-1：『岩波日本史辞典』備要　1999、P1404（吉川真司作図）を一部改変
図Ⅲ-6-2：『岩波日本史辞典』備要　1999、P1405（吉川真司作図）
図Ⅲ-8-1：川尻秋生作図
図Ⅲ-8-2：川尻秋生作図
図Ⅲ-8-3：川尻秋生作図
図Ⅲ-8-4：川尻秋生作図
図Ⅲ-9-1：川尻秋生作図
〈Ⅳ〉
図Ⅳ-1-1：吉村武彦作図
図Ⅳ-1-2：奈良文化財研究所提供
図Ⅳ-2-1：岸　俊男編『都城の生態』中央公論社　1987、P199（栄原永遠男作表）
図Ⅳ-2-2：奈良文化財研究所提供
図Ⅳ-2-3：群馬県立歴史博物館提供、国（文化庁保管）
図Ⅳ-3-1：奈良文化財研究所提供
図Ⅳ-3-2：奈良文化財研究所提供
図Ⅳ-4-1：奈良文化財研究所提供
図Ⅳ-4-2：国分寺市教育委員会提供
図Ⅳ-5-1：奈良文化財研究所提供
図Ⅳ-6-1：山中敏史・佐藤興治『古代日本を発掘する5　古代の役所』岩波書店 1985（狩野久作図）より一部改変
図Ⅳ-6-2：小郡市教育委員会編『福岡県小郡市小郡所在遺跡の調査報告書3』1989 より一部改変
図Ⅳ-6-3：千葉県史料研究財団編『千葉県の歴史　資料編　考古3』1998 より一部改変

図Ⅰ-8-5：高槻市教育委員会『発掘された埴輪群と今城塚古墳』高槻市立しろあと歴史館開館一周年記念特別展図録 2004
図Ⅰ-8-6：森田克行『よみがえる大王墓・今城塚古墳』新泉社、2011、P51
〈Ⅱ〉
図Ⅱ-1-1：吉村武彦作表
図Ⅱ-1-2：白石太一郎編『日本の時代史1　倭国誕生』吉川弘文館　2002、P85、P120（白石太一郎作図）より一部改変
図Ⅱ-1-3：吉村武彦作表
図Ⅱ-1-4：白石太一郎『古墳とヤマト政権』文春新書、1999年、P111
図Ⅱ-2-1：吉村武彦作表
図Ⅱ-2-2：吉村武彦作図
図Ⅱ-2-3：吉村武彦撮影
図Ⅱ-2-4：吉村武彦作表
図Ⅱ-2-5：埼玉県立さきたま史跡の博物館提供、国（文化庁保管）
図Ⅱ-3-1：吉村武彦作図
図Ⅱ-3-2：吉村武彦作表
図Ⅱ-3-3：吉村武彦作表
図Ⅱ-4-1：吉村武彦作図
図Ⅱ-4-2：奈良文化財研究所提供
図Ⅱ-4-3：石田尚豊編集代表『聖徳太子事典』柏書房 1997、P229（花谷浩作図：原図『1986年度奈良県遺跡調査概報』1987）
図Ⅱ-4-4：吉村武彦作表
図Ⅱ-5-1：大阪市立大学難波宮研究会編『難波宮と大化改新』和泉書院　2020、P207
図Ⅱ-5-2：大阪市文化財協会提供
図Ⅱ-5-3：吉村武彦作表
図Ⅱ-6-1：吉村武彦作表
図Ⅱ-7-1：吉村武彦作図
図Ⅱ-7-2：小澤　毅『日本古代宮都構造の研究』青木書店 2003、P75（小澤　毅作図）を一部改変
図Ⅱ-7-3：奈良県立橿原考古学研究所提供
図Ⅱ-7-4：奈良文化財研究所『日本古代都城図録』2002、P36
図Ⅱ-8-1（1）：小澤　毅『古代宮都と関連遺跡の研究』吉川弘文館　2018、P278
図Ⅱ-8-1（2）：小澤　毅『古代宮都と関連遺跡の研究』吉川弘文館　2018、P279
図Ⅱ-8-2：奈良文化財研究所『日本古代都城図録』2002、P54
図Ⅱ-8-3：大宰府史跡発掘五〇

■図版出典一覧

〈14～16頁〉
近江俊秀『日本の古代道路』角川選書、2014
〈I〉
図I-1-1：岩手県立博物館提供
図I-1-2：小林達雄『縄文人の世界』朝日選書　1996、P111（小林達雄作図、イラスト＝木村政司）
図I-1-3：岩手県教育委員会『東北新幹線関係埋蔵文化財調査報告書Ⅶ』岩手県埋蔵文化財調査報告51　1980
図I-2-1：『週刊朝日百科/日本の歴史・別冊　歴史の読み方3、考古学への招待』朝日新聞社　1998、P47、図1（光谷拓実作図）より部分
図I-3-1：横浜市ふるさと歴史財団埋蔵文化財センター提供
図I-3-2：大塚初重・吉村武彦編『古墳時代の日本列島』青木書店　2003、P17の図1（佐々木憲一作図）を改変
図I-3-3：佐々木憲一作図
図I-4-1：岡山県教育委員会『百間川原尾島遺跡3』岡山県埋蔵文化財発掘調査報告88　1994、Fig.299
図I-4-2：岡山県教育委員会『百間川原尾島遺跡2』岡山県埋蔵文化財調査報告56　1984、Fig.832
図I-6-1：都出比呂志編著『古代史復元6　古墳時代の王と民衆』講談社　1989、P36の40（都出比呂志作図）より一部改変
図I-6-2：近藤義郎編著『楯築弥生墳丘墓の研究』楯築刊行会　1992、P117、Fig.92（近藤義郎作図）
図I-6-3：滋賀県八日市市教育委員会『雪野山古墳の研究』報告編　1996、P101、Fig.67
図I-7-1：末永雅雄『日本上代の甲冑』木耳社　1981より一部改変
図I-7-2：大阪市文化財協会提供
図I-8-1：和田晴吾「前方後円墳とは何か」吉村武彦ほか編『前方後円墳』岩波書店　2019　P55
図I-8-2：下垣仁志「古墳と政治秩序」吉村武彦ほか編『前方後円墳』岩波書店　2019　P86
図I-8-3：群馬県渋川市教育委員会提供
図I-8-4：末永雅雄『日本上代の甲冑』木耳社　1981

〈人　名〉

◆た行

◆さ行

■索　引

〈事　項〉

■執筆者略歴・執筆分担　＊印は編者

吉村武彦（よしむら・たけひこ）＊

著者紹介は奥付参照。

［分担］Ⅱ-1〜8、Ⅲ-1、Ⅳ-1・2・7〜9

川尻秋生（かわじり・あきお）

1961年、千葉県佐原市（現・香取市）生まれ。早稲田大学文学学術院教授。日本古代史専攻。早稲田大学大学院文学研究科修士課程修了。千葉県立中央博物館上席研究員を経て現職。博士（文学、早稲田大学）。著書に『古代東国史の基礎的研究』（塙書房）、『日本古代の格(きゃく)と資財帳』『平将門の乱』『坂東の成立』（吉川弘文館）、『揺れ動く貴族社会』（小学館）、『平安京遷都』（岩波新書）、編著に『文字とことば』（岩波書店）他多数。

［分担］Ⅱ-9〜11、Ⅲ-2〜9、Ⅳ-3〜6

佐々木憲一（ささき・けんいち）

1962年東京都生まれ、京都育ち。明治大学文学部教授。考古学専攻。ハーヴァード大学大学院人類学研究科博士課程修了。Ph.D.（学術博士）。主な著作に『未盗掘石室の発見・雪野山古墳』（新泉社）、『はじめて学ぶ考古学』（共著、有斐閣アルマ）、『*Early Korea-Japan Interactions*』（共編著、Korea Institute, Harvard University）、『霞ヶ浦の前方後円墳』（共編著、明治大学文学部考古学研究室・六一書房）他多数。

［分担］Ⅰ-1〜8

吉村武彦（よしむら・たけひこ）
1945年、朝鮮大邱生まれ。京都・大阪育ち。明治大学名誉教授。日本古代史専攻。東京大学大学院人文科学研究科国史学専門課程博士課程中退。博士（文学）。主著は、『新版古代天皇の誕生』（角川ソフィア文庫）、『日本古代の社会と国家』（岩波書店）、『聖徳太子』『ヤマト王権』『女帝の古代日本』『蘇我氏の古代』『大化改新を考える』（いずれも岩波新書）、共編著に『前方後円墳』（岩波書店）他多数。

角川選書643

新版 古代史の基礎知識

平成17年 3 月10日　初版発行
令和 2 年11月27日　改版初版発行

編　者　吉村武彦
発行者　青柳昌行
発　行　株式会社 KADOKAWA
東京都千代田区富士見 2-13-3　〒 102-8177
電話 0570-002-301（ナビダイヤル）
装　丁　片岡忠彦　　帯デザイン　Zapp!
印刷所　横山印刷株式会社　　製本所　本間製本株式会社

●お問い合わせ
https://www.kadokawa.co.jp/（「お問い合わせ」へお進みください）
※内容によっては、お答えできない場合があります。
※サポートは日本国内のみとさせていただきます。
※Japanese text only

定価はカバーに表示してあります。

ISBN978-4-04-703672-7 C0321

角川選書

この書物を愛する人たちに

詩人科学者寺田寅彦は、銀座通りに林立する高層建築をたとえて「銀座アルプス」と呼んだ。
戦後日本の経済力は、どの都市にも「銀座アルプス」を造成した。
アルプスのなかに書店を求めて、立ち寄ると、高山植物が美しく花ひらくように、
書物が飾られている。

印刷技術の発達もあって、書物は美しく化粧され、通りすがりの人々の眼をひきつけている。
しかし、流行を追っての刊行物は、どれも類型的で、個性がない。
歴史という時間の厚みのなかで、流動する時代のすがたや、不易な生命をみつめてきた先輩たちの発言がある。
また静かに明日を語ろうとする現代人の科白がある。これらも、
銀座アルプスのお花畑のなかでは、雑草のようにまぎれ、人知れず開花するしかないのだろうか。
マス・セールの呼び声で、多量に売り出される書物群のなかにあって、
選ばれた時代の英知の書は、ささやかな「座」を占めることは不可能なのだろうか。
マス・セールの時勢に逆行する少数な刊行物であっても、この書物は耳を傾ける人々には、
飽くことなく語りつづけてくれるだろう。私はそういう書物をつぎつぎと発刊したい。
真に書物を愛する読者や、書店の人々の手で、こうした書物はどのように成育し、開花することだろうか。
私のひそかな祈りである。「一粒の麦もし死なずば」という言葉のように、
こうした書物を、銀座アルプスのお花畑のなかで、一雑草であらしめたくない。

一九六八年九月一日

角川源義

シリーズ世界の思想
プラトン　ソクラテスの弁明
岸見一郎

古代ギリシア哲学の白眉ともいえる『ソクラテスの弁明』の全文を新訳とわかりやすい新解説で読み解く。誰よりも正義の人であったソクラテスが裁判で何を語ったかを伝えることで、彼の生き方を明らかにする。

1002 | 216頁

978-4-04-703636-9

シリーズ世界の思想
マルクス　資本論
佐々木隆治

経済の停滞、政治の空洞化……資本主義が大きな転換点を迎えている今、マルクスのテキストに立ち返りこの世界の仕組みを解き明かす。原文の抜粋と丁寧な解説で読む、画期的な『資本論』入門書。

1001 | 568頁

978-4-04-703628-4

浄土思想入門
古代インドから現代日本まで
平岡聡

インドで誕生したブッダの教えは法然により大きく展開した。結節点である法然を軸に浄土教の教えに迫り、死を隠蔽し、科学の知を万能視して自我の肥大化が進行する、苦悩に満ちた現代を生き抜く知恵を提供。

608 | 256頁

978-4-04-703650-5

エドゥアール・マネ
西洋絵画史の革命
三浦篤

一九世紀の画家、マネ。伝統絵画のイメージを自由に再構成するその手法は、現代アートにも引き継がれる絵画史の革命だった。模倣と借用によって創造し、古典と前衛の対立を超えてしまう画家の魅力に迫る。

607 | 320頁

978-4-04-703581-2

古典歳時記

吉海直人

日本人は自然に寄り添い、時季を楽しんできた。旬の食べ物、花や野鳥、気候や年中行事……暮らしに根ざすテーマを厳選し、時事的な話題・歴史的な出来事を入り口に、四季折々の言葉の語源と意味を解き明かす。

606 | 224頁

978-4-04-703657-4

ノーベル文学賞を読む
ガルシア=マルケスからカズオ・イシグロまで

橋本陽介

受賞作家の書き方の特徴とは。各作品の面白さはどこからきているのか。なぜ、その作家は他文化・他言語の人に支持されたのか。古今東西の受賞作を読み直し、多様な作品たちの「面白さ」を作る仕掛けに迫る。

605 | 272頁

978-4-04-703642-0

今川氏滅亡

大石泰史

駿河、遠江、三河に君臨した大大名・今川氏は、なぜあれほど脆く崩れ去ったのか。国衆の離叛や「家中」弱体化の動向等を、最新研究から丹念に検証。桶狭間敗北や氏真に仮託されてきた亡国の実像を明らかにする。

604 | 304頁

978-4-04-703633-8

「かたり」の日本思想
さとりとわらいの力学

出岡 宏

鎮魂、勧善懲悪、さとり、わらい――。人の営みのある限り逃れられない永遠のテーマを、能や狂言、歌舞伎、落語ほか様々な芸能に託し、表現しながら自らの生を全うしてきた日本人の価値観、死生観を俯瞰する。

603 | 288頁

978-4-04-703618-5

日本の風水
諏訪春雄

古代中国から日本に伝わり、都市、住居、墓地を造る際など様々に利用されてきた風水。しかし実は、「気」信仰のない日本は独自に風水の解釈を変容させた。その違いをひもとけば、日本の信仰のありようが見えてくる！

602 | 224頁

978-4-04-703644-4

密談の戦後史
塩田 潮

次期首相の座をめぐる裏工作から政界再編の秘密裏交渉まで、歴史の転換点で行われたのが密談である。憲法九条誕生から安倍晋三再擁立まで、政治を変える決定的な役割を担った密談を通して知られざる戦後史をたどる。

601 | 320頁

978-4-04-703619-2

愛着アプローチ
医学モデルを超える新しい回復法
岡田尊司

慢性うつ、不登校、ひきこもり、ゲーム依存、発達の問題、自傷、過食、ＤＶ等、医学モデルでは対処が難しい心や行動の問題が増えている。それら難しいケースに劇的な改善をもたらす新しい回復法の原理と実践法！

600 | 264頁

978-4-04-703613-0

仏教からよむ古典文学
末木文美士

出家に憧れながらも愛欲の世界にとどまった源氏物語の登場人物たち。その曖昧な生にこそ、王権と仏法の緊張関係が示されているのではないか。源氏・平家物語から能、夏目漱石まで、日本文学の新たな魅力を引き出す。

599 | 328頁

978-4-04-703615-4

織田家臣団の謎

菊地浩之

信長の「能力主義」はどこからきたのか？　それは、父・信秀から引き継いだ体制に理由があった！　信長が、自らの家臣団をどのようにして最強の軍団へと成長させていったのか、豊富な史料を使って検証する。

598　312頁

978-4-04-703639-0

「親米」日本の誕生

森　正人

チョコレート・チューインガムから「POPEYE」の時代へ――。戦中の嫌悪から戦後の憧れと憎しみへの急激な変化を経て、日本はどうアメリカを内在させてきたのか。視覚イメージから日本の親米化を読み解く。

597　256頁

978-4-04-703609-3

日本画とは何だったのか

近代日本画史論

古田　亮

伝統絵画と西洋画の接触が産み落とした、近代日本画という表現。それは画家たちに、近代とは、西洋とは、国家とは何かという不断の問いを突きつけることとなった。時代ごとの様式の変遷から描く、圧巻の百年史。

596　416頁

978-4-04-703625-3

死者と先祖の話

山折哲雄

みずからや家族の死を、私たちはどのような形で迎えたらよいのか――。折口信夫『死者の書』と柳田国男『先祖の話』をてがかりに、鎮魂・供養・往生・看取り等から、日本古来の信仰や死生観を見つめ直す。

595　240頁

978-4-04-703594-2

古典のすすめ
谷　知子

神話から江戸の世話物へとつながる恋愛観、挽歌と哀傷歌そして源氏物語に描かれた「死」と「病」など、日本の古典作品に描かれた哲学をやさしく説く。古典に立ち返り、人生を見つめる新たな視点を養う。

594 | 296頁

978-4-04-703620-8

国民国家と戦争
挫折の日本近代史
加藤聖文

開国から明治維新による近代国家創設。日清・日露戦争を経て植民地帝国への拡大。満洲事変から日中戦争を経て第二次世界大戦の敗北による帝国崩壊にいたる日本の近代史を、「国民」をキーワードに解き明かす。

593 | 224頁

978-4-04-703585-0

杉山城の時代
西股総生

文献には登場しないものの精密機械のような縄張りを持つ杉山城。なぜ、ここに存在するのか。北条氏築城説は成立しないのか。発掘調査によって判明した事実とは。縄張り研究の立場からその「謎」に迫る。

592 | 288頁

978-4-04-703614-7

日本の新宗教
島田裕巳

天理教、大本、生長の家、ＰＬ教団、創価学会、立正佼成会、真如苑、そして国家神道――。幕末や明治維新、戦争や高度経済成長など、変革と近代化の中で生まれ、日本社会を揺るがしてきた新宗教の全貌に迫る。

591 | 312頁

978-4-04-105252-5

角川選書

拡大自殺
大量殺人・自爆テロ・無理心中
片田珠美

不特定多数の人々を巻き込む大量殺人や自爆テロ、親子心中や介護心中――。絶望感と復讐心を背景に、強い自殺願望に突き動かされ、誰かを道連れにせずにはいられない拡大自殺の根底に潜む病理を分析する。

590 | 216頁

978-4-04-105165-8

明治国家と万国対峙
近代日本の形成
勝田政治

明治政府の掲げた国家目標とは何だったのか。近代国家となることを目指した西郷隆盛・木戸孝允・大久保利通の万国対峙策を検証しつつ、明治日本における国家構想の試行錯誤の道程を相克の政治史として描く。

589 | 264頁

978-4-04-703591-1

テーリー・ガーター
尼僧たちのいのちの讃歌
植木雅俊

釈尊の元に集った女性たちの切なる悩み、苦しみ、喜びをつづる原始仏典「テーリー・ガーター」が新訳で蘇る！　サンスクリット原典を紐解き、仏教が本来もっていた現代にも通じる男女平等思想を明らかにする名著。

588 | 296頁

978-4-04-703617-8

平城京誕生
吉村武彦・舘野和己・林部 均

飛鳥・藤原京から平城京へといたる国のあり方と宮都の造営を、律令国家の形成という「王法」と、鎮護国家仏教の庶民への信仰の広まりという「仏法」の二つの観点から描く。考古学と文献史学の成果を投入。

483 | 232頁

978-4-04-703483-9